城市文化评论

COMMENTS ON URBAN CULTURE

第15卷

主　　编 ◎ 田根胜　黄忠顺

执行主编 ◎ 王　晖

副 主 编 ◎ 阎　江

首都师范大学出版社
CAPITAL NORMAL UNIVERSITY PRESS

图书在版编目(CIP)数据

城市文化评论. 第15卷 / 田根胜，黄忠顺主编. —北京：首都师范大学出版社，2020.7
ISBN 978-7-5656-5559-3

Ⅰ. ①城… Ⅱ. ①田… ②黄… Ⅲ. ①城市文化－中国－文集
Ⅳ. ①C912.81-53

中国版本图书馆 CIP 数据核字(2020)第 003646 号

CHENGSHI WENHUA PINGLUN
城市文化评论　第15卷
田根胜　黄忠顺　主编

责任编辑　钱　浩
首都师范大学出版社出版发行
地　址　北京西三环北路 105 号
邮　编　100048
电　话　68418523（总编室）　68982468（发行部）
网　址　http://cnupn.com.edu.cn
印　刷　三河市博文印刷有限公司
经　销　全国新华书店
版　次　2020 年 7 月第 1 版
印　次　2020 年 7 月第 1 次印刷
开　本　787mm×1092mm　1/16
印　张　15.5
字　数　260 千
定　价　42.00 元

版权所有　违者必究
如有质量问题　请与出版社联系退换

《城市文化评论》
编委会

顾　　　问：成洪波　马宏伟
编　　　委：(按姓氏笔画排列)
　　　　　　王德胜　尹　鸿　尹昌龙　田根胜　朱栋霖　刘士林
　　　　　　许　明　李　杨　李忠红　张鸿雁　金元浦　周　宪
　　　　　　周晓虹　饶芃子　高小康　陶东风　黄天骥　黄忠顺
　　　　　　康保成　蒋述卓　鲁枢元　曾　军　曾繁仁
主　　　编：田根胜　黄忠顺
副　主　编：阎　江
编辑部主任：许燕转

主办单位：东莞理工学院城市文化研究中心

地址：中国广东省东莞市松山湖大学路1号
邮政编码：523808
电话：0769—22861903　0769—22861888
网址：http://www.dgcrdc.cn
邮箱：104790864@qq.com　dgwh2006@163.com　yanj@dgut.edu.cn

目 录

1 制造业之城的文学风景

2 　王　晖　　城与乡书写的虚实转向
　　　　　　　　——丁燕作品简论
9 　吴　琼　　当"非虚构"遭遇"打工文学"
　　　　　　　　——丁燕"工厂系列"谈片
21　黄忠顺　　丁燕的纪实文学观片论
30　沈建阳　　柳冬妩与"打工文学"的"现代主义"转向
42　柳冬妩　　从乡村到城市的精神"变形记"
　　　　　　　　——《时间的秘密》序

46 城市影像

46　黄钟军　　欲望的都市与现代性的反思
　　　　　　　　——台湾电影中的城市写作辩证分析
55　王利丽　尹　超　电视剧中的广州城市想象与主题建构
64　欧阳一菲　"港味"的追溯、突围与重构
　　　　　　　　——以香港电影中的"唐楼"建筑为例
75　邱　察　　台湾电影的后现代叙事文化
　　　　　　　　——对《天边一朵云》的解析
104　艾志杰　　城市化生存的"负审美"困境
　　　　　　　　——基于中国大陆城市移民电影的一种考察
113　贺思齐　　新世纪以来中国影视剧中的重庆主城区意象
　　　　　　　　——以重庆生产创作的影视剧为中心

123 城市景观与品牌

123　周　星　张思蒙　视觉夺目时代的城市文化景观思辨

133　张　鹏　　用创意文化打造"中国城市走出去"第一品牌
　　　　　　　　——以"世界知名城市南京周"巴黎站活动为例

142　江　凌　吴馨怡　品牌基因理论视角下特色小镇文化品牌建设研究
　　　　　　　　——以乌镇为中心的考察

160　彭　伟　　新媒体公共艺术的城市空间介入研究
　　　　　　　　——以社交行为触发为视角

168 城与乡

168　孟　君　蒋露遥　生命经验、作者表述与社会驱动
　　　　　　　　——近三十年来中国电影处女作解读

179 文旅视线

179　马桂芳　　论新中国成立70年中国红色旅游的发展

188　李　旭　　苏州游漫笔

196　杨继龙　　山高哪碍野云飞
　　　　　　　　——从垦丁到池上

205 湾区论丛

205　田根胜　吴寒柳　张斌华　东莞松山湖文化创意产业发展报告

219　张斌华　张　娜　深圳盐田区沙头角中英街语言景观及文化研究

231　袁敦卫　　近现代的人文东莞：一张地图
　　　　　　　　——闲读《近现代东莞学人群体研究》

235 附　录

235　《城市文化评论》第10—14卷目录汇编

制造业之城的文学风景

编者按：改革开放四十年来，中国最大的改变可能是人口不再受出生地域的限制，数亿农民离开了土地，离开了固守的地域，在大地上流动。他们最早开始向改革开放的前沿地广东流动，这种流动催生了"打工文学"思潮最早在广东形成。"打工文学"既是一种文学现象，也是一种城市文化现象。

东莞作为新兴的世界制造业名城，其实有人口，据东莞市公安局2018年首次准确采集的数据为1137.9万人（外来人口占比在八成以上）。在其人口最高峰的2007年，从移动电话号码数和食盐用量推测，达2000万之巨。与这种人口的流动相呼应，东莞的"打工文学"创作群体及其所取得的成果也在2007年之后开始成为全国"打工文学"领域格外闪亮的方阵，涌现出诸如柳冬妩、王十月、丁燕等一大批作家与大量劳动者文学精品。

柳冬妩在打工文学方面的创作与研究，以及丁燕近年丰硕的非虚构类文学作品，受到了文艺界主流专家、学者的关注和研究。他们及其作品作为一种重要的文学现象，或将在中国"打工文学"史中被经典化。这里刊发的是一组有关丁燕和柳冬妩的文章。

城与乡书写的虚实转向

——丁燕作品简论

王 晖

一

在当下的非虚构文学创作中，丁燕无疑是其中比较引人注目的一位作家。其实，早在20世纪80年代，丁燕就已经开始了诗歌创作，先后出版《午夜葡萄园》、《母亲书》等诗集，获得各种诗歌奖项，被誉为"葡萄诗人"。但真正使其声名鹊起的倒是自2013年以来她所写下的《工厂女孩》、《工厂男孩》、《双重生活》和《沙孜湖》等非虚构作品。由此，丁燕完成了从理想主义诗人到现实主义非虚构作家的转型。有意思的是，丁燕的文学转型与她的生活迁徙之路不谋而合，从新疆到广东，2010年成为其南北生活的分水岭，这一年丁燕举家从乌鲁木齐迁往广东东莞。这一地理上的迁移，不仅促成了作家从物质世界到精神世界的重要改变，同样也使之"放弃以往靠幻想的写作，而更喜欢真实的故事、真实的人物、真实的场景"，由虚构之极端的诗歌创作走向了非虚构的纪实写作。

新疆，地处遥远广袤的西部，充满诗意和想象；广东珠三角的东莞，制造业基地、世界工厂，中国现代化工业的一个象征，充满现实意味。丁燕的文学创作基本上是围绕着这两个地域展开。某种意义上，它们暗喻着当代中国由农业文明走向工业文明、从传统社会走向现代社会的基本轨迹。新疆的"葡萄"对应自然、农业、传统和诗情，东莞的"工厂"对应人工、工业、现代和现实。这种强烈的对比，在丁燕的非虚构作品中比比皆是。现在看来，对于真实生活，特别是底层民众生存状态的关注，尤其是将堪称"现代化""城市""幸福"象征的"工厂"与来自乡村、怀抱梦想的青年男女生活的对应书写，是丁燕最为感同身受的东西，也是最能够刺痛读者柔软内心的东西。与一般报告文学作家有所不同的是，丁燕不仅是田野调查者和观察者，她还是一个身陷其中的亲历者和践行者，她更是一个有感而发、不得不发的主动者，因此，她的写作就打上了"公共性"、"个人性"和"主动性"等鲜明烙印。这样的书写与梁鸿的《中国在梁庄》和《出梁庄记》、李娟的《羊道·春牧场》和《冬牧场》，与近些年来日渐风行的非虚构写作相互贯通，构成了21世纪以来中国非虚构文学发展的独特风景。这些更多听命于内心、身边与故乡的写作，或许不能构成某种新闻性的轰动效应，或者也不能成为盛极一时的"网红"，但其存在的价值和意义却是不可忽略的。作者对当代中国社会的真实而真切的表达，对中国人"我的梦"的描绘，在我们这个愈来愈同质化、泛娱乐化和浮躁化的时代，或许就会构成一种姿态、一种力量。

二

当我们深入探析丁燕的非虚构作品时就会发现，《双重生活》实际上更像是作者个人心迹的抒发，与《工厂女孩》和《工厂男孩》的叙述风格有些不同的是，"工厂"系列更倾向于"潜伏"式的观察与体验他者的生存状态，类似于夏衍当年对"芦柴棒"们的表现，文字以写实为主，似乎在重现作者作为新闻专业背景的表述习惯。而《双重生活》则很大程度上更为靠近"独抒性灵"的散文，在弥漫于全篇的作者自我心理描绘中，广泛的艺术性修辞、长镜头般细节与场面描写使叙述节奏放慢，其目的也许在做一种切身感受的对比和选择，当然既是展示作者自己对于"双重生活"的纠结、矛盾、审视和反思，也是在给予读者一种"看"与"思"的兴味。这种叙述方式显然是更为偏重于个人化表达的。

在《双重生活》中，我们可以时不时地看到作者对于新疆哈密与乌鲁木齐、广东东莞之间的种种"好"与"不好"的比对，这绝非抽象的比对，而是十分具体具象的描述。譬如，在"追梦到岭南"一章里，作者首先描述的是南国之地的垃圾猫、蚊子、死老鼠、飞车党、意欲行凶的陌生人。在"从毡房到出租房"、"有阳台的房间"、"隐形芳邻"和"半山定居记"等章节里，作者写自己由租房到买房过程中所遭遇到的人情冷暖和各种尴尬事。在书中，新疆与东莞生活画面不断交叉闪回叠加，构成某种隐喻。但最终，作者所要表达的意思却十分明确而坚定，那就是岭南是"梦"之所在，此"梦"代表着脱离贫困，并为治"穷病"而战。当然，作品的诱人之处正在于，它对于追梦的书写，所给予读者的感受并非是非黑即白的肯定或否定，而是犹疑与坚定、痛苦与欢乐的层层叠加，故乡与新居之间没有完美，只有比较优势。而这种表达，恰恰不是"为赋新词强说愁"，而是一种真实心境的表达，是社会转型时期人的心态最为真实的书写。因为，对某个生存地域的绝对赞美，其动机都是值得怀疑的。在作品中，作者写出了对于自己出生长大之地的特殊情感——故乡是挥之不去的口味、习惯、风俗、礼仪和伤痛，"当我们的身体离开故乡，故乡并不会心甘情愿地退场，它总会在某个时候，露出藤蔓上的尖刺，让我们痛一下。我们必须承认，故乡对我们的意义重大，它不仅仅是面条和口音，不仅仅是肤色和习性，它将我们与过去相连，又把我们输送到未来，我们后来所收获的一切，都是从故乡这个母体里汲取养料的。"因此，"失乡"成为终其一生的心痛。这无疑是极为真实的。作者同时也写出了离开故乡奔向南方的理由，在她看来，与东莞的原住民和打工族不同的是，自己属于"迁居者"，20世纪50年代，其父母从甘肃逃荒到新疆哈密，是一次被动无奈的"迁居"，而此次作者自己的南下行动，无疑是一次主动而为的结果，虽然作者并未挑明迁徙南方的具体原因，但摆脱贫困、崇尚自由与现代、探索新生活方式等似乎可以用来解释这种行为。"轰隆隆的流水线，不仅消解了传统的牧业和农业的生产方式，同时，还颠覆了旧有的生活方式，让人们得以在相对自由的范围内，寻找另一个生存场。"作者对于南方的摩天大楼、厂房、高架桥、通宵大排档等的向往，正是其真实内心的剖露。因此，在这样得风气之先的国际化"气场"吸引下，作者的"从乌鲁木齐到东莞的迁徙之路"其实是笃定而清晰的，即使是离乡的伤痛，即使是异地生活的诸多不易与不适应，都变得无足轻重，进而使之义无反顾。

作者除了描述自己作为一个岭南新移民的种种适应与不适应之外，在《双重生活》里还花费大量笔墨速写了环绕其上下左右、形形色色的新旧居民，尤其是那些从事各种职业的女性们。譬如，世故冷漠的前女房主，隐形的"芳邻"刘小姐，"拉拉化妆店"里的庆子、艾美、阿萍等夜店女，干活只穿雨靴的电子厂女工"大姐"和她的女儿阿香，由工厂女工到开房产中介公司的教授之女江欣，扎红绳的"莞女"周阿婆，用彩带勒住婴孩的母亲，春运列车里的鹅蛋女等等。作者对于这些人物的描绘，来自于自己作为体验者——套上工装、在啤机前一天干活达十几个小时的女工，或者是作为观察者而得之。此正如雷达在评价《双重生活》时所言："这部作品凝结了作者的血泪真情，广纳了社会底层的最新信息，寄托了深刻的人文关怀，提供出一份栩栩如生的南方日常生活的精神档案，是一部改革开放前沿地区的民情备忘录，不仅展现了作者独特的观察与体验、感悟与深思，还具有较高的文化含量。"从更为宏观的角度上看，《双重生活》所展现的正是当下中国的现实——区域发展的不平衡与人民对美好生活的需要的不断增长之间的矛盾。南方经济发达地区的现代化生活与西部农耕传统生活方式的反差与冲突，正是对40年处于改革开放语境中的中国变迁进程的一次形象化写真。也是因为作者所具有的"双重生活"者的身份和感受，就使得这种写真更具真实感、更具冲击性、更具说服力。而"双重生活"的另一端——新疆生活的原貌与变迁，我们在丁燕的《沙孜湖》里可以得到更为详尽的了解和解读。这部作品以被誉为中国的"瓦尔登湖"的新疆沙孜湖为叙述焦点，着重再现托里县和克拉玛依市的哈萨克族和汉族人的生活状态，力图表现新疆的民族传统和文化的当下景观，以及自东南沿海开始的社会巨变对于新疆以及广袤西北的大规模辐射与冲击。有意思的是，这部书并不是在作者居住新疆时完成，而是来到东莞之后写下的。在丁燕看来，尽管新疆与广东相距数千公里，但"当我将车间生活和牧民生活摆在同一水平线上时，惊诧地发现，它们并非没有共同处，不，它们之间的联系，紧密而深刻"。也许这正是一种现实与文学的互文。

三

如果说，《双重生活》重点从"双重"的角度，交叉描述广东东莞为代表的南方与新疆为代表的西北生存与生活的样态，以作对比映衬。那么，丁燕的另两部作品——《工厂女孩》与《工厂男孩》则将笔触直接对准东莞外资或合资工厂——那些电子厂、服装厂、纸箱厂、塑胶厂和汽车配件厂等劳动密集型产业，聚焦在此工作的年轻女工和男工的劳动强度、情感、日常生活、性问题等。

在《工厂女孩》里面，作者以乔装打扮方式进入劳动场景的第一现场，通过"潜伏"式体验、观察与采访，将作者、叙述者和角色混搭为一体，是秘密的探查与写作。应该说，为丁燕首先带来声誉的正是《工厂女孩》这部作品，其节选版《低天空：珠三角女工的痛与爱》首发于《北京文学》杂志，之后获得第六届鲁迅文学奖提名和第五届徐迟报告文学奖等诸项荣誉。《工厂女孩》聚焦东莞工厂里年轻女工作为城市边缘人、打工者的日常工作和生活状态：高强度的工作（每天11小时劳动，简单机械、重复乏味的流水线动作，高度紧张，睡眠不足、体能超越极限、失去自由），不良的居住条件（没有阳台、厨房、窗户、阳光、清洁空气）等。

作者以身份置换方式，亲身体验女工生活的种种"痛"，对这种人在机器面前失去自由与人性的高强度"异化"劳动表达反思与愤懑。与此同时，作品还以较大篇幅写了这些女工所遭遇的男女比例失调、对性与爱的需求异常强烈等情感困境。显然，作者的叙述立场是鲜明的，那就是关注在工业化流程中求取生存的人，人在机器面前成为被异化的"机器人"，面临丧失正常人的情感、创造性和想象力的危险。这当然是以形象化的事例证明了马克思主义关于"人的自由全面发展"学说的科学性和正确性。丁燕在文中还特别谈到女工比男工在东莞工厂更受欢迎的原因——"生产机器只对特殊的身体，年轻女性的身体，更感兴趣，因为女性更能适应精益生产方式的要求，价格更便宜，更容易管理和控制。"从这个意义上说，女工可能更为适合现代工业流水线的工作，尤其是那些劳动密集型产业。但是，这样的劳作给予女工的身心伤害也是显而易见的，《工厂女孩》中的一些章节标题足以表达这一切——"身体的极限""捏钳子两千下""煎熬到中午""不能插嘴""断指""全能眼"等等。但即使是这样高强度的劳作，也仍然阻挡不住因为贫困奔向南方、为"薪多粮准"打工的人们——"没有暴力，没有强制，农业劳动的贬值拉大了城乡差距，让年轻女孩想到城里打工，她们甚至十分清楚工厂生活的实质，可她们还是来到城市，到工厂出卖自己的劳动力。"看上去，这群女工与夏衍《包身工》笔下的"芦柴棒"们有着大不同，但这无疑也揭示了一个严峻的现实，那就是，尽管改革开放已历经 40 年，中国崛起成为世界第二大经济体，整体实力今非昔比，但深层次的社会发展不平衡、东西部发展不平衡、城乡发展不平衡的问题仍然未能得到彻底解决。值得肯定的是，丁燕在作品里以"后勤世界"等章节的描述，再现出工厂基于恶性用工制度而导致的员工流失率增大，进而实行的各种人性化管理举措，譬如举办员工卡拉 OK、跑步、拔河比赛和生日晚会，不随意罚款、开除员工，在车间安装中央空调，节假日加餐，免费阅读杂志，内部招聘文员和技术员，给予普通工人晋升机会等，这似乎给工厂女孩们的生活抹上了一丝亮色。除却外在的工作压力之外，《工厂女孩》还写到了年轻女工们的情感问题，譬如"上班时间爱聊天、爱闹小情绪、在宿舍里拉帮结派"，甚至因为找男朋友导致意外怀孕流产，或者患上各种妇科病。与男工不同的是，女工的情感诉求更复杂，她们"不仅需要性伴侣，更需要情感伴侣"，甚至出现了由临时性和流动性所带来的强烈的职业危机感与社会隔绝感。而最为可悲的是，"没有什么人会对女孩子们夭折的青春负责，在她们饱满的躯体内，蕴藏着最荒凉的记忆。"

在出版《工厂女孩》之后，丁燕又写下了《工厂男孩》，将目光聚焦到东莞打工者的另一性别群体。不知是有意还是无意，作者似乎在构筑一个系列。这部作品写的是电子厂的男工人。在作者笔下，这个群体的主体是"90后"男孩，其标志是"脏话、香烟、恋爱、盗窃、手机"，与工厂女孩相比，他们的青春荷尔蒙意味更强烈。如果说，在《工厂女孩》里，作者是体验者、观察者和叙述者三位一体的话，《工厂男孩》里的作者则主要是一个观察采访者与叙述者的二合一。她"混进"工厂的女工宿舍住下来，以此为据点观察男工，甚至单刀直入到男工宿舍，与阿坚、高利民、严小强、徐富民等"工厂男孩"对谈，在"电子厂的开工日""工厂路的秘密""男工来到电子厂""十九岁出远门""追时代的'90后'""学生工的抗争"等章节里，作者详尽叙述了有关"工厂男孩"工作与生活的方方面面，譬如工装等级、车间管理、宿舍纪律、械斗与偷盗、追求女工等，细节与场面之密植，对话、行动与心理描摹之生动，不一而足。譬如，作者在"工厂路"搭摩托车时与忙里偷闲出来挣点小钱贴补家用的"工厂男孩"对话，小贩们的相互对垒、亲戚网络以及对沿路所见垃圾桶、红色塑料凳、路灯、绿色台球桌、广告语等的形象风趣的描绘，还有对于"工厂路"的单调、周末的倦怠、各种秘密潜规则等的叙述，都使这部看上去主题略显沉重的纪实作品有了某种阅读的轻快感和趣味性。作者写出了以"90后"为主体的打工男孩不同于其父辈的"新生代"特点：留守儿童、初中辍学、到父母打工的城市打工，更多地倾向于城市青年的价值观和人生观，衣着发型赶时尚、攀比花钱消费、懂得如何"追马子"（泡妞）的"追时代"成为其基本生活方式和目标，干活太累太受气不行，总是在寻找机会脱离打工生活，但也不排斥回老家发展。总之，是更少"紧张、愤慨、焦虑"，更多崇尚"自由、轻松、愉快"。而为了更为多元立体地表现"工厂男孩"，作品还用了大量篇幅书写围绕男工们的其他各色人等，譬如，帮儿子带孙子的老张、做保安的阿勇、带重孙子的张老太、露天饮品店店主老廖、二级批发商老夏、舍友许月芳、林小月与儿子吴宏伟、阿杰与阿林小兄弟等。这使得作品的内涵更趋近于丰满。这些青春年少的"工厂男孩"远离家乡进入城市"追梦"的同时，对于广大的中国农村而言却又是一个巨大的冲击——"冲击的不仅是外在的村落形态，更是整个以血缘、亲缘、地缘为纽带的乡土社会关系网络"。作者的这种忧虑来自于她的观察和亲历。而对于这一切的书写，在作者看来，都是因为"嗅到了一种自己熟悉的气味"，写他人都是为了更好地看清自己、认识自己。当然，也是在另一个层面上认识社会、看清社会。

当我们谈论丁燕的这些非虚构作品之时,其实也是在肯定其"以人民为中心"的写作导向。她以对我们这个时代的迁徙者、底层打工群体和边疆少数民族的关注,以深入细致的田野调查行动、注重原生态的人物呈现、艺术化的细节场面描写、启人心智发人深省的非叙事性话语、基于人性人道人文关怀的叙述立场等,将人民的"痛"与"爱"呈现出来,将自己对于中国当下发展中存在问题的认识表达出来。这也许就是一个作家的情怀、责任与担当,是非虚构文学,甚至是整个文学的创作方向。我们希望这样的作家和作品多起来,为新时代中国文学书写新的现实主义华章。

(作者:王晖,南京师范大学文学院教授、博士生导师)

当"非虚构"遭遇"打工文学"

——丁燕"工厂系列"谈片

吴 琼

谈到"打工文学",人们最先想到的一定是深圳,"打工文学"已成为深圳的城市文化名片。很少有人意识到,"打工文学"中几位产生过全国影响的作家和评论家,如王十月、柳冬妩、郑小琼、塞壬等,其实都是在东莞开始自己的文学生涯或创造中国"打工文学"高峰的。即使在今天这个所谓的"后打工文学"时代,当年深圳红极一时的"打工作家"都几乎无一例外地停止了创作,连被称为"深圳打工文学之父"的杨宏海也不得不承认:"时至今日,兴起于八十年代,成熟于九十年代的打工文学也在逐渐走向它的尾声。"①但新世纪以来的东莞"打工文学"却仍然薪火相传,在"打工文学"的内容与形式上继续做出自己的探索。

本文讨论的东莞作家丁燕,就是东莞"打工文学",也是"后打工文学"时代的一位重要代表。丁燕的"工厂系列"的首部作品《工厂女孩》由她2010年至2012年两年间在流水线工作生活的经历写就,该书也因引起对"底层女性"生存状况的关注而被评为"新浪中国好书榜2013上半年十大好书",2017年丁燕的又一部以"打工男孩"的生存状况为题材的非虚构作品《工厂男孩》也由花城出版社出版,这部《工厂男孩》引发了更强烈的反响,入选《亚洲周刊》2016年度"十大好书(非虚构类)"。可以毫不夸张地说,丁燕已成为当代中国"打工文学"最重要的作家之一。更重要的是,丁燕写作的主题与形式,乃至她的个人身份,都为我们理解"后打工文学"时代的文学与现实的关系,乃至当代中国的文化政治,提供了重要的启示。

---

① 杨宏海:《打工世界:青春的涌动·前言》,花城出版社,2000年版,第20页。

一、跨越"打工文学"与"底层文学"

"打工文学"兴起之时,评论界曾因"打工文学"到底是"打工者写的文学作品"还是作家以"打工"为题材创作的作品产生过争论,最后前者成为被普遍接受的定义。杨宏海指出:"打工文学的优势非常明显,在纯文学作家那里,我们很难读到如此鲜活的生活经验,而且难能可贵的是它们都出自打工作家自身的经历。打工文学的价值在于,它是作为处于社会边缘的弱势群体发出的'自我关怀'的真切诉求,它为市场经济挤迫之下的打工一族提供了舒缓紧张压力的精神食粮,也为我们理解当代中国巨大而沉重的社会转型提供了丰富的第一手材料。"①按照这一逻辑,"打工文学"被严格限定为"打工者的文学",而非打工者所写的"打工题材"作品则被评论家归类为"底层文学"。

以深圳大学文学院教授曹征路发表于2004年以国企转制时期工人的生活状况为主题的小说《那儿》的发表为标志,"底层文学"成为引发广泛关注的话题。由于"底层文学"的倡导者与写作者大多都是职业作家和知识分子,因此,在关于"底层文学"的讨论中,"知识分子为底层代言的合法性""底层文学的道德立场"等成为争论的焦点。在一部分批评者眼中,"底层文学"写作者普遍缺乏"底层经验",却试图成为"底层的代言人","底层书写"很容易变成借用"批判现实主义"或"左翼"话语来想象"底层苦难"并借以批判现实的写作。"底层"实际上也演变成由写作者创造和演绎的抽象概念,使得真正的"底层"根本无法发出自己的声音。这一批评,显已成为"底层文学"写作无法回避的命题。

按上述标准衡量,丁燕的身份既不属于"打工者",又不完全属于完全从理念出发的知识分子。本科毕业于中国人民大学新闻系的丁燕曾做过几年报社记者,直到2004年辞职专事写作,来到东莞前她的职业身份是一位诗人。丁燕早在20世纪80年代后期便开始了她以新疆生活为题材的文学创作,出版了十余部诗集、散文集和长篇小说作品,尤其是她创作的百首"葡萄"组诗让她获得了"葡萄诗人"的美誉。这样一位有着颇为丰富的写作经验和作品积累的作家,与"打工写作",甚至与岭南的工业生活,都有着不小的距离。

在新疆面临某种失语状态的丁燕尝试选择用迁徙来打开创作的新局面。2010

---

① 杨宏海:《文化视野中的打工文学》,见杨宏海主编《打工文学备忘录》,社会科学文献出版社,2007年版,第16页。

年,丁燕以"东莞文学艺术院签约作家"的身份从新疆乌鲁木齐迁居广东东莞,开始了她的第二段写作人生。作为跨越了大半个中国的迁徙者,初来乍到的丁燕对东莞的印象除了岭南黏腻的空气和嘈杂逼仄的空间之外,便是错落的小镇上林立的工厂和身在其中行色匆匆的打工男女。丁燕很快选择将书写"打工"看作最为直接的进入"东莞"的方式,"看到莞樟路上下班的女工穿梭在箱式货车间时,我被震撼得不能动弹。我决定去工厂打工。这是我要理解东莞、成为东莞人所必须补的课。"①

丁燕选择用 200 余天的时间到东莞第一线工厂车间亲身体验打工生活的酸甜苦辣,在东莞樟木头镇的两家电子厂和一家音像制品盒厂的流水线上做最基础的普工,住在拥挤简陋的女工宿舍,用这种直接的方式来接近她的写作对象。她坦言自己在东莞找到了新的表达方式,新的体验和写作环境为她的创作带来了"翻天覆地"的影响:"我在樟木头时,住所边上就是工业园。我每天都能见到女工、男工、大货车,这种场域下,如果还是延续从前的抒情诗,是不能够完全表达现实生活的。我成了一个话痨,亟需新的文体来表达这些东西的丰富。相较之下,诗歌太有限,而小说对完整性的要求又太严格。我这些繁杂的、层出不穷的场景,最适合用非虚构散文来表达。所以我一提笔,就在这个文体中找到了快感。"②

丁燕试图用一种新的叙事方式来书写她的打工故事。"工厂系列"作品最具价值的部分在于丁燕打破了作家身份的限制,跨越无法获得底层生活经验的障碍,亲自参与到一线打工生活之中。《工厂女孩》是丁燕与东莞文学艺术院签约之后的首部作品,这部作品的雏形最早是 2012 年丁燕在《佛山文艺》开设的名为"她在东莞"的"打工文学"专栏。2013 年这些专栏文章结集后命名为《工厂女孩》。在《工厂女孩》中,丁燕利用在东莞工厂工作和生活的机会与她周围的工厂女孩建立起联系,把她们的生活片段用最直观的方式记录下来,通过不同女孩的身世和经历组合成属于"东莞"的故事。但丁燕很快发现这些书写还远远不够,讲好一个"东莞"故事必须有时间的维度作为支撑。这个维度的纬线便是东莞乃至珠三角地区用工趋势的变化,于是在 2014 年,丁燕又一次将她的目光锁定在樟木头镇工厂路的"打工仔"身上,在 2014 年至 2015 年两年间她不定期地住在女工宿舍,趁晚

---

① 丁燕:《工厂女孩》,外文出版社,2013 年版,第 5—6 页。
② 丁燕:《非虚构散文写作就像"以身饲虎"》,载《时代周报》,2013 年 12 月 2 日。

上工厂下班后工人们的空闲时间前往男工宿舍采访,尽最大可能抓取这个工厂区里新生代打工者的生命经验,而不再依靠"高高在上"的知识分子对"底层"的俯视和想象。

丁燕在作品的后记中不断强调其与"想象底层"的知识分子的差异,甚至并不认同自己的"知识分子身份",她在书中直截了当地表明:"她们不是别人,她们就是我,我就是她们。"①以此作为其写作合法性的佐证。丁燕初到工厂开始打工体验之时,她的身份就曾受到双重质疑:阶层的区隔使知识分子所处的中产阶层无法理解丁燕"底层体验"的意义,而从"打工者"的角度,她又只是一个打工世界的旁观者,但也正是这种双重质疑带来的隐秘的焦虑感实际上推动丁燕寻求一种既不同于"知识分子想象",也不同于"打工者的自我表达"的写作方式。她试图在二者之间寻找某种平衡,在呈现"底层现实"的同时保有对"现实"的批判。丁燕的作品也因此成为"后打工文学"时代的一种症候,代表了当代文学重建"文学"与"现实"关系的一次尝试。

二、"美国梦"与"中国梦"

2013年一部与丁燕的《工厂女孩》同名的美国非虚构作品的出版引起了广泛的关注。美国华裔记者张彤禾的《打工女孩》(又名《工厂女孩》,*Factory Girls*: *From Village to City in a Changing China*, New York: Spiegel & Grau, 2008)是一部以东莞新生代打工女性的生活为主题的英文非虚构作品,在西方读者中引发关注,先后被评为《纽约时报》2008年度优秀读物,以及《华盛顿邮报》《基督教箴言报》《时代》等诸多报纸杂志的年度好书。两部出自中美女作家之手的作品,不仅题材近似,而且都以"非虚构"作为艺术形式,更重要的是,两部《工厂女孩》几乎同时出版,二者不可避免地成为"打工写作"的"对照组"。读者可能会惊讶地发现,尽管两部非虚构作品的作者的生活经历、写作背景乃至思想观念如此不同,但张彤禾作品中对"美国梦"的理解,却与丁燕作品对"中国梦"的理解有着极为近似的表达。这种跨文化、跨历史的殊途同归,让人惊异的同时,也在引发深思。

张彤禾书中将两位来东莞打工的女孩吕清敏和伍春明视为中国"新生代打工者"的典型代表,在她们身上,我们看到的不是上一代外来务工者的保守和封闭,

---

① 丁燕:《工厂女孩》,外文出版社,2013年版,第290页。

而是她们的挣扎、奋斗与自我完善。张彤禾自 1993 年开始成为《华尔街日报》的驻华记者，辗转于香港、台北和北京等地报道中国社会经济变革中的故事。对于讲述中国打工者生存状况时所使用的左翼话语，张彤禾始终保持着警惕。显然这一时期西方媒体对中国打工者恶劣的生存状况的报道与批判现实主义话语逻辑极为相似，张彤禾显然并不认同其中颇具意识形态性的灰暗描写。在 2012 年的一场名为"中国工人声音"的演讲中，张彤禾直截了当地陈述了自己的观点："中国工人并不是一个零件，他们不是因为要为我们生产 iPod 才被迫进入工厂的，他们选择背井离乡，是为了挣钱、学习新的技能，以及看看这个世界。在对全球化发展趋势的辩论中，我们缺失的，是聆听工人们自己的声音。"①

在张彤禾看来，这些缺失的声音是与写作惯例相对抗的话语，那些常被新闻报道、记者作家描写的"工厂女孩"并非面目模糊的"底层"，相反，她们才是当代中国最具代表性的群体。她以这些女孩的生命经验为原点做出对东莞乃至中国现代历史的判断，而"当代中国"则成为这种历史动态关系中得以确立的时空结构。张彤禾为东莞下过许多描述性的定义："东莞是个没有回忆的地方，东莞也是个矛盾的城市"，② 在张彤禾的理解中，东莞是无法融入官方历史叙事的"化外之地"，东莞可以自我表述的历史似乎从改革开放之后才真正开始，东莞由此真正进入历史："东莞是一个与过往历史相抵触的城市，这里的过去全面抵制外国势力的入侵，但这里的现在却偷偷摸摸地对外来文化照单全收。每一个中国学生都学过虎门销烟的历史，但是我却由不曾出现在任何教科书上的太平手袋工厂，直接联接到我在东莞遇见的每一个人，从学习微软文字处理的民工，到自我提升的大师，再到宾士车推销员，……对他们所有人而言，东莞的现代历史是从太平手袋厂开始的。"③

张彤禾是美国知名报纸《华尔街日报》的资深记者，她最初对东莞打工女孩的关注源于她为《华尔街日报》所写的系列深度报道。由于这些报道旨在为西方读者呈现当代中国现代化的过程中个人的身份及价值观念的转变以及他们与历史发生的联系，因此张彤禾的写作倾向于将历史与现实并置，以此拼贴出"当代中国"的

---

① 张彤禾 TED 演讲《中国工人的声音》，摘自 https://www.ted.com/talks/leslie_t_chang_the_voices_of_china_s_workers? language=zh-cn.
② 张彤禾：《工厂女孩》，乐果文化出版，2012 年版，第 33 页。
③ 张彤禾：《工厂女孩》，乐果文化出版，2012 年版，第 35 页。

历史叙事。在《打工女孩》中，张彤禾在"城市生活"与"农村生活"两个部分之间穿插了对家族史的回顾，因为在张彤禾看来，要讲述一个完整的当代中国的故事，就必须串联起中国历史的时空逻辑。在将民族国家话语与全球化语境下的现代性话语并置之后，张彤禾看到了截然不同的"打工世界"：

> 探查家族故事也改变了我看待南方工厂小镇的眼光，虽然在小敏和春明的民工世界里有很多令人厌恶的地方，像是功利至上、腐败和低下的生活环境；但这却也是一个离开乡村、改变命运的机会，一个可以向往过不一样的生活，并且让这个梦想实现的机会。祖父当年经历的旅程，是好几百万个男女现在每天经历的事——他们离开家、来到陌生的地方，他们努力工作。然而他们的目的不再是为了改变中国的命运，而是为了追寻他们自己的未来，这个未来就掌握在他们自己的手里。①

若单从张彤禾所下的结论来看，她将打工者与当代中国社会的互动归结为个人奋斗与阶层流动，这看上去像极了"打工文学"初期杨宏海们建构的"安子神话"所遵循的现代逻辑。《中国新工人》的作者吕途曾指出这种逻辑的可疑之处："资本最成功的思想战略是：个人奋斗深入民心。……资本最成功的心理战略是：让每个人都相信可能性；就是说：我可能和别人不一样，即使别人都失败了我也可能成功。"②作为社会学研究者的吕途从自己的左翼立场出发，担忧这种"精神鸦片"式的心理战略会使这些"中国梦"遵循资本逻辑而丧失灵魂，而这些打工者的"中国梦"的内核也就成为资本创造的社会伦理辖制下的"美国梦"。

以左翼立场审视张彤禾念兹在兹的"打工女性"个人奋斗故事，可能并不真实，但到底是《那儿》的"底层书写"，还是与张彤禾的观点异曲同工的"安子神话"更接近于打工一族的真实生活经验，更能打动打工者的心灵，恐怕不应该仅仅由知识分子来判断，而应该由打工族自己来表述和回答。张彤禾表示她更愿意倾听和记录后者的声音。

这同样是丁燕切入"打工文学"的方式。从《工厂女孩》到《工厂男孩》，丁燕在两部作品中尝试了不同的叙事方式。《工厂女孩》的"故事集锦式"是"打工文学"最

---

① 张彤禾：《工厂女孩》，乐果文化出版，2012年版，第398页。
② 吕途：《中国新工人：文化与命运》，法律出版社，2015年版，第446—447页。

常见的讲述方式，丁燕在这里只是"流水线"上的倾听者与记录者，而在写作《工厂男孩》时，丁燕将90后男工群体作为自己的观察对象，花了整整两年的时间行走于工厂路，用个体故事拼凑出东莞打工群体的真实境况。她不再停留在倾听者的位置，而是大胆进入打工者的生活，真正地成为打工生活的参与者。在体验打工者的日常生活的同时，丁燕在观察和思考"打工者"的命运与时代的关联，这使得她能够走出简单的道德评判，表达中国的城市化进程对包括打工仔在内的普通中国人的深刻影响。在作品构筑的现代城市风景中，打工女孩和男孩们的到来和离开意味着一个时代的开启与结束，从工厂路由繁荣到萧条的变化，丁燕强烈感受到中国城市化的不可遏止，这是一个在东莞讲述的中国故事。丁燕用诗意的语言描述了东莞工业结构的变革：

> 2013年是个转折点，这并非抽象的调查数据，而只是工厂路上某些人的直觉。是那些奇异古怪，闪着锐光的刺痛感的总和。三十年工业化发展，早令东莞习惯了外来人口的涌入，然而，2013年，骤然空荡的街道，让这座城市突然间变老了——不是老年突至，而是从青年进入中年。随着青春期的翻篇，这个城市陷入定格状态——像照相前的那个瞬间。一切都变得安静，不动，积蓄力量。之后，涌入城市的面孔里，多了铁青胡子的粗粝。①

一方面是"回不去的农村"，另一方面是"打工阶层结构的变化"，这两个主题是隐伏于丁燕作品的互文线索——有更多的农村人来到城市，用工结构却由最初的"阴性帝国"变成了"男工世界"，在"工厂路"这个微型的现代城市空间中，现代社会的新型伦理关系与农村的宗族观念在这里共存，"工厂路"成为了农村人的"家庭聚居点"，他们不再渴望"回老家"，并想方设法留在城市。丁燕认为，工厂路的两种不同空间交错的状态使"工厂路"处于"半城市化"状态，这种状态指的是城乡二元结构的逐渐崩塌和新城市空间的尚未成型，处于这种矛盾状态中的打工者们——他们粗粝的生存经验——成为文本获得特殊叙事力量的重要因素。与张彤禾努力拒绝脸谱化地描写打工群体一样，丁燕对于"个体"的崛起也同样在意。丁燕在《工厂男孩》的后记中说道："在我看来，转型期中国的关键实乃'个人之崛

---

① 丁燕：《工厂男孩》，花城出版社，2016年版，第271页。

起'。我不想以传统说教式的框架,用国家和社会、传统和现代等二元模式来展开填空式叙述,而希望自己是个朴素的观察者,和被采访者间建立长期联系,和他们进行深度对话,既融入他们的生活,又保持一种研究距离,最终描摹出一个个鲜活实体。"①

在丁燕看来,东莞的"打工者"的故事形塑了现代工业化中国的历史空间,这本身说明了"打工写作"无法脱离现代性逻辑而独立存在。在现代城市里,所有人都不可避免地被裹挟在同样的"现代性幻梦"之中。乡村的迁徙者来到城市,他们的打工生活不可避免地遭遇工业化生产机制下"人的异化"带来的苦难,同时现代生活的多元却让他们拥有更多可能。这其中的矛盾也正是丁燕作品中的叙事张力所在。她在接受采访时曾表示:"当我在描述这个族群最隐秘的情感、最热烈的争辩、最可怜的日常生活时,我希望大家看到的,不是被某个词语(打工者、农民工)框定之后的某类人的生活,而是首先想到,它就是存在于我们周围的真实生活,这些人,和千千万万普通人一模一样,没有更高尚也不曾更低下,他们渴望通过自己的双手,改变卑微的生活。"②

这是丁燕所看到的"中国梦",它某种程度上是张彤禾笔下"美国梦"的移植,同时又带上了中国现代性的特殊印记:"东莞是中国被污名化最严重的城市。其实,这座城市还在孕育中,还只是个胚胎(但它已那么名声在外)——它从县开始,不靠国家特区政策或省会优势,自己发展起来。人们成饼成团涌来,在这个初生的城市里自生自灭,形成一个个不可渗透的圈子(圈子外的一切道德、文明和准则,都不能衡量这里)。在这里,人人神出鬼没,编撰历史,创举至今,断绝未来;人人都可能拥有全新的空白档案,刹那间,改变自己的运势。"③在丁燕眼中,"东莞"是"流动"且多层级的历史场域,全球化背景下"打工移民"的欲望在城市的多元结构中演化为不同面向的历史可能。在此意义上,丁燕与张彤禾殊途同归。她们没有选择"底层文学"的套路,这与她们对打工生活的体验有关。她们不是高高在上,从理念出发的"知识分子",而是亲历者和行动者。另外同样重要的原因是她们的女性身份和她们所选择的"非虚构文类"的"非虚构性"。

---

① 丁燕:《工厂男孩》,花城出版社,2016 年版,第 337 页。
② 丁燕:《工厂提供新生活的可能》,载《东方早报》,2013 年 4 月 9 日,摘自 https://culture.ifeng.com/gundong/detail_2013_04/09/24012479_0.shtml。
③ 丁燕:《工厂男孩》,花城出版社,2016 年版,第 155 页。

三、为什么是"非虚构"？

2009年10月，中国作家协会公布了一份《中国作家协会关于作家定点深入生活的暂行办法》，意在推动作家深入现实生活，运用现实中积累的经验和素材进行文学创作，同时建立一套推进文学深入生活的体制。在2010年确定的首批"作家定点深入生活"的19名作家中，丁燕便是其中一位。通过官方机制推动"现实主义"创作，这对中国当代文学来说是一个意味深长的举措。随后《人民文学》推出了名为"人民大地·行动者"的非虚构写作计划——呼吁作家走出书斋，走进社会生活，以深入的田野调查作为写作的基础，以写作见证时代，并开设专栏刊发非虚构作品。不难看出两个"写作计划"之间的关联，这也是"底层文学"提出以来又一次重构"文学"与"现实"关系的尝试。

中国"非虚构写作"更为明确地对写作者的"行动"做出要求，"非虚构写作"因此也被称为"行动者的写作"。① 可以认为，以写作者的现实经验作为"真实性"的保证是中国非虚构写作最重要的特征之一。从某种意义上说，"非虚构写作"是以革新"当代文学"的姿态出现的，一方面它针对的是当代社会文学边缘化的尴尬位置以及文学写作的"不及物"特征；另一方面预示着某种文类的"更新换代"，也是对"知识分子的底层写作"的深化和革新。这不仅在提醒人们"虚构写作"在面对世界时的"孱弱无力"，也再次凸显本已式微的"报告文学"无法满足对当代社会多重"真实"的呈现。

中国的"非虚构写作"显然受到了美国非虚构写作的影响，因为目前中国面临着与美国20世纪60、70年代相似的文学与社会状况："文学"社会影响力的衰落、多维度的社会现实的出现以及大众对"真相"的渴望。美国非虚构作品在20世纪60年代中期曾经超越小说成为最受欢迎的阅读选择，在目前的美国图书出版界，非虚构作品已经占据着"半壁江山"。美国最重要的图书奖和新闻奖——美国国家图书奖、普利策奖都设立了"非虚构写作类"的专门奖项。这个美国舶来的文类概念要求以"真实"作为写作的基石，它与小说写作最大的区别就是不能编造任何人物和情节，但又需要写作者创造性地结构"真实的细节"。

近年在中国颇受欢迎的美国非虚构写作者何伟（Peter Hessler）接受腾讯非虚

---

① 李敬泽、陈竞、李敬泽：《文学的求真与行动》，载《文学报》，2010年12月9日。

构写作平台"谷雨故事"采访时曾这样总结美国非虚构写作的"规则"："非虚构文学相较虚构文学欠缺创造性。不能编故事，那就只能实事求是地还原现实生活，但现实生活从来都不像虚构小说那样充满戏剧性。在创作非虚构文学时，不能编造，这就意味着你要竭尽全力去发掘事实，去收集信息。创造性部分来源于你是如何运用这些日常素材的，在调查中就存在创造性。非虚构作家需要发掘一些不同寻常的途径去收集信息和选择主题。"[①]换句话说，"非虚构"不是单纯的"拒绝虚构"，其关键还在于写作者如何处理这些"真实经验"，如何依靠编织真实经验片段之间的网状关系以获致意义。时任《人民文学》主编的李敬泽认为可以将"非虚构理解为一种写作观念和伦理，一种写作方式、一件可以尝试的事情。至于在文学的多宝格里究竟它在哪一格比较恰当，那做起来再说"[②]。从这个层面上可以看出，"非虚构写作"最初提出时并非明确的文类范畴，更多的是一种对写作回归现实的伦理诉求。

有趣的是，"非虚构写作"的概念一经提出，就有数部"打工题材"的作品先后获得了"非虚构类写作"的奖项。在《人民文学》开设"非虚构写作"专栏的同一年，"茅台杯人民文学奖"增设了"非虚构作品奖"，首届"非虚构写作大奖"颁给了深圳打工作家萧相风的非虚构作品《词典：南方工业生活》，作品以"关键词"的方式呈现了"打工的真相"。2013年8月，第二届"南方国际文学周"设立了中国大陆首个"非虚构写作大奖"，学者梁鸿记录51位家乡梁庄人在全国各地打工的生活和情感经历的作品《出梁庄记》获得了"非虚构写作文学奖"，东莞打工作家郑小琼以东莞打工女性为写作对象的作品《女工记》被授予"新锐探索奖"。2013年也是"打工文学"的"丰收年"，这一年引起强烈反响的打工题材的写作都是"非虚构作品"，其中便包括丁燕和张彤禾的两部《工厂女孩》，梁鸿的《出梁庄记》，社会学者吕途研究中国新工人生存状况的调查实录《中国新工人：迷失与崛起》。这些作品的集中出现也从一个侧面证明了"非虚构写作"赋予"打工题材"新的可能，写作者选择这个中国新兴文类不仅是因为对于挖掘"深度真实"的需求，同时也因为"打工文学"在遭遇这个新写作范式时获得了新的表达空间。从写作者的个人经验出发，建构"现实"与"历史"的多重联结，"打工叙事"不再单纯地依靠"苦难书写"，每个

---

① 何伟、南香红等：《为何非虚构性写作让人着迷？》，载《谷雨故事》，2015年8月28日，http://cul.qq.com/a/20150828/217693.htm。
② 李敬泽、陈祥蕉：《"非虚构"正向"小说"发起挑战》，载《南方日报》，2013年8月16日第A19版。

被"看见"的都成为窥视"底层/边缘真实"和社会变革的窗口,"打工叙事"也成为进入"多重现实"的重要媒介。

丁燕曾这样总结自己的写作:"我试图以'以小见大'的方式,通过个人微观史来窥视当下中国。当我用现实主义的眼光挽留下那些飘忽街景,用实录般的词汇描绘下诸多细节时,工厂路像酵母,让最琐碎最贴身的视觉经验,变成了坚实可靠的证词。我试图用文字记录下两种视觉记忆的隐秘联系——睁着眼睛时所看到的,闭着眼睛在眼睑内部所唤醒的。"①拥有多重身份的丁燕是一位"打工世界的漫游者",丁燕直言"我不打算写小说,也不打算写传统的抒情散文,是因为它们都不适合我所面对的当下现场。不是我选择文体,而是生活帮我选择了'非虚构'这一文体"。② 作为对东莞的最初印象,"工厂系列"的非虚构作品几乎触及了"打工写作"所有主题。在丁燕笔下的"工厂路的故事"中,"打工世界的真实"得以呈现在各自独立的叙事单元的关联中,这些关联成为中国现代性想象的表征——"破败的农村老屋""留守老人和儿童""农村家庭的生存之道""初代打工者的离开与归来""新一代打工者向农村的告别""进入城市后对身份的惶惑",每个打工个体的故事则是连缀在这条时空线索上的透视镜,通过罗织打工生活和情感的细节与其中的批判性叙事建构起"打工阶层的集体认同":"于是,一个网络状的环形世界便形成了:人物和人物,人物和环境在相互制衡中发生着改变,而这些改变非常之重要,因为这些改变就是当下社会巨变的缩影。"③

从丁燕精心构筑的"打工"主题的"中国现代性故事"的结构中,可以看到"非虚构写作"对于"打工文学"乃至中国当代文学的意义。"后打工文学"时代的"打工文学"对于"真实"的需求不再只是"打工者写的打工生活","非虚构"的介入不仅打破了"打工文学"自成一体的叙事循环,并且引入了多重话语结构,无处安放的"零余者"变成了与历史、地域紧密相关的"个体"。虽然"苦难"是无法避开的"真实",但苦难并不只为引起怜悯,相反却成为追溯中国现代性逻辑的线索。

丁燕的"工厂系列"非虚构作品对于东莞"打工文学"的意义并不在于她发现了某些"新的真实",而在于她选择深入体验打工生活的态度以及处理这些"打工见

---

① 丁燕:《工厂男孩》,花城出版社,2016年版,第343页。
② 路艳霞:《非虚构写作的自然选择》,载《北京日报》,2013年5月23日。
③ 丁燕:《反复行走于工厂路:浅谈非虚构写作中的"观察"和"真实"》,载《中国作家》(纪实),2016年第8期。

闻"的写作方式。在此意义上,丁燕的"非虚构作品"为后打工文学时代的"打工文学"提供了新的方向。据《南方都市报》消息,丁燕的"工厂系列"的第三部作品《工厂爱情》即将出版。① 作品瞄准的是"工厂女孩和男孩们"更为隐秘的情感世界。将写作延展至人与人之间微妙的感性联结,实际上也是对"非虚构写作"这个"写真实"的特殊文类边界的进一步探索。如何平衡"主观性情感"与"写作的真实性"之间的关系,从另一个层面来说也是拓展"非虚构写作"可能性的尝试。

作为东莞"打工文学"的首位以"非虚构作家"获得命名的写作者,拥有女性视角的丁燕在接下去的创作中将会如何激活"非虚构写作"在建构"打工真实"与"当代中国"之间辩证关系时的叙事潜力,依旧值得期待。

(作者:吴琼,北京大学中文系博士)

---

① 田玲玲、刘媚:《作家丁燕:东莞是写作的天堂》,载《南方都市报》,2018年10月10日。

丁燕的纪实文学观片论

黄忠顺

丁燕自2010年年底开始，其创作主要围绕纪实文学展开。八年来，她创作了一批有影响的纪实文学作品：《工厂女孩》获第九届文津图书奖社科类奖、第十届广东省鲁迅文学艺术奖，《工厂男孩》获亚洲周刊2016年度十大好书，《低天空 珠三角女工的痛与爱》获第五届徐迟报告文学奖、第六届鲁迅文学奖提名，《沙孜湖》获第七届鲁迅文学奖提名。关于丁燕的这批创作，已有专论将其放在当代中国变化之南国与北疆的大背景下论述。这里，仅围绕她关于纪实文学写作的谈论谈谈她的纪实文学观。

丁燕2017年年底在《文艺报》上发表的《纪实文学的新变化和可能性》一文，通过梳理纪实文学自20世纪60年代以来在国内外的某些重要嬗变，表达她对这一文类的观察与思考，比较集中地反映了她的纪实文学写作观。在写作方法上，她区分了两种采访——传统纪实文学的"纬线式采访"与彼得·海勒斯等的"经线式采访"；在表现方式上，她描述了从宏观叙述到微观分析的变化；在结构方式上，她勾勒了突破传统顺时针闭合式结构的多样性探索；在叙述主体层面，她探讨了纪实文学作品到底应该"无我"还是"有我"的问题。同时，她还评点了某些传统的纪实文体发生的引人瞩目的变化，诸如，传记在奈保尔印度三部曲中呈现的杰出拓展、自传体在乔治·奥威尔纪实三部曲中赋予的重要意义，以及学术著作的纪实文学化等。

在丁燕看来，一方面，纪实文学要想活得好，必须打破常规，冲破文体在其发展中积累的重重包围；另一方面，对"纪实"这一文类的拓展与深耕，尤其需要"优质的地图和精准的罗盘来定位"。而这个不能跑偏的"位"，丁燕的观点是，"在事实与虚构之间，一定是要有界限的。"她认为，纪实文学必须遵守的律则就是"在不违反事实的前提下，讲述一个和小说家一样精彩的故事"。

丁燕的这篇文章以理性的面貌让人想象纪实文学的广袤、高远和深湛。我由此对她的创作特色有了新的认识——她不仅是一个"诗性"的作家，而且是一个"思性"的作家，她不仅是一个面向现实写作的作家，而且还是一个能够面向文学史调校自己写作的作家。这对一个纪实文学创作家的写作格局和可持续性无疑是十分重要的。

本文并非对丁燕纪实文学观的系统梳理，只是从其中拈出三个我比较有想法的问题来谈。

一、以织物的经线与纬线，区分纪实文学的两种采访方式

丁燕以织物的经纬线，区分了纪实文学的两种采访方式。她将"纬线式采访"定义为传统的纪实文学的采访方式，与之相对的"经线式采访"则属于纪实文学的一种"现代"采访方式。丁燕说，"纬线式采访"往往是针对一个具体人物或事件展开，作者通常会在一个固定的时间，去不同的地点，采访不同的人物，再把这些片段组合起来；而"经线式采访"则是在不同的时间段，只去一个固定的地点进行观察和访问，最终，他写出了那个小地方在几年之内的变化。彼得·海勒斯的《寻路中国》采用的是这种方法，盖伊·塔利斯在写作的时候，也热衷于采用这种方法，往往会花几个月、半年甚至几年去采访。他会反复采访一个人达五六次，每次的时间都在 5 小时以上。① 丁燕对这两种方式的区分可能源于一个契机。

2013 年春天丁燕出版《工厂女孩》之际，另一部记录东莞打工女孩的同名纪实文学（*Factory Girls*，被译为《打工女孩》）由上海译文出版社翻译出版。丁燕是用隐瞒作家身份报名进厂打工的方式观察采访她的书写对象的。她每天在流水线上工作，承受最单调又极繁重的体力劳动。她同女工们一样在工厂食堂排队打饭，吃粗糙的食物，住简陋、拥挤、脏乱的女工宿舍。她将这种切身体验、"卧底"访谈转化为笔下一个个 70 后、80 后和 90 后女工生动的故事，她们的梦想与失落、自尊与柔韧、欢乐与屈辱、张扬与压抑、不同的个性与共同的现实都在丁燕笔下获得了可称丰盈的文学性刻画。然而，丁燕虽然三换工厂扩大观察面，却都是在工厂最底层的流水线上。她追求的是下沉、再下沉，她要挖掘南中国最底层女工的歌哭。所以她以饱满的情感最有力地凸显的，是"一个简单的动作，一

---

① 丁燕：《纪实文学的新变化和可能性》，载《文艺报》，2017 年 12 月 15 日。

百次地重复,一万次地重复,一万次乘以一万次地重复。一切围绕着机器旋转,人成为无意识的附庸"的前路暗淡的女工人生状态。张彤禾并没有如此下沉于东莞工厂。她只是在东莞的街头随机捕捉了两个打工女孩,与她们交朋友,从2004年到2007年每月定期来东莞访问她们,记录她们在迎面而来的时间刻度上发生的人生变量。结果却写出了另一种人生,另一面向的中国。在张彤禾的笔下,东莞是个未完成的城市,一切状态都处于正在成为另一状态的过程中,其塑造新生活的速度超出想象。几节电脑课能让一个打工女孩即刻平步青云进入另一个阶层;在人才市场,一个上午足以令人建立起新的职业生涯。年轻女孩,离乡背井,奔赴而来,正在于它塑造新人生的能力之强大,塑造新生活的速度之迅捷!张彤禾的笔下,她每个月去东莞,她所跟踪女孩的生活都有很大改变,或是工作变了,或是又换厂了,或是男友换了,或是又有新的生活计划了……东莞遍地工厂大大小小每天都在生生灭灭,其小有小的好与坏,大有大的利与弊。那些大厂用多达13级的管理层次来拉动员工的上进动力,这些都给打工者带来了强烈的不确定性、不安全感和希望与机会,造成她们令人惊讶的就业和升迁情形。当这种环境与一批打工者——这些乡村精英——励志上进敢于冒险的精神相互激荡,就形成了它塑造新生活的勃勃生机。中国的读者们在底层文学书写的惯性思维中无疑会更认同丁燕的《工厂女孩》,但张彤禾的《打工女孩》却更具刷新耳目的发现力,更具对中国奇迹的解释力。

丁燕在这两部纪实作品的比较阅读中,不会不感受到她与张彤禾的方法差异所导致的纪实视野的巨大差别。

从学理上梳理,丁燕所谓"经线式采访"源自现代科学的一种纵向研究法。两百年前,有位法国科学家做了一个实验,他在正孵化的鸡蛋上刺下若干小孔,每隔一段时间观察一次蛋壳内小鸡的变化情况。这应该是有记载的最早的纵向研究。这种纵向研究20世纪20年代在西方开始运用于儿童发展研究,而后逐渐从心理学、教育学普及到社会学、经济学等众多领域。这种方法所观察和描述的是在多个时间点采集相同对象的变量数据,研究其随时间的变化情况,或是跟踪一些变量影响的一组研究。这种研究方法需要有时间上的耐心,而这恰恰是现代中国所缺乏的。所以,中国人较少运用这种方法,而在以美国为代表的西方世界不仅运用广泛,技艺纯熟,而且,由其科学方法所建构的认知方式成为被社会广泛接受的认知形式,从而发展成为非虚构叙事的一种重要的话语方式。

丁燕以"经线式采访"来命名这种方法在纪实文学上的运用，既准确地揭示了它的纵向时间轴特性，凸显了它在纪实文学上的不可或缺的意义，也表达了将其融入传统纪实文学的方法之内，形成经纬交织的纪实文学锦霞的理念。

二、以明确的界限，区分事实与虚构的防线

过去我们谈纪实文学实虚关系的时候，喜欢谈的是"真实"与"虚构"的界限，不是"事实"与"虚构"的界限。丁燕用"事实"这个概念来替代"真实"，为的是让纪实文学的这个边界性问题回到更基本也更清晰的常识上来。"真实"在本质上是观念对事件的构造，因此它的对立面不是"虚构"，而是"虚假""荒诞""虚幻"，甚至"做作"等等一大堆的词汇。在这些反义词中，像"荒诞""虚幻"都可能是"事实"的，而非"虚构"的。"荒诞"常常源于人们一时无法从因果逻辑认知上掌握的"事实"，"虚幻"可能是某类"事实"在人的感觉构造中的形态。更重要的是，为了从"事件"中构造"真实"，"虚构"常常是其自觉或不自觉的手段。所以，用"真实"这个概念谈论纪实文学与虚构文学的边界常常陷入云山雾罩的概念混乱中去。

而"事实"的对立面是"虚构"，也是"谎言"。丁燕认为，纪实文学一定要在事实与虚构之间明确界限，并且规定"不能因自己的观察而导致观察对象发生变化；不能出现合成人物与合成场景；不能糅合时间，让读者误把一个月当成一天。作者仅在他听到或看到的情况下才能使用直接引语；不加引号的对话和陈述，是在作者肯定确有其事的情况下释义改写的。纪实作品并非不能描述想象，但是，当纪实作者在进入想象领域时，应该用'我猜想''对我来说似乎是'等词汇明确表明，不要让读者产生误解"。① 丁燕将违反这种"事实"规定性的所谓"纪实"，称之为"刻意欺骗读者"。也就是说，在丁燕心中，纪实文学中的"虚构"等同于"谎言"。因为不同文体与读者的阅读期待之间具有相应的契约关系。丁燕在一篇谈论散文写作的文章中说过，小说虽然设置了一个假定性的事实现场，"但读者并不对其真实性抱有期待，也就是，只要小说的故事吸引人，真假无足轻重；但……读者对散文的真实性抱有期待！所以我不能无中生有；所以我要求我写的故事必是亲历，但我可以对已有的、尚不完整的素材进行黏合，以恢复事实的真相。"②

---

① 丁燕：《纪实文学的新变化和可能性》，载《文艺报》，2017年12月15日。
② 丁燕：《我在散文的宽容中》，载《光明日报》，2015年9月28日第13版。

丁燕的上述说法在枝节上尚有可推敲之处。比如"不能因自己的观察而导致观察对象发生变化"这个说法在理论上无法获得现象学甚至现代物理学的支持。散文所写故事也不一定必须亲历，只是不能将非亲历故事写成亲历故事。这些都是枝节问题，丁燕的要点是强调纪实文学文体与读者阅读期待之间所具有的契约关系。

这让我想起鲁迅的散文《藤野先生》在日本被作为小说阅读。日本的这种归类在他们的学者那里是经过了相当扎实的实证研究的。《藤野先生》文本中几乎所有的细节与事实可能存在的出入都被日本学者缜密筛查过。比如，《藤野先生》写道："从东京出发，不久便到一处驿站，写道：日暮里。"但鲁迅来仙台的明治三十七年还没有"日暮里"车站。这车站是鲁迅移居仙台半年后才开始营业的。《藤野先生》写道：他仙台求学时，那里"还没有中国的学生"。但与鲁迅同期，有个叫施霖的"清国"留学生入第二高等学校。鲁迅与他有交往有合影，当时的《东北新闻》第七版也有报道。《藤野先生》写他离开仙台的时间是"到第二学年的终结"，即1906年7月10日，但校方确凿的文献记录着他于1906年3月离开仙台。更重要的事实出入在"幻灯片事件"与"漏题事件"上。日本学者发现鲁迅的《藤野先生》《呐喊·自序》《俄文译本〈阿Q正传〉序及著者自传叙略》三个文本所讲"幻灯片事件"，在时间、地点、处死方式、旁观者、医专学生反应以及鲁迅看法等均有差异，比如在《藤野先生》中"俄探"是被"枪毙"，在《呐喊·自序》中是"斩首"。经实物查证，当年的相关幻灯片应有20张，保存下来的15张均无鲁迅描绘的场景，走访尚健在的与鲁迅一同听课的同学，其印象也是否定性的。但日本学者搜罗到了1905年7月28日日本《河北新报》上题为《四名俄探被斩首》的通讯，与鲁迅描绘的"幻灯片事件"类同，且《仙台市史》记载的1905年1月5日举行的祝贺日本攻克旅顺，市民高喊万岁的场面与鲁迅所写学生反应相似。由此得出的推论便是，鲁迅对当时多方面的信息采用了小说化的加工。《藤野先生》所写"漏题事件"是真实发生过的，但鲁迅作了一些虚构性处理。比如，"漏题事件"原是留级生向藤野先生泄愤所为，鲁迅写成学生会干事的行为。当时并无"学生会干事"的设置，只有"同级会""总代表"，由与鲁迅要好的同学铃木逸太担任。但铃木逸太非但不是挑起"漏题事件"者，恰恰是尽责与藤野先生沟通平息事件的人。凡此种种，或源自鲁迅记忆上的失真，或出于艺术上的有意为之，在日本学者的心中，《藤野先生》就被定评为小说了。

所以，我认可丁燕对纪实文学做出这种规范的必要性，但中国纪实文学的写作现状似乎更倾向于将丁燕的主张作为她从事纪实文学创作的一种值得尊敬的个人写作伦理。因为"虚构"作为文本生产的概念，内涵多义。你不能不承认海登·怀特"一切文本都是虚构"的洞见，又不能否认具有历史文献学意义的纪实与一般小说写作的区别。其次，纪实文学是一个大类，其各种具体文体，作者与读者的约定或不尽相同，或存在歧义。"欺骗"与否，很难定论。但无论怎样难以定论，在丁燕看来，这里有一个"清楚而简单的试金石，即作者有没有想要刻意欺骗读者。如果作者有所隐瞒，应该坦白地告诉读者"。①

当然，丁燕自己也认为，纪实文学要想活得好，必须打破常规。打破常规的最常见行动是在文体的边界处下手，所以纪实文学在事实与虚构之间的界限将是持久的攻防战。比如梁鸿的纪实文学作品在"虚构"和"非虚构"之间就不存在特别明晰的边界。《中国在梁庄》《出梁庄》的"非虚构"里面包含着有意识的虚构成分。

丁燕自己不将其创作上打破常规的战役投向这样的边境线，且专注于对"事实"的捍卫，这意味着丁燕认定的纪实文学创作的主攻方向在"事实"的发现和表现上。是的，"事实"只现身于能见其意义的眼睛。我们平日见惯的事实，已非原初事实，而是经过他人转述才看见的事实，是经过他人命名才得以称谓的事实。丁燕以她看惯新疆大漠和多民族风情的眼睛观察南方工业城市，用她适应了潮热气候与工厂男女青年的眼睛回望故乡托里草原上的沙孜湖，比较成功地通过距离调教其眼睛的理性之光、孕育其眼光的情感色泽、激发其眼界的想象能力，以此发现某些未经他人转述的事实和重新发现被转述所遮蔽的事实，并给予事实以原初之光的艺术再现和文献学命名。

三、以情境论的态度，对待"有我"与"无我"的选择

在近年这一波非虚构文学的讨论中，"有我"与"无我"成为一个话题焦点。"有我"与"无我"涉及的是叙事视角问题。"有我"属于有限个人视角，"无我"属于上帝全知视角。早在2006年，我受美国"nonfiction"这个术语的影响，以"非虚构"这个概念来论述张承志《心灵史》的文体时，就主张以有限个人视角观察、理解、刻画自己所接近、相遇的世界，理应属于严于求实的非虚构文学是其所是

---

① 丁燕：《纪实文学的新变化和可能性》，载《文艺报》，2017年12月15日。

的叙事方式。后来我在另一篇文章中将我国纪实文体中的"无我"叙事称为《史记》式"展示",并批判了这种"展示"的非法性。我说:"由于'展示'叙述要求叙述者尽可能地避免将自己对所叙之事的理解、推断、分析、判断直接介入到叙述中来,以便给读者一个亲临现场,直击事实的生动感,而这又恰恰需要叙述者对所叙之事具有一种全知全能、无所不知的视野来为所叙之事提出最大限度的信息,这样,从纪实的立场来看,'展示'叙事方式便不能不是一种非纪实的叙事方式,因为这种叙事方式赋予了叙事者本质上的无所不知,而事实上,纪实作者对其所叙述事实却不可能做到无所不知。所以这一叙事方式在纪实文体中一般而言难得具有合法性。"①当然,这个说法也是有必要做修正的。因为纪实文体是一个家族,其中的成员比如报告文学有不可虚构原则②,而传记文学,胡适当年提出这个概念时就说过,这是一种在尊重事实的基础上为了提高文学趣味可适当虚构的文体。所以上述"难得具有合法性"的判断必须进一步限制在严于"纪实"的文体之内。

2018年,梁鸿在一篇梳理和辨析改革开放四十年非虚构文学的论文中说:"2010年左右出现的'非虚构文学'和之前相关文体最大的不一样在于:作者在文本中的位置发生了根本性变化。这也正是在21世纪之初兴起的非虚构文学与新时期初期最根本的不同","作家们不约而同地摒弃了这个上帝的叙事人角度,而是以'有限的个人'视角进入文本。"③梁鸿所表述的这个观点是颇有市场的,它有包括洪治纲发表于2016年第3期《文学评论》的《论非虚构写作》等一批基于非虚构作品分析的论文作支撑。而一种已经流行开来的看法则是将"无我"与"有我"视为"报告文学"与"非虚构文学"的一个识别码。

但是,丁燕显然不为这样的观点所左右。她说:"在纪实作品中,到底应该'有我'还是'无我'?根据我的创作经验,我认为应该视作品内容而定——如果'我'是这个作品的主线,那就不能回避'我'的出现;但如果作品中的被描述对象已足够丰满,那就可减少叙述者'我'的出现。因为纪实文学的重点是文学,它毕竟不是新闻……"④在这里,丁燕将一个由叙述视角而触及的"纪实"的认知方式

---

① 黄忠顺:《〈史记〉式"展示"与〈心灵史〉式"讲述"——"报告"的文学叙事方式的合法性问题》,载《福建论坛》,2010年第1期。
② 丁晓原:《报告文学,回到现实大地的行走》,载《当代作家评论》,2001年第1期。
③ 梁鸿:《改革开放文学四十年:非虚构文学的兴起及辨析》,载《江苏社会科》,2018年第5期。
④ 丁燕:《纪实文学的新变化和可能性》,载《文艺报》,2017年12月15日。

决定的纪实文学话语形式问题转化成为非常具体的内容与文本结构、文体风格的动态关系以及文学与新闻的差异问题。这看起来似乎是没有对上话，但事实上，纪实文学"有我"与"无我"的问题，既是纪实文学的认识论和话语方式问题，也可以显现为纪实文学的文本结构和文体风格问题，它还涉及纪实文学家族中各子系统不尽相同的文体规定性问题，它同时还成为一种政治修辞策略。比如，中华人民共和国成立后的文学的"人民性"一度得到极度弘扬。在这样的时代精神氛围中，"小我""个人"是贬义词，文学需要代"人民"立言，上帝视角即代人民立言，其合法性不容置疑。所以从这个人民性传统中走来的报告文学都是将"无我"的上帝视角作为一种政治修辞策略来使用的。即使在人民性的时代高潮过去之后，"个人"声音嘤嘤其鸣，但以关注社会公共事件或人物为己任的许多报告文学，仍然惯性地或执拗地传承了这种人民性的"代言"传统。

这一波关于非虚构文学"有我"与"无我"的讨论，倾向于通过一种本质论的述说方式将其二元对立化。丁燕在谈论这个问题的时候，可以说是跳开了这种本质论的述说形成的二元对立项，通过诉诸具体情境——"如果作品中的被描述对象已足够丰满，那就可减少叙述者'我'的出现"（应该只是其情境之一）——将问题变得灵活包容。这使她在观察纪实文学新变化和可能性的时候，能够不排斥中国纪实文学的既有传统。不像一些论者那样，以 nonfiction 的中文异化翻译词"非虚构"所携带的外来文化的属性来反对其归化翻译词"纪实"所接续的本土文化的血脉。这个本土文化的血缘是强大的，除了上述"人民性"修辞传统，还有更深远的《史记》传统。《史记》不仅在篇幅上是中国文化史上的空前巨著，其对中国文化形态的形塑，大约还没有其他任何一种叙事作品堪比。如果说它对中国叙事作品的影响深入骨髓，那么，其十二本纪、三十世家、七十列传，以现代文体学观念视之，皆为纪实文学，所以，它对后世纪实文学影响之深邃是不难想象的。

当然，关于纪实文学"有我"与"无我"的讨论具有多层次空间。以情境论的态度，对待"有我"与"无我"的选择，从创作经验层面说，是务实的、灵活的、包容的、有厚重的中国传统底蕴的。而目前关于这个问题的讨论，也是具有更高雄心的。巴巴拉·赫恩斯坦·史密斯曾说："小说最基本的虚构性无需到所叙人物、物质和事件的不真实性中去寻找，而应该从叙述本身的不真实性中去寻找。"①依照巴巴拉·赫恩斯坦·史密斯的这个论断的逻辑，我们也可以说："纪实文学的非虚构性，也不应该仅从所叙人物、物质和事件的真实性中去寻找，还应该从叙述本身的真实性中去寻找。"如果一种严于"纪实"的"文学"找不到其文体"叙述本身的真实性"，这种文体在理论上就还没有成立。如何在现代社会认知高度学科化的背景下，通过吸纳其相关学科话语而建构其具有现代认识论意义的独特的"纪实"文学话语，应该是关于纪实文学之"有我"与"无我"讨论的理论旨趣。

（作者：黄忠顺，东莞理工学院文学与传媒学院教授）

---

① 热拉尔·热奈特：《热奈特论文集》，百花文艺出版社，2001年版，第140页。

柳冬妩与"打工文学"的"现代主义"转向

沈建阳

对"打工文学"这个文学史范畴而言,柳冬妩具有不可替代的意义。这里说的"不可替代",是因为柳冬妩兼具"打工作家"与"打工评论家"两重身份。——在"打工文学"的发生、发展乃至"生产"过程中,这两种身份一直互不交集。以安子、林坚、张伟明、周崇贤、黎志扬等"五个火枪手"为代表的第一代"打工作家"以及王十月、郑小琼、塞壬等代表的"后打工作家"专事创作,而杨宏海、张清华、张未民、蒋述卓等职业批评家专事"打工文学"的评论,他们为"打工"代言,为"底层"赋义。二者分工明确,井水不犯河水,共同打造出"打工文学"的盛景。——直到柳冬妩"浮出历史地表",这种"和谐"与"默契"才真正被打破,"打工文学"的生产模式才遭到了真正的挑战。90年代初,柳冬妩从安徽农村老家启程前往广东打工,先后创作了大量的诗歌作品,有《明星写真》《打工诗抄》《梦中的鸟巢》等诗集出版,他的组诗《我在广东打工》还被认为是"打工文学在中国文坛崭露头角的一个重要标志"[①];以杨宏海等人制定的"打工文学必须是打工者自己的创作"的标准衡量,柳冬妩是一位不折不扣的"打工作家",另一方面,——其实也是更为重要的一方面,柳冬妩还是"打工文学"的重要评论家,他论述"打工文学"的论文在《读书》这样的中国知识精英杂志上发表,被《新华文摘》这样的国家刊物转载,还陆续出版过《从乡村到城市的精神胎记》《内部的叙述》《打工文学的整体观察》等多部以"打工文学"为对象的研究专著。

与文学创作没有知识或学历的门槛不同,从属于专门知识领域的文学评论历来为学者垄断。赤手空拳的"打工仔"柳冬妩以一种令人眼花缭乱的速度与方式侵入了专业知识的领地,令人啧啧称奇。——但这一奇观并不是柳冬妩的全部意义

---

① 转引自胡磊:《在场者的见证》,载《南方文坛》,2014年第4期。

所在。对"打工文学"而言,"打工仔"开口说话,不再接受知识分子的"代言",这一事件的症候性意义是无论怎样评价都不过分的。打工者能否说话与如何说话,身为"打工作家"的柳冬妩对"打工文学"的理论解读是否能真正摆脱代言者的知识桎梏,都成为我们观察和反思"底层能否说话"这一古老的知识命题的绝佳案例。

一

在柳冬妩开始发声的时候,批评界对"打工文学"的言说,主要在三个层面上展开:其一是杨宏海代表的"中国梦"系列,其二是所谓的"批判现实主义"维度,其三则是所谓的"左翼文学"传统。这三种知识像三座大山,横亘在赤手空拳的柳冬妩与"打工文学"之间,成为柳冬妩进入"打工文学"的障碍,——同时,也成为了柳冬妩进入"打工文学"的基石。

我们知道,"打工文学"是和改革开放相伴生的文学现象①,是对打工青年男女遭遇城市生活的症候性表达,而率先对这一现象做出回应和阐释的是杨宏海。杨宏海于1985年从内地高校(嘉应师范学院)中文系调入深圳经济特区文化局,他接到的任务便是要打造"特区文化"②,一方面是要回应外界关于深圳是"文化沙漠"的讥讽,另一方面可能也更为迫切的是要丰富外来务工者的文化生活,消解他们的"文化饥渴",维持特区社会的稳定。这对于一个尚在建设之中,基础设施还不完善而人口又如潮水一般涌入的边陲小城来说,确属当务之急。正是在杨宏海的阐释下,林坚1984年发表在《特区文学》第4期上的小说《深夜,海边有一个人》被追认为"打工文学"的发轫之作。并且在他从任职深圳市文化局直到他调任市文联县专职副主席的26年时间里(其间还主持过特区文化研究中心),他利用手上的行政资源积极地介绍和推广"打工文学"和"打工作家"、组织和筹备了三次高规格的"打工文学"的论坛,集结出版了《打工世界——青春的涌动》《打工文

---

① 随着"三来一补""来料加工"等外资企业的大量引进,"东西南北中,发财到广东",大批"打工妹""打工仔"从全国各地潮水一般涌进深圳特区。在某种意义上,"打工文学"记录的就是这班青年男女初次遭遇城市的歌哭。

② 在《我与深圳文化》一书中,杨宏海特地回忆了这一幕:记得那是7月底阳光明媚的一个上午,我刚上班,未及熟悉情况,来自广东省社会科学院的市文化局局长叶于林就迫不及待地授我以重任:"小杨,深圳是经济特区,如何建设特区文化,没有现成的答案,需要我们去闯。你的任务就是研究特区文化,这就是我们选调你的原因。"(杨宏海:《寻梦特区:为构筑城市文化大厦添砖加瓦》《我与深圳文化——一个人与一座城市的文化史》,花城出版社,2011年版,第3页)。

学作品精选集》等系列图书,安子、林坚、张伟明等第一代"打工文学"的代表作家的成长,也都和杨宏海的帮助和提携有关①,而"打工文学"论坛、"大家乐"舞台等等一系列为打工者服务的地方文化品牌也都经由他积极倡导和建言。所以说,"打工文学"从一开始就被打造成了一个政府文化工程,承担着相应的文化政治功能,在2005年《文艺报》的一次访谈中,杨宏海这么阐释"打工文学"的意义:

> 迄今为止,我国农民工进城已达1.3亿人,对于这么一个庞大的社会群体,打工文学身负重任。事实上,通过打工文学消除文化饥渴,愉悦他们的身心,宣泄他们的苦难,促进他们对城市的认同,对于构建和谐社会的作用是显而易见的。②

如果说"打工文学"的文化政治功能就是"造梦"和"造市"的话,那么为这一"中国梦"直接赋形的就是"打工女皇"安子③——在《安子自传》④中,安子就将自己的经历划分成"打工梦""求学梦""文学梦""创业梦""励志梦""家政梦""智慧梦"等七个阶段,从一无所有的外来打工妹——既无学历,又没有背景,安子仅仅凭借着自己后天的努力,就顺利实现了自己人生的六个梦想,一路高歌猛进,宣扬着"每个人都有做太阳的权利""机会只偏爱有准备的头脑""逆风飞翔才能飞得更高"等口号,这不仅使得她成为了众多打工者心目中的"打工明星",更是杨宏海"中国梦"最有力的佐证。在杨宏海看来,安子代表了"打工文学"的主旋律,与将"打工文学"等同于《包身工》《野麦岭》等作品,试图以批判现实主义或者左翼文学

---

① 林坚的小说《深夜,海边有一个人》经由杨宏海被命名为"打工文学"的第一篇小说;张伟明发在《大鹏湾》上的小说《下一站》与《我们INT》也是经由杨宏海向《特区文学》的总编辑戴木胜推荐,并在《特区文学》上转载,并被反复收入到由杨宏海编辑的"打工文学"作品选中,最终成为"打工文学"的名篇;安子最早也是在杨宏海带领下走进了由他自己嘉宾主持的电台节目"打工天地","当时安子很胆小,很害怕,我就在旁边鼓励她,要她放开胆子讲。两三期节目后,安子就完全锻炼出来了,因为当时打工者听众较多,节目很受欢迎,这档节目就成了'安子的天空'"(转引自谢湘南:《激情20年,他为打工文学鼓与呼》2005年10月25日《南方都市报》)。
② 杨宏海:《关注"打工文学"是批评家的职责》,载《文艺报》,2005年4月21日。
③ 安子,原名安丽娇,广东梅州人,初中未毕业就辍学在家,后赴深圳打工,打工期间频繁跳槽,先后做过电子厂的流水线工人、酒店服务员、公司秘书、印刷厂高级技工。她在业余时间坚持学习,在深圳大学夜校修得了大专文凭。她在大学学习期间邂逅了客人。客人,原名邱金平,安子的丈夫,是深圳大学85级中文系的学生,中文系学生会主席,深大诗社社长。大学毕业后,客人进入市劳动局工作,安子并在客人的指导下开始"打工文学"的创作,客人告诉安子"经历也是一种文化,也是一种财富,你该好好利用这笔财富"。
④ 安子:《圆梦深圳 安子自传》,新华出版社,2015年版。

的传统来阐释现实的做法不同,安子的意义在于:

> 深圳是一个创造奇迹的城市,安子的道路也可视为深圳走过的历程的一个缩影。安子的作品以"微笑看世界"的方式,表现了一种"挑战生活、实现自我"的理想主义色彩,让千万打工者满足心理诉求的渠道,在劳累的工作环境中得到心理平衡和精神慰藉。尽管现实生活远非如此简单,但只要生活有"梦",就有希望。①

今天来看,"安子神话"是特定时期的产物。她的成功毕竟具有太大的偶然性,一个外来的打工妹仅仅通过个人的奋斗就成为频繁亮相央视媒体的"打工明星"、公司总裁,不要说是在竞争越发激烈的当下,就是在开放之初被视为"淘金地"的深圳,安子的经验也根本不具有可复制性。与深圳完成了它的开放使命,实现都市化转型相应的,"安子的神话"很快就受到了质疑。2001年7月,《深圳青年》在头版头条的位置发表了一篇名为《告诉你一个真实的安子》的记者调查,文章指出"'安子现象'是一个时代需求吹起来的巨大泡沫",并且扬言"淡化和告别'安子现象'是深圳成熟和发展的必然结果"②。与此相呼应的,在为《打工世界——青春的涌动》这一深圳"打工文学"的总结之作所写的前言中,杨宏海也宣告:"文学流派的演进往往有其阶段性。时至今日,兴起于80年代,成熟于90年代的打工文学也在逐渐走向它的尾声。"③

杨宏海所谓的"打工文学"的终结只是在他这种阐释模式下的"打工文学"的终结。在这种阐释中,各种话语之间互相冲突以致不可调和,这也预示着另一种言说方式的出现。某种意义上可以说,杨宏海"打工文学"的结束正预示着"底层文学"④的登场,而"底层文学"可以说是柳冬妩进入"打工文学"的一块基石。

2005年左右,柳冬妩等"打工诗人"完成了对前一阶段"打工诗歌"的收束和总结,并于两年之后正式出版了《1985—2005年中国打工诗歌精选》,通过对前

---

① 杨宏海:《文化视野中的打工文学》,载《深圳文化研究》,2000年第2期。
② 转引安子:《圆梦深圳 安子自传》,新华出版社,2015年版,第182页。
③ 杨宏海主编:《打工世界 青春的涌动》,花城出版社,2000年版,第20页。
④ 2004年,曹征路在《当代》杂志第5期上发表了小说《那儿》,这部后来被命名为"底层文学"开山之作的作品伴随着思想界的"左右之争"、关于国企改革的争论、关于"纯文学"的讨论等等论题,引发了一波又一波的讨论热潮。

一阶段的"打工诗歌"创作的整理,他重新定义了"打工文学"。与前一阶段以小说创作为主的"打工文学"不同,这一阶段的"打工文学"以诗歌作为主要的发声渠道,而且此时的"打工文学"也胀破了杨宏海对"打工文学"界定的框架。如果说,在杨宏海的表述里,前一阶段"打工文学"主要的文化功能是以"打工女皇"安子为象征的"造梦"和"造市"的话,这部由柳冬妩等"打工诗人"自己编选,并由他们自己筹集资金出版的打工诗集更多展示的则是打工一族的苦难和他们强烈的怨憎情绪①。

这部诗集的出版引起了主流批评界的高度重视,《文艺争鸣》杂志为此专门组织了名为"在生存中写作"的评论专辑,刊发了张清华、张未民、蒋述卓等人的评论文章。今天看来,这是评论界对"打工诗歌"一次比较集中的发言,其中的一些论述后来都产生了重要的影响,同时也体现了在当时语境下对"打工诗歌"接受的症候——他们或以"职业性作家的写作",或以"中产阶级化的写作"为对立面,强调"打工诗歌"所谓的"在场性",以此来确认"打工诗歌"的文学价值;但同时又对"打工诗歌"的美学价值持犹疑、回避的态度。可以说,这一系列的评论文章在为"打工文学"的阐释注入新的批判现实主义话语的同时,也开始将"底层文学"和"打工文学"纠缠在一起,从而影响了"打工文学"接下来的发展②。

与同一时段曹征路等人借助左翼文学的传统展开对现实激烈的批判不同,借助于批判现实主义的视角,柳冬妩的"打工文学"批评和《文艺争鸣》上的这一组文章分享着相近的文学观念和立场。他从"打工诗歌"着手,这样强调"打工诗歌"的意义:

> 近些年来,中国主流诗人集体性走上了技术主义道路……诗人们面对的不再是写什么,而是怎么写,写得又体面又漂亮……诗人在技术主义的胡同里越陷越深,变成了工匠。当人们谈论诗歌的时候,关注的似乎不再是它的

---

① 这部诗集具有很强的叙事性,它如"问题小说"一般全面地展示了打工生活的残酷和艰辛,"被卖猪仔""失业""流浪""暂住证""收容遣送站""加班""工伤事故""讨薪"还有"死亡";诗歌字里行间反映出来的情绪一律带着灰暗的色调——"盲目""煎熬""失意""无助""孤独""迷茫""挣扎""绝望""失眠""堕落""不幸";"打工诗人"用以自况的也多是卑微的生物,如"一只受伤的狗""蚯蚓""候鸟""老鼠""青蛙""蚂蚁""跳蚤""蜗牛""羊""被搬进城里的树"等等;同时,"断指"、"跳楼"和"吐血"等最具视觉冲击力的场面也被反复地书写,如"四万根手指""一个民工的死亡"等等。

② "底层文学"和"打工文学"是两种不同的话语实践,两者之间也多有纠缠。这里采用杨宏海的划分方法,"打工文学"指由打工者自己创作的文学,"底层文学"指非打工者的文人作家的创作。

精神指向，更多涉及的是技巧性的问题。写诗不再是一种精神创造，它变成了技术。"打工诗歌"的出现和"打工诗人"群体的形成是对技术主义的一个小小的反拨和颠覆。①

与张清华等人对所谓的"职业性写作""中产阶级写作"的反思相类似的，柳冬妩在这里将"现代形式主义诗歌""技术主义诗歌"作为"打工诗歌"的对立面，提倡一种介入式的研究，旗帜鲜明地强调"打工诗歌"的现实意义：

> 面对"打工诗歌"，我必须成为一个再现论者。形式主义论者描述的是诗歌语言的内部关系问题，而再现论者更倾向于描述诗歌的宏观价值，确切地讲，是诗歌与社会的关系问题。②

在柳冬妩这里，"打工诗歌"的价值就在于对打工生活经验的真正占有，因为"鸟类不会知道鱼类的心情"——"思想、观念、知识体系、学问等等可以通过学习、借鉴、交流而获得，可以像钱币那样流通、像瘟疫那样传染，但体验无法偷换、抹杀和替代，而且无法复制和模仿"③，以至于"我们甚至在……知名作家写作的民工题材小说里，也看不到打工者真实的生存境遇和精神境遇"④。因此，"打工诗歌"的功能在于揭露生存的真相，它的"朴素""真诚"是对日益技术化、浅薄媚俗的"伪现代派诗歌写作"的救赎，它"像新生儿一样虽然丑陋但令人疼爱"。归根结底，"打工诗歌"真正的价值在于"写什么"。

在早期的大多数评论文章中，柳冬妩通过"问题小说"式的视角全方位地展示了"打工一族"的生存境遇——"农村生活的凋敝""城里务工的艰辛""城乡二元体制带来的屈辱和不平等""工伤事故""留守儿童"等种种问题，凸显"打工诗歌"的"在场"和"见证"的功能。字里行间，我们能明显地感受到这种批判现实主义的话语所带来的巨大的能量和激情。这一视角贯穿了柳冬妩"打工文学"批评的始终，这也构成了他明显不同于前一阶段杨宏海式的"打工文学"评论的地方。

---

① 柳冬妩：《从乡村到城市的精神胎记》，载《文艺争鸣》，2005年第3期。
② 柳冬妩：《从乡村到城市的精神胎记》，载《文艺争鸣》，2005年第3期。
③ 柳冬妩：《写作："鸟类不知道鱼类的心情"》，载《文艺争鸣》，2005年第6期。
④ 柳冬妩：《打工者的精神牧歌》，载《粤海风》，2002年第5期。

再一次的，我们看到了"写什么""再现""反映""典型""在场""见证""镜子""时代的记录人"等等一系列经典现实主义的常用词汇，而此时的柳冬妩也正是征用这一批判现实主义的话语来为"打工文学"正名。在这种视角的关照下，郑小琼等"打工诗人"写作的意义就在于像镜子一样去反映社会现实，唤起人们的关注和同情，以期达到改造现实的目的[①]。很明显，这一视角的背后其实是启蒙主义的价值观，以及相应的西方自19世纪以来所形成的一整套的人道主义的观念。而此时再以这一视角来阐述"打工诗歌"早已疑窦丛生，困难重重：一方面，正如镜子在映照现实的时候不能不有所择取，有所见而有所不见，镜子和现实之间的关系实际上也出于一种建构，是要以一隅来代替整体——这在《中国打工诗歌精选》的编选中就表现得十分明显，诗选中所选诗歌的主题就惊人地一致[②]；另一方面，经过20世纪70年代以来的后殖民主义理论的反思，"启蒙主义"和"人道主义"也并非放之四海而皆准的真理——某种意义上，"打工诗歌"所揭示和描绘的市场经济下不平等的大面积存在，本身就是对新时期关于"大写的人的想象""人道主义"等元话语的尖锐质疑和诘问。这不仅仅是柳冬妩"打工文学"批评的言说困境，可能也是当下文学批评所面临的困境[③]。

这样的困境在"打工作家"身上也同样存在。在历经了早期对汪曾祺和贾平凹的模仿之后，王十月也很快就察觉到自己"又陷入到另外一个困境中，我感觉到我的写作遇到了一个艰难的瓶颈"，在长篇小说《收脚印的人》的前言中，王十月意识到"写作了这么多年，我也陷入到重复之中"，他明确地表示"厌恶重复他自己"[④]——出于对现实主义的尊崇，王十月早期的小说和散文与他自己的经历有很高的相似性和重合度。面对重重困境，"打工文学"如何突围，此时的柳冬妩和王十月们急需一种崭新的话语来重新激活自己的批评和创作，或者说，他们都在等待一个人的出现。

[①] 郑小琼在2007年5月21日"人民文学奖"的获奖感言就体现了她强烈的介入现实的愿望："在珠江三角洲，每年有四万根以上因工伤而造成的断指。我常想，如果把它们摆成一条直线会有多长，而我笔下瘦弱的文字却不能将任何一根断指接起来。但是，我必须把感受写下来……"

[②] 这并不是求全责备，而只是想说明《打工诗歌精选》在这里遵循的无疑是另一套"文化政治"——早先选本的一些经典篇目比如薛广明的《邮寄春天》、安子的《飞翔的姐妹》、郭表妹的《走过春天的花朵》等，这一选本均没有收入。

[③] 比如市场经济语境下知识分子"失语"的现实，以及王朔在小说中对知识分子的挖苦和调侃，以及在90年代初引发了症候式的"人文主义精神大讨论"。

[④] 王十月：《收脚印的人》，花城出版社，2015年版，第6页。

二

这个人就是卡夫卡。诗人奥登有言,就作家与其所处的时代的关系而论,卡夫卡完全可与但丁、莎士比亚和歌德相提并论,卡夫卡的困境就是我们现代人的困境。在西方文学史上,卡夫卡的出现被认为是具有划时代意义的重要转折,他的写作揭示了处于现代社会语境中现代人的真实遭遇,以至于我们不去阅读卡夫卡,就无法了解和认识 20 世纪以来的西方文化,他也因此被人们尊称为"现代主义文学之父"。他对于"人"①的孤独处境的描绘,对世界荒诞性的揭示,都为作家们打开了另一个世界,更新了一批作家的小说观念和创作意识。这样来看我们就不难理解"打工作家"王十月发现卡夫卡后的惊喜之情:

> 我的创作一度停滞不前,这种现状直到我遇到了卡夫卡之后才豁然开朗,卡夫卡像一道光,照亮了我生命中的黑暗,原来小说还可以这样写,对于小说我有了一个全新的认知,我想卡夫卡对于我的意义是里程碑式的,我的写作也来了一个一百八十度的大转折,我从来没有感到过写作是现在这样充满了冒险和刺激。②

中国作家对卡夫卡的发现和接受真是一个十分具有时代症候性的现象——中国当代作家宗璞、莫言、残雪、余华、阎连科等人都对卡夫卡推崇备至。被卡夫卡启发的除了王十月的写作,还有柳冬妩的"打工文学"批评。其实,在"打工诗人""打工文学批评家"这些身份之外,柳冬妩同时还是一个卡夫卡的研究专家。他不仅有研究卡夫卡的专著《解密〈变形记〉》出版,在后期的"打工文学"批评实践中更是对卡夫卡青睐有加,致意再三。可以毫不夸张地说,卡夫卡就是柳冬妩实现"打工文学"批评话语转换的关键一环,柳冬妩的卡夫卡研究和他后期的"打工文学"批评具有高度的同构性,以至于他在将"打工文学""卡夫卡化"的同时,也不知不觉地将卡夫卡"打工文学化"了:

---

① 需要指出的是,这里的"人"并不是指现实生活中具体的人,而是一套关于人的想象性话语,而卡夫卡关于现代人的重新想象也表明了传统现实主义对于人的想象方式的局限。
② 转引自柳冬妩:《打工文学的整体观察》,花城出版社,2012 年版,第 594 页。

特别是卡夫卡的《变形记》,不仅是西方现代派的经典作品,实际上也是一篇"打工小说",描写了一个打工者的异化命运,使我们了解了现代主义作家对人类生存境遇的和存在本身的无穷追索,对小说自身形式的可能性探询①。

卡夫卡的出现仿佛是一道光,重新照亮了文学:

> 卡夫卡小说的寓言形式与它发现的世界有力地结合在了一起。卡夫卡对文学观念和形式的变革是划时代的。把卡夫卡的小说与十九世纪以前的现实主义小说对比,可以发现现代小说观念和叙述方式的根本性改变。二十世纪的现代小说家颠覆了现实主义小说的反映论,小说家大都认为生活是无序的,没有本质的,甚至是荒诞的②。

从反映论到表现论,或者说从狄更斯到卡夫卡,西方文学史上从现实主义到现代主义的演变被柳冬妩视作"打工文学"突围的方向。与先前强调"打工文学""写什么"不同,柳冬妩开始强调"怎么写"对于"打工文学"的重要意义。他发现了为数众多的"打工诗人"都存在一个普遍性的难题——他们不知道如何表达自己的心情。因为"诗歌对于人生来讲是一种审美活动,一种审美诉求,应该保持独立性。诗歌写作肯定存在一定的难度,有时是一种训练,一种磨砺的过程。语言是诗歌能否成为诗歌的重要因素。对于'打工诗人'而言,缺乏的不是生活,而是面对真相的智慧和言说的能力,把生活转化为诗歌的能力"。③ 在这里,他强调更多的是诗歌"怎么写"的这一面。在另一篇文章中,柳冬妩更是直言不讳地指出"打工诗歌"存在的缺陷:"普遍知识的缺乏,视野狭窄,缺乏艺术熏陶,缺乏必要的写作训练等,加之打工的艰辛严重影响了他们对现代诗歌艺术的传接,影响了'打工诗歌'对诗歌作为一门艺术对语言文字的特殊要求。"④在这种现代主义的视角下,之前论证的"打工诗歌"的"先天优势"反而限制了"打工诗歌"的写作,以至于"使他们无法超越一己狭隘的经验,上升到人性的更深一层的关照中来"⑤。

---

① 柳冬妩:《打工文学的整体观察》,花城出版社,2012年版,第591页。
② 柳冬妩:《打工文学的整体观察》,花城出版社,2012年版,第591页。
③ 柳冬妩:《写作:"鸟类不知道鱼类的心情"》,载《文艺争鸣》,2005年第6期。
④ 柳冬妩:《"打工诗歌"离艺术殿堂还有多远》,载《粤海风》,2002年第5期。
⑤ 柳冬妩:《"打工诗歌"离艺术殿堂还有多远》,载《粤海风》,2002年第5期。

那么,"打工诗歌"的主要任务便不再是"在场"去"见证":

> "打工诗歌"要从关心异化的人进而关心丰富的人,从关心平面的人进而关心立体的人,从关心社会的人进而关心生命的人,从关心个人的命运进而关心民族的命运,从关心区域文化的人进而关心全人类的大命运——"打工诗歌"的探索要不断地由浅层进入深层,由狭隘走向宽广。①

相应的,在具体的批评实践中,柳冬妩在"打工诗人"身上寻找的也不再是无法替代的生活经验,而是通过寻找所谓的"文学性"(或者说现代主义因素)。在后来的文学批评当中——主要是在对"打工小说"和"打工散文"的评论中,柳冬妩也逐渐实现了他对"打工文学"的现代主义阐释。这可以说是对"打工文学"的一次"再解读",很多经由杨宏海阐释过的"打工文学"作品再一次被重新赋予了不同的意义,比如对林坚的小说《别人的城市》的解读。

《别人的城市》是早期"打工文学"的经典文本,不仅被杨宏海多次选入"打工文学作品选",而且是他每每提及"打工文学"时反复论述的对象。故事以一起凶杀案作为背景,讲述的是一位名叫段志的打工仔的都市冒险经历,他在城市里频繁地失业,感情生活也不断遭遇挫折,使得他始终觉得自己是这座城市的"客人",在饱尝失败的痛苦后他终于厌倦了城市生活,回到家乡却发现自己也同样不能适应乡下的生活,只好又一次回到"别人的城市";而对于小说的另一位主人公"白领"齐乐来讲,城市就像是自己的家,她不仅"漂亮、能干、也没少圆滑和心计","神采飞扬地在人群里穿梭","像庖丁解牛一样游刃有余"。在小说中营造城乡之间的二元对立,是19世纪批判现实主义的经典桥段。在这种批判现实主义的视角下,都市往往被认为是邪恶的,它不仅一步一步地在蚕食着美好的乡村,还大口大口地吞噬来自乡村的美好生命,比如19世纪文学经典中的德伯家的苔丝、无名的裘德,还有于连。在杨宏海那里,小说的主题则被概括为"揭示了特区新城所具有的不可逆转的历史取向性",主人公段志在这座城市的"归—去—来"也被阐释为"经过现代文明的洗礼的他,发现自己再也不能适应故乡的生活"②。在这样一种现代性的线性时间的宰制下,不仅城乡之间有了文明和愚昧

---

① 柳冬妩:《"打工诗歌"离艺术殿堂还有多远》,载《粤海风》,2002年第5期。
② 杨宏海:《打工文学——草根阶层的心灵呐喊》,载《深圳特区报》,1992年1月8日。

之分,"打工仔"段志和"白领"齐乐也相应地有了先进和落后之别。

与在《解密〈变形记〉》中对卡夫卡的解读类似的,柳冬妩则从时间、叙事、死亡的寓意三个方面来强调《别人的城市》解读出它对"生存的拷问",揭示出这篇"打工小说"的先锋面向。与杨宏海在解读中所执念的线性时间观不同,柳冬妩一来就指出小说在叙事时间安排上表现出对现实主义传统的背离,通过对线性的时间拆解,将线性时间造成的寓言性消解,线性的历史观因而也就变成了宿命无法扭转的循环历史观:不管故事如何发展,宿命的结论已经无法改变;而在叙事上,《别人的城市》是一个典型的后现代派玄学侦探小说,通过对侦探小说的戏仿,时间的链条被打断之后,因果的链条也被打破,小说的意义也就无法再整合出来,混乱变成常态,真正的认知变得不再可能,从而营造出迷宫般的文本世界,充满了无尽的可能性和不确定性,从而呈现出错综复杂的文本魅力。文章认为,一直以来"打工文学"都被当作"纯文学"的对立面存在,这其实是对"打工文学"的严重误读:

> "打工文学"既然是文学,就不能离开由"审美形式"构成的基本维度。文学确实有社会潜能,但文学的社会潜能仅仅存在于它的审美之维,即文学的社会潜能在于文学本身,在于审美形式本身。"打工文学"也只有在这个维度上才能体现它的价值……一些优秀的"打工文学"文本并不缺少所谓的"文学性",在打工世界里也完全能生长出非常独特的纯文学意味。①

类似的,在对王十月的小说《国家订单》的评论中,他也同样分别从人性、性格、历史和世界相对性等几个角度着重分析了"打工小说"对存在的勘探;而对塞壬、郑小琼等人的"打工散文",更是从"身份认同"的角度解读出他们存在主义式的生存焦虑。在这种阐释视角下,"打工文学"逐渐被抽离了具体的语境,它独有的痛苦的体验也被泛化为人类存在的一般困境,即所谓的"人是一个被抛入世界的存在","存在本身就是荒谬的","存在即为合理"。

也许更重要的是,通过与"知青文学""先锋文学""乡土文学""都市文学""儿童文学"和"底层文学"的比较和关联,柳冬妩开始在当代文学史的框架内积极地

---

① 柳冬妩:《打工文学的整体观察》,花城出版社,2012年版,第115页。

为"打工文学"寻求定位。他试图通过发明一种新的谱系,把"打工文学"与上述文学类型相联系,进一步将"打工文学""纯文学化",赋予它"文学性",引导"打工文学"进入"艺术的殿堂",或者说试图把"打工文学"讲述到当前文学史的框架里去。然而如此这般,"打工文学"在离"文学"越来越近的时候,却与"打工"越来越远,在柳冬妩"打工文学"研究的集大成之作《打工文学的整体观察》一书的后记中,他坦率地道出了自己的困惑:

> 更多的时候,我对文学的"伟大价值"产生了无边的质疑,套用希尼的话说,某种意义上,文学的功效等于零。文学来自人们对绝对经验的渴求,而这种渴求在现实中无法满足,文学经验只能在文学形式本身的限度中得到理解。对于世界而言,文学的力量微乎其微。在这个让人自豪又令人沮丧的工业时代,我常常感觉到文学话语的孤寂和无力。这印证了休姆在《语言及风格笔记》的一段话:"当我们在艺术品中看到矿工和手艺人时,他们造成的印象与矿工的情感没有任何联系,也丝毫没有使矿工的生活变得更高贵。他们只是画布上一团模糊的光和影。镜子里的反映物没有纵深度。"所有的"打工文学"作品都不过是"文学家们虚构的场合和姿态",真正贫弱的打工阶层则缄默无言,他们才是"打工文学"真正的书写者。①

其实,在柳冬妩开始自己的"打工文学"评论之前,"打工文学"早就已经不是一张白纸,在那里面充满了各式各样话语的冲突和建构,这在很大的程度上也决定了他接下来表达和腾挪的空间。在他手里,"打工文学"完成了一次从现实主义到现代主义的转型。可到头来,"打工文学"还是面临着一个"打工"如何"文学"的问题——使得"打工文学"在当代文化政治中得以凸显的到底是因为"打工",还是因为"文学"?"打工文学"到底是谁的文学?又是谁在讲述"打工文学"?

"底层能说话吗?"

(作者:沈建阳,北京大学中文系现当代文学专业 2015 级博士生)

---

① 柳冬妩:《打工文学的整体观察》,花城出版社,2012 年版,第 598—599 页。

从乡村到城市的精神"变形记"

——《时间的秘密》序

柳冬妩

我与袁有江，都是卡夫卡的父辈。

我为卡夫卡的中篇小说《变形记》写过一部研究专著，袁有江也非常痴迷，曾试图画出小说主人公——推销员格里高尔家里的空间布局。1912年，波希米亚的布拉格，卡夫卡写作《变形记》的时间和地点所显示出的社会特征，与今天的中国极为相似。卡夫卡类似于中国"农民工"的第二代，他的父亲赫尔曼·卡夫卡出生于南波希米亚的沃塞克村，服完兵役后，在布拉格当了七年小贩，挨家挨户兜售日杂用品。1882年结婚后，他在布拉格旧市区开了一家商店，经营布料和时髦服饰用品。1883年出生的卡夫卡是波希米亚工业化城市化的见证人和目击者。今天的捷克领土与历史上构成波希米亚王国的王室领土相仿。20世纪初期，波希米亚成为奥匈帝国的工业中心，其内部发生了大规模的迁移浪潮，农村人口从东方迁往北方广阔的工业地区。这与当代中国的社会文化语境构成了一种微妙的对应关系。正如卡夫卡写给父亲的那封长信中所言："过渡时期的这一代犹太人大部分与此类似，他们从相对虔诚的农村移居到城市"。

我和袁有江，数十年前从皖西乡村来到广东打拼，与卡夫卡的父亲类似，正是从乡村到城市过渡的一代人。袁有江的散文随笔集《时间的秘密》，是整整过渡一代人从乡村到城市的精神"变形记"。

中国乡土大地历史悠悠沧桑厚重，而散布在中国大地的上百万个自然村落成了几千年农业文明的自然载体。在中国，谁敢说自己和乡土大地没有任何关联？我们的亲人永远埋在那里，是那里的青山碧水养育着他们。我们血液的一部分就来自那里，一些没有名字的村庄，河流与山谷。但在二十世纪末期，随着城市的快速崛起，一个国家的乡村史被史无前例地改写、刷新或者终结。袁有江的写作，与他自身的命运一样从一个侧面反映了乡土中国的沧桑变化，痛苦或幸福的经历。袁有江生于淮河平原的皖西江村，他将本书第一辑命名为《温故一九六八》，是他在向自己的出生地致意，向自己的精神根据地回溯。他在《我的遥远的江村》中写道："掐指一算，我离开江村已三十余年。但我只要一忆及它，还是清晰如昨。我和一帮七八岁的孩子，在菜园沟塘，村间小巷，各家院落里，随意地疯跑、蹦跳、藏猫猫。我们溜进竹园深处，摘柔韧的竹枝，编野战军的伪装帽。爬上桑树和柿树，骑在枝丫间，品尝未成熟的桑葚和柿子，酸得口水淋漓，涩得张不开嘴。"

我反复地读着他的《钓黄鳝》《剥绿麻》《看电影》《消失的小学》等文本，放电影般重温着童年的乡间记忆。而《一把潮湿的泥土》《午夜的咀嚼》《老地方》《杀猪与教书》《桂滩人物印象》则是对苦难乡村的一次深层打量，重新让我们回到了乡村命运和农民情感的复杂形态中去，切入了其千年顽强挣扎中隐约的命运旋律。这些都是我们这代人共有的童年记忆和生活背景，但这种记忆和背景正在乡土中国加速地失去。袁有江的散文在记录将要消失、正在消失和已经消失的东西。他要做到的是留下一份关于村庄晚年的生存记录："江村的大部分房屋，都已人去楼空。村里到处是坍塌的门窗户壁，淤平、垮塌的沟渠和小桥，疯长的蒿草和白杨树、槐树以及一层层脱皮的白桦树。前沙庄已荡然无存。沙庄和刘台加在一起，只剩十多户人家由老弱病残留守着。""江村几乎就是一片荒原，房屋和村道成了点缀。江村的青壮年人，都和我一样外出谋生去了。"

随着工业社会、资讯社会和跨国资本主义社会的来临，世界上最古老的农业社会被连根拔起。与发达地区的城中村相对应的，像江村这样数以十万计的中国内陆村庄"正在岁月的变迁中走向衰老"，正在蜕变成"空心的村庄"，被现代化所遗弃的性质使之忍受着孤寂和无言。面对一种被工业社会和城市化进程所遗弃的乡间景色，袁有江像一个旅游者一样回到故乡，但注定又像一个旅游者一样匆匆离开。对很多人来说，"故乡"这个词语已经死亡。在袁有江的散文里，我们不仅处于变化的开端，而且已经面临变化的结果。一切都在逝去，一切又在重构。记忆变得模糊，存储的符号悄悄更迭。

已成为历史的二十世纪充满了反讽性。流亡的波兰诗人米沃什曾说过一句伤心话：对于写作者来说，二十世纪的历史还没有人动过。人类在二十世纪的社会变革相当多，小农阶级的消失就堪称其中最伟大的变革，最为壮观暴烈的词汇也容纳不了它内在的递变和搏动。与小农阶级从历史上消失这一过程相伴的是都市化进程。都市是人类的第二个身躯,是现代文明的代表性符号。城市显明了人类进程的必然性,它包容了大善与大恶。在从乡城到城市的过渡中,现代中国人的生命形态经历了沉重的嬗变。本书第二辑《这一生,都走在回家的路上》,留下了这种嬗变的痕迹。袁有江的《走到九月九》写到了广州火车站,这是千千万万南下打工者梦想开始的地方,也是他们生命嬗变的开始:"改革开放的三声炮响之后,千百万农民工如过江之鲫,顺潮而下,直奔大海。预备在热得发烫的珠三角,实现自己衣食无忧,娶妻生子,赡父养母的梦想。我也在前赴后继,颠扑不破的洪流中,游到了广州火车站。"任何一个到过广州火车站的人都会对那里印象深刻。那人群中绝大多数是来自全国各地的外地劳工,他们主要是农村的逃离者,工业化主要的廉价劳动力。《走到九月九》写20世纪90年代初的"卖猪仔",这几乎是每一位珠三角寻梦者的经历。《潮来潮去潮如水》记录了袁有江从打工到创业的全过程,是他在珠三角的个人生活史、迁徙史、经验史、情感史、心灵史、精神史。

袁有江的散文是当代城乡生活丰富多彩的魔方组合,对现实人生进行卡夫卡式的反映与展示。他的散文连贯起南北生活的今天和昨天,实际上就是一个新移民的灵魂供述状,一个文人对自己情感精神历程的追忆、倾诉和对灵魂的拷问。《后窗风景》通过对公司宿舍楼的观察,揣测着打工者的命运走向,体会着他们的酸甜苦辣。《行走在证件里》里叙述了一张失效已久的边防通行证,把我们带入进入深圳的一种回忆:"我证件的可信度,要远远大于我的肉身。"袁有江的不少散文是写思乡体验的,如《故乡落雪了》写出了一个身在南方的北方人,对家乡的牵挂。《梦醒时分》写道:"人在东莞,骨子里许多柔软的部分,感觉一直还落在六安。""这辈子,好像命中注定,我只能站在一千多公里的两端,被拉扯着,搁浅着。"《这一生,都走在回家的路上》写"春运"之际的特有奔波,是对亲情做一次深度的、疼痛的拉扯。《拉住妈妈的手》中对母亲的牵挂,读之使人落泪。《转过墙角》写在深圳碧岭村的打工生活,碧岭村是他初到南方打工的第一个落脚点。袁有江的电子厂最初在东城上桥村,后来搬到道滘南丫村,都是珠三角典型的城中村。他在《道滘三题》中写了蔡白的滨江湿地公园、悲壮的大坟、可感可触的岭南园林代表作之一的粤晖园。"三十多年来,来自全国各地的打工人,在道滘这片热土上工作和生活。他们的人数总量,据官方统计,已经超过了本地人几十倍。

他们多年来，和本地人一起建设着这座充满生机和活力的小镇。他们与焕发了青春的水乡人一起，携手走到了现代化都市的前沿。彼此营造的和谐之境，无疑折射出了一种海纳百川的胸怀，一种优势互补的组合。"袁有江聚焦他在广东的生活经验，写岭南几十年的社会世变，写巨变之下世俗生活的悲欢离合，写各种职业活动和寻常琐事，他的散文是人与城市之间特有的精神联系、体验和感受方式，为读者提供了一份栩栩如生的大湾区开荒牛的精神档案。

时代的变迁已使一切可见之物都面目全非，袁有江通过对城乡经验的书写，洞悉了煌煌历史的变形记。他写出这些"变形记"并不是偶然的。从打工者到老板，从老板到作家，一边经营企业一边进行文学创作，袁有江是如何鱼与熊掌兼得的？本书的第三辑《没有一条生命是重复的》给出了他的答案。

他在《时间的秘密》里坦言，因为他将阅读写作，当成是私密生活。他在对经典的反复阅读中，"越读越明白"。在《残缺的魅力》里，袁有江说《红楼梦》是唯一一部，能让他深度潜入，经常流连忘返，而又充满迷雾的大书。但实际上让他"深度潜入"的，又何止一部《红楼梦》？在《我眼里的情人》中，袁有江对玛格丽特·杜拉斯《情人》的细读，绝对称得上"深度潜入"，他不仅梳理了作家的文学人生，写出了自己的阅读体验，还对其中文翻译进行多版本比较，呈现出文学写作与翻译中的诸多问题。他对略萨的"流连忘返"，他对《金瓶梅》《檀香刑》《百年孤独》《呼兰河传》《耶稣之子》等文本的阐述，都可以称得上"深度潜入"，他与文学大师纸上对话，从文本世界入手，捕捉隐秘的创作心灵脉动，引领我们进入文学的G地，获取理解的密匙。袁有江在《后窗风景追忆》中说："卡夫卡一生都活在孤独、恐惧和陌生感的深处。我们无法和大师相提并论，但我们好像感受到了——一代代到异地谋生的人，尤其是打工人，或多或少都有孤独、恐惧和陌生感伴随着，负重前行。"在城市与乡村的吸纳与抗拒中，在当代晦暗不明的生活中，无论是写作，还是阅读，都是袁有江抵抗孤独、恐惧和陌生感的有效方式。

（作者：柳冬妩，东莞市文学艺术院一级作家）

城市影像

欲望的都市与现代性的反思

——台湾电影中的城市写作辩证分析

黄钟军

检视台湾电影不同年代对城市的写作,尽管创作时的"主观"可能并不一致,但是隐匿在不同具体下其整体的脉络却是清晰的:城市是进步的、现代的、发达的,但是充满了人情冷漠和罪恶感,与相对落后但却是人情温暖和心灵救赎之地的乡村形成了鲜明的对比。正是这种二元对立下的城乡文化差异,创作者在主观上对乡村文明充满了怀旧、眷念和赞美之情,而对工业文明和现代城市文明则基本上持有排斥和批判的态度。这样的"意旨"本身,一方面体现了人类对自己精神家园的不止追求,另一方面也饱含了对现代性病垢和消费文化对主体结构性强迫的深刻反思。这些不仅透露在风格和内容迥异的不同作品中,而且可能矛盾地存在于同一部作品中,这种悖论和差异在特定的时代轨迹中成为台湾电影较为稳定的文化排布。

一、影像的城市与真实的台北

台湾电影在创作历程中从来没有停止过对城市的思索,从20世纪五六十年代闽南语片开始的"悲情城市"到80年代初新电影运动时期对城市的怀疑、嘲讽与批判,城市尤其是台北呈现给观众的几乎都是负面性的形象:人们在金钱、性等方面不停地进行欲望追逐,在欲望追逐中愈发变得功利,现代社会充斥着欺骗、谎言,人与人之间欠缺真诚的交流与沟通,从而导致人际关系疏离、冷漠,人们普遍感到孤独、失落,物质繁华、生活富庶依然无法掩盖内心的空虚,如同学者倪震所言,"城市是物和欲的象征,是人性丑陋的供养地。"① 同时,依附着这些负面性形象,城市同时也强化了一些负面性的情绪。但另一方面,城市化、都市化又是世界各国发展一种必然的趋势,是历史的选择,也是无法改变和逆转的社会发展的现代化规律。城市是人类文明的一个高级形态,也是先进生产力和生产关系赖以生存和发展的空间。城市是现代文明的象征,它塑造了现代人的人格、人性,也为现代人"提供了文化、娱乐、生产、消费、奋斗、享受等多重欲望的满足,给个性的发展带来了无限广阔的前景"。② 既然如此,为什么在台湾电影中会大量出现这种"反城市化"的表达呢?这些作品对于台湾社会在急速转型过程所造成的离心、失重以及人类精神家园缺失时,"他们对于城市化的精神抗拒及其道德评判的立场,似乎就与历史的评判及其历史的理性形成了某种悖离"。③ 这种悖离体现在与台湾社会的日益城市化相伴随的即是台湾城市电影的"反城市化"。当然这里面不能简单地来回答这个问题,而应该根据不同的时代进行具体的分析。

在闽南语片勃兴的20世纪60年代,城市往往是作为"罪恶渊薮"和"堕落之地"的面目出现的。这是因为这个年代的台湾仍处于农业社会与农耕文化中,因此,台北这个现代城市对于大多数人来说,是一个陌生的"他者"。学者葛红兵也曾论述道:"长期以来农耕文化形成了一整套表述都市的话语模式、结构,这里充斥着各种假定、幻象,充斥着对都市文化的拒斥性指认。都市文化对于农耕文化来说是一种异文化,来自农耕文化的都市书写,与其说是实际情况的再现,不如说是农耕文化针对都市文化的拒斥性指认的产物,是一种想象地理学,它把都市看作异文化,构造、生产了一整套说明都市的形象、观念、风俗话语,这些话语都是修辞性的,具有农耕文化的意识形态性质。在这种话语中,都市被描述为轻义重利、世俗化甚至庸俗化的、无意义的,缺乏意志和精神的漂移之地。"④ 因此,无论是《康丁游台北》、《旧情绵绵》,还是《高雄发的尾班车》、《台北发的早车》等电影中,台北都被塑造成一个令人堕落、罪恶之地,带有强烈的破坏性,尤其是在《台北发的早车》中,台北不仅让女主人公秀兰毁坏外在的容貌,更是丧

---

① 倪震:《探索的银幕》,中国电影出版社,1994年版,第9页。
② 楚卫华:《人与都市的冲突与融合——中国都市电影文化分析》,载《电影评介》,2009年第19期。
③ 张满锋:《影像城市——20世纪80、90年代中国城市电影研究》,山东大学博士学位论文,2008年。
④ 葛红兵:《农耕文化背景下的都市书写》,载《中华读书报》,2005年6月8日。

失了农耕文明社会中所看中的贞操。可见的是，闽南语片作为台湾早期电影商业化程度较高的大众文化产品，不可避免地去迎合处于农耕社会的观众的价值判断和文化态度。

80年代以后，台湾社会开始进行急遽转型，台湾电影也开始掀起新电影运动，这股潮流里除了以侯孝贤、陈坤厚为代表的电影人，在进行个体成长的书写与对乡村社会的怀念外，另一方面出现了以杨德昌为代表的"反城市化"电影，并且这种倾向的创作一直延续了下来。这些"反城市化"电影从外在形态上看，固然是现代城市化的产物，但是在"精神内涵上，它们恰恰没有去机械地贴合社会进化的意识形态，从而以所谓的时代号角和传声筒的姿态出现"①。它们刻意去遮蔽现代城市里的先进与美好，暴露甚至是夸大城市的弊端与缺陷，如同赞美和歌咏传统乡村文明而忽略乡土社会的丑陋与阴暗一样，从历史评判的态度上来看的话，是一种"非理性"的立场，也因此，它所呈现出来的城市也并非是一个"真实"的台北。

台湾导演尤其是杨德昌、万仁、蔡明亮、张作骥、钟孟宏等，他们身居都市，享受着现代城市文明带给他们的相对优越的生活条件、文化教育、便利信息，但是他们却都把最严厉的批判和最决绝的反抗对准了城市。例如蔡明亮的"台北三部曲"(《青少年哪吒》、《爱情万岁》和《河流》)中就将20世纪90年代的台北描写成一种"家而无家"的空间。这种对城市批判式、否定式的价值判断和情感立场，实际上体现了作为知识分子的导演们集体无意识对于现代都市文明的排斥和抗拒心理。这些电影人一方面没有为社会转型、都市进程高唱赞歌，让电影成为时代变迁的传声筒和意识形态的工具，另一方面也没有放弃知识分子的精英批判精神而使得电影彻底沦为商业娱乐的产品，相反，他们以一种"非理性"的立场密切观照台湾社会转型中现代都市对人的异化，保持着强烈的抗拒与批判，借电影来表达对精神家园的永恒追寻和守望，并微妙地记录了台湾社会中的"人"在社会急遽变迁中的阵痛以及人际关系、伦理价值的变化，展现了他们的艺术人文关怀。这一点是非常难能可贵的，它实际上体现了中国文艺创作传统中"文以载道"的思想，以及中国知识分子试图为社会代言，并且找出现代城市病症的"城市启蒙"的意味，而这一点也在某种程度上为朝着更现代化发展的社会做出一定的预

---

① 张满锋：《影像城市——20世纪80、90年代中国城市电影研究》，山东大学博士学位论文，2008年。

警，是对城市化的精英式批判。

二、负面的城市与现代性的反思

除了对城市化精英式的批判外，台湾电影的这种创作倾向与批判态度，实际上也体现了知识分子们关于现代性的深刻反思。

"现代性"从时间上来说，大致上是以启蒙时代或17世纪末为分界点。启蒙和工业革命的到来，导致了社会、经济以及文化上也随之变迁，再加上市场消费、个人主义、公共领域和大众媒体的发展，使人以"进步"作为理想和目标所在，渴望与落后的过去的决裂，从而迈向开放的未来。"现代性"强调创意、进步与"工具理性"，从概念上来说，"现代性不能归结为现时，现代性不是单纯地希望了解世界是什么，或作为眼下的现在；更确切地说，现代性是寻求一种不安的答案。为什么今天不再像昨天那样？"[①]可以这么说，对目前时代和当代社会的质疑、提问和反思是现代性最重要的任务。在台湾，"进入90年代，对'现代性'的反思与追问已成为一种时代的新潮。经济的发展程度似乎是一切文化问题提出的先决条件。现代化程度较高的台湾地区，更是迫不及待地在社会文化领域里，投入这种反思与追问的众声喧哗中"[②]。

台湾社会自20世纪70年代开始的由农业社会开始向工业社会的转型，使得城市化、现代化进程加速。在这个过程中，人的命运及人们的价值观念、心理状态、生存法则开始动荡、变化，因此，伴随着经济的腾飞、政治的变迁、社会的转型、文化的多元，再加上资讯传播的无远弗届的笼罩，使得台湾在八九十年代更像是一个怪相丛生的"都市岛"。

而在城市尤其是在台北，这种急遽甚至剧烈的社会、经济以及文化变迁有着更为明显的体现，过去传统农耕文化中的理念和传统，从根本上遭遇了一次深刻的冲击，田园牧歌式的乡村生活方式以及乡土文化的人情温暖开始在城市化进程以及现代化机器的轰鸣声中远去，传统与现代的平衡已经被现代化的进程所打破。比如虞堪平电影《搭错车》里，因为现代城市建设的需要，在一次强制拆迁违章建筑时，阿明死于与拆迁队的对抗中；哑叔也被迫与关系融洽的邻居们离散而

---

① ［法］达尼洛·马尔图切利：《现代性社会学——二十世纪的历程》，姜志辉译，译林出版社，2007年版，第1页。
② 张文彪：《台湾社会转型与后现代文化的兴起》，载《福建论坛》，1997年第4期。

居，现代化进程中的阵痛让生活其中的人只能无奈经受。"在一种新的平衡和和谐产生之前，曾经享受这种平衡与和谐的人们必定会感受到历史变革所带来的阵痛，于是寻找心灵的慰藉和寄托，成了度过这一阵痛期的必然选择。"① 因此，台湾的电影人在两种不同社会转型、新旧历史交替的哀叹中，对轰轰烈烈的城市化进程的悲观抵触和强烈批判，可以说是台湾电影一种宿命般的选择。另外，尽管不可否认，这种城市化、现代化进程代表着社会进步的方向、历史选择的潮流，它自然会有先进、文明、美好的一面，而台湾电影人对于现代化毫不留情的批判、对传统文化和人文情怀的依恋与守望，实质上是一种带着诗性的评判以及审美的属性，而这也反映了艺术创作者对于理想家园以及美好生活的终极向往。

另外，我们也必须承认，现代性"也使得主体性的人在这种现代文明的生存模式中日益出现了存在的沉沦与家园的丧失，人与自然的生态家园、人与人的社会家园、人与自我的精神家园以及人与文明的全球家园，均遭遇到前所未有的冲击，现代人在现代性的'荒原'上陷入了无家可归的窘境"。② 台湾电影尤其是城市电影对于现代性的反思也体现了对人类家园荒芜的关注：万仁《超级公民》里的原住民马勒及其家庭的悲剧，反映的就是人与自然的生态家园的丧失；杨德昌对于城市的审判则更多表达的是人与人之间的社会家园的不和谐；而蔡明亮电影里孤独的小康以及作品中的其他人物，他们在自我的精神家园的荒芜也令人哀叹。

所以说，对现代性问题的反思，已经开始成为当代社会发展的前沿课题和紧迫任务，因为，现代性问题所凸显的现代人的生存命运已经到了当代人类必须要自觉地反思批判和创新的转折点。"特别是在 20 世纪中后期至今，以资本主义现代性模式为主的全球化浪潮席卷整个世界，资本主义工业文明的内在危机进一步暴露出来并蔓延全球，深重地影响到当代人类生存和发展的命运。"③ 台湾社会的急速转型处于资本主义现代性发展的晚期阶段，其所出现的危机以及生活于其中的现代人的生存命运与生活状态：欲望的追求、人情的失落，人们普遍感到疏离、孤独、怅惘、失措等等，这也并非是单属于台湾社会个体的，具有全球性和普泛性。而运用电影来进行现代性的反思与质疑，从而显示出的一种精神向度，

---

① 张满锋：《影像城市——20 世纪 80、90 年代中国城市电影研究》，山东大学博士学位论文，2008 年。
② 漆思：《现代性问题反思的辩证思维与当代生活价值》，载《长白学刊》，2009 年第 1 期。
③ 同上。

事实上也并非只是台湾电影独有。

当然，台湾电影对于城市的负面性写作以及对现代性的反思，并非是将"现代化"一棍子打死，完全否定现代化的积极的、正面的一面，它的批判、反思实际是对现代社会的走向以及现代化中的人的生存进行的理性思索，并做出的一定程度的预警，一方面能够让观众的心理得到一定的抚慰，在艺术作品中找到情感宣泄与疏解，另一方面，也能够对社会细致剖析、矫正时弊，让社会朝着更全面、美好的方向前行，这一切对城市进行批判的话语，其建立的前提却是一种肯定和呼唤"现代化"的积极态度，这实际上是对城市文明、现代性的一种"整体性的反思"。

三、从悲情走向温情：现代城市的文明与温柔

新世纪尤其是自《海角七号》创造台湾电影票房奇迹以来，台湾电影开始在消费社会中展现其商业价值，在华语电影界显示其生猛的劲头。我们惊讶地看到在新时期里，关于台北都市的理性批判越来越少，而开始展现出一个现代城市的文明与温柔。台湾电影从闽南语片开始，关于台北都市电影的"悲情"味道日渐散去，而杨德昌、万仁等前辈导演运用电影对都市进行批判与讽刺也不多见。无论是影像风格还是故事叙事都与以往的作品不同，都市的光明面正似乎在战胜阴暗的一面，台湾电影中关于城市的"悲情"开始慢慢走向了"温情"。尽管"在新世代导演的作品中，不同程度的悲情仍然存在，但温情已经逐渐成为一个占主导地位的情感结构和叙事策略。"①这些以台北作为主题的电影在台湾尤其是华语市场中上映，展现了一个全新面貌的台北，如《一页台北》、《第36个故事》和《爱》等。

2010年陈骏霖导演的《一页台北》是一部曼妙的充满清新小品文式的台北城市电影。影片开始于男主角小凯对远在巴黎的女友霏霏的想念与对巴黎的城市想象，并为去巴黎而开始努力学习法语。当他在诚品书店看书时，书店的服务生Susie对他产生了好感。而等到小凯准备去巴黎挽救那段已经破碎的感情时，在离开台北的那个晚上，与Susie意外地卷入了豹哥的一起案件，然后发生了一系列充满戏剧性的事情，在台北度过了一夜。电影片名为"一页台北"，实际上讲的就是发生在台北一夜的故事。这不再是《台北晚九朝五》里霓虹灯光摇曳、舞池人

---

① 张英进：《超越悲情：文化创意产业视野中的台湾电影》，载《电影艺术》，2012年第2期。

头攒动的让人感觉喧闹的台北的夜，导演通过其镜头的移动、画面的捕捉带领观众完成了一场光与影的"台北夜游"，以温暖、清新的影调拍下了台北的夜市、诚品书店、捷运、101大楼、街巷、小吃店等等这些富有台北特征的意象。影片最后的结局是小凯与Susie成功脱身，他去了巴黎但又为Susie回到台北，因为台北才是给他带来真爱的地方。这部具有"城市奥德赛"气质的电影，叙事结构非常接近于电影《爱在黎明破晓前》（1995年，美国），只不过前者属于被动型在台北市行走，而后者则是男女主人公无目的地城市漫游。《一页台北》呈现了一个令人温暖、舒服的台北，它也有警匪追逐的戏份，只不过在电影中，警察不像警察、混混也不像混混，导演用了一种轻喜剧式的处理方式，让影片整体呈现出一种温暖的气质。

　　同年，萧雅全导演的《第36个故事》继续发扬这种小清新风格，成为台湾当代电影中一部较有影响的"疗愈系电影"。影片讲述了一对姐妹花在台北街角开了一家名为"朵儿咖啡馆"的店，采用了"以物换物"的经营方式，从而吸引了很多顾客，她们让"顾客带来各自多余的物品及其背后的个人记忆以及文化符码，在狭小的都市空间中展开跨时空的叙事想象，以雅致的温情衬托出台北一隅悄悄展开的既具本土特点又含异国风情的色香味俱全的故事"。[①] 影片在镜头语言上以一种类似于MV的制作风格专注于细节上，如小吃和咖啡的制作，将风景、道具、食物等变成台北电影中的重要角色，而人与故事却似乎被电影所淡化，然后呈现出了一个清新、明朗、具有文艺气质的台北。

　　而2012年情人节档期推出的《爱》是钮承泽导演与内地（华谊兄弟公司）合作的成功典范。影片有多条线索，除了赵薇与赵又廷这一对人物的故事场景是在北京外，其他的几组人物关系都在台北。只是这次发生在台北年轻人身上的爱情不再像《爱情来了》那样描摹一个真实无言的现实，它更像是一个幻梦式的童话：名媛方柔伊最后离开富豪，嫁给了略微结巴的服务生小宽，并且也得到了富豪的祝福；而热爱艺术的阿凯最后也得到女友小霓的原谅而走到一起，两人也与好友宜珈重归于好。电影拥有一个圆满式的结局，而这种美好的故事发生在现代化的台北都市时，让这种带有童话色彩的电影更令人向往和憧憬。例如，影片开场一个长达十分钟的长镜头就交代了台北都市的现代化与美丽，而小宽家中那个带有清

---

① 张英进：《超越悲情：文化创意产业视野中的台湾电影》，载《电影艺术》，2012年第2期。

新气息的阳台是方柔伊经常休憩的地方，更像是都市里的一个小田园，能够让人内心感到安宁。

所以说这类电影与之前那些带有明确批判色彩的作品不同，它们专注的是对事物的诗意描绘，将美好的一面展现，制作这一城市的奇观与幻想，而使观众产生向往与憧憬。这些电影放大了台北城市的文艺特征，而刻意忽略市民生活的真实面貌，从而呈现了一个温暖、文艺、童话般的台北都市。如果仔细分析原因，会发现这是受《海角七号》鼓舞，台湾电影从现实主义批判传统转向商业创作取向的一个明显改变。另外，也是在消费时代电影作为文化产业之一，在城市营销方面的一种尝试，让影像与城市的互动关系发挥得更加紧密，因此，这些电影在对台北的描绘中，往往是通过对各个城市空间景观描绘得更加细致、专注，如《一页台北》里的诚品书店、《第36个故事》里的咖啡店等，从而打造类似场景的"城市景观电影"，当然这两部电影也获得了台北市政府包括台北观光局的投资。另外，这些年轻一代的导演较之上一代导演们少了一些愤怒与悯然，也更温情地去拥抱现代化。当然这也与台湾社会形态基本稳定，在经历20世纪八九十年代飙越的都市化进程的阵痛之后，新世纪的台北城市化进程脚步放缓，人们的价值观更稳定，也更拥抱消费文化有一定的关系。

结　语

当现代城市崛起之后，它立刻就从乡土社会的汪洋大海中独立而出，并在理想化的层面上成为现代社会的经典样态。在台湾社会现代化、都市化日益推进的时候，城市一方面带给人们先进、便利、文明的内容，同时也带来了诸多的问题，动荡着人们的价值观念与心理状态，甚至生存法则与人的命运也在都市丛林里发生着改变。杨德昌、蔡明亮、万仁等电影人带着知识分子的立场，开始从精神层面考量人在都市生存的人生境遇，并对城市的成长与城市人的生存状态、情感需求倾尽关注与思考，与台湾社会转型过程中的人们共享苦难、迷惘、失落、渴望、欢欣，并且一同来理解、面对和解释共同所遭遇的现实。在这些电影中，相对于和谐、温柔、美好的人性需求来说，现代化的城市经常是一个陌生和冷漠的他者，因此，他们在电影创作中都不约而同地出现"反城市化"倾向和负面性书写，对于现代的城市化进程，都表达了心理上的怀疑、精神上的拒斥以及思想上的批判，与真实社会现代化的进程之间呈现出一种紧张的张力。

这种负面性的批判并非是否定并阻挡住城市化、现代化的社会发展规律，它实际上是一种关于现代性的反思，是一种为在朝向现代化狂奔的现代都市诊断的预警信号与病症报告，为人类社会能够往更美好的生活方向发展做提示。它记录了在台湾社会形态发生急遽变迁过程中的人的生存状态与细微的心理变化，呈现出一种艺术的人文关怀与诗性的美学属性，这也显现了台湾电影长期以来坚持对社会现实的观照、对庶民生活的关怀以及精英式批评的严肃品格。

当然，随着新世纪以来台湾现代化进程的基本完成，80年代前后转型初期的社会急遽变迁也慢慢放缓和稳定了下来。这样，80年代杨德昌、万仁等电影人对现代化的尖锐批判力度也在新时期开始弱化。80年代新电影运动以降的"艺术观照现实、为台湾人塑像"的现实主义创作观念以及精英主义的批判传统也逐步让位给了电影的商业化和市场化，电影对于现世人生的揭示与改变的功效已经开始变得十分有限，它越来越趋向于一种商业化的故事虚构与梦幻式的童话结局，再加上行政部门介入希冀通过电影来进行城市行销与观光植入，台北的城市电影就越来越呈现出温柔缱绻、文质彬彬的清新风格，如《蓝色大门》、《台北二一》、《一页台北》、《第36个故事》和《听说》等；此外，一些作品试图建构怀旧的城市意象来形塑台北的在地历史，以期唤起人们的回忆，如《艋舺》、《鸡排英雄》、《大稻埕》和《五星级鱼干女》等，这种形象的变迁不仅是台湾电影在特定历史文化背景下的被动选择，也是基于创作者甚至是受众接受心理的一种主观愿景，随着这样的作品的增加和此类创作意识的不断强化，这种变迁也就成了一种妥协或者说是一种"合谋"，是电影结构心理与台湾特定社会文化境况的双向建构。正因此，在电影本体与观众和市场接受的新的对应和要求下，台湾电影的"悲情城市"形象也开始逐步走向"温情城市"。

（作者：黄钟军，浙江师范大学文化创意与传播学院副教授，博士）

电视剧中的广州城市想象与主题建构[①]

王利丽　尹　超

随着中国三十多年急速发展的城市化进程，城市研究逐渐成为一个热门话题，并早已在文学及电影领域展开。"都市化伴随着工业资本主义的扩展而来，它不仅直接彰显出人类生活模式趋向现代的历史性转变，更是导致此转变的重要动力。电影与早先的各类文化形式相比，不光只记载历史、评论历史，它们亦内在于历史变革的洪流中。"[②]其实不只是电影，从电视剧与城市的角度来看，这种媒介与城市之间的互动关系也是适用的。电视剧展开对城市的不断想象与塑形，通过更为大众化的传播方式，最终形成一种稳定的城市记忆。而在中国，广州不仅是历史悠久的商贸港口城市，因鲜明的地域文化特色而闻名，更是当代改革开放的前沿阵地，四十年的发展给饱经沧桑的广州带来巨变，正跻身国际大都市之列。而以广州为背景或题材的电视剧不仅别致地记录了这一历史进程，更以独特的艺术手段对这座城市进行了想象、塑造与建构。

一、视觉符号描摹城市图景

在以城市为背景或题材的电视中，城市的视觉符号是对一座城市最直观的想象和展示。"广州视觉符号也就是指广州标志性的城市景观、文化景观、生活器物、自然地理特征等。"[③]在以广州为背景的电视剧中，富有鲜明特色的视觉符号不仅更具辨识性，而且逐渐建构起这座城市的形象和气质。

在《我来自广州》（1998）、《风雨西关》（2005）、《西关大少》（2003）和《十月围

[①] 本文是第一作者主持的教育部人文社科基金项目"中国电视剧中的城市想象与文化意义"阶段性研究成果（项目编号13YJC760078）。
[②] [英]大卫·克拉克：《电影城市》，林心如、简伯如、廖勇超译，桂冠图书股份有限公司，2004年版，第4页。
[③] 左艺芳：《新时期电视剧中广州形象的呈现与建构》，暨南大学硕士学位论文，2016年。

城》(2014)等表现民国时期广州的电视剧中,常常出现"西关"这个视觉符号。"西关"是老广州的一个经典符号,是明清时广州城西门外一带地方的统称,也是当时广东繁华的商贸中心。"广州最辉煌的年代,也是西关最繁华的巅峰时代,因而从某种意义上可以说,西关文化主导了当时广州文化的发展高度,并成为代表近现代广州文化的一个时代缩影。"①电视剧《风雨西关》的第一集开头,在悠扬的音乐声中,画面中出现一座刻有"南珠里"的牌坊,在女主人公的独白中,依次出现姨夫打铜、母亲敲木鱼的画面,通过这些具有代表性的老广州视觉符号,徐徐展开一幅西关的怀旧画卷。西关最著名的特色是"西关大屋",是清末的富商在西关一带兴建的广州传统民间住宅形式。"西关大屋可以说是晚清广州传统民居建筑的代表,从建筑的平面布局、立面构成、剖面到细部装饰等都带有浓厚的广州地方特色和风格。以门厅高大、建筑精美、装饰考究而扬名中外,被誉为'岭南民居建筑文化的瑰宝'。"②在《我来自广州》(1998)、《外来媳妇本地郎》(2000)、《七十二家房客》(2008)和《纯真的年代》(2013)等当代广州题材的电视剧中也都出现了西关大屋,如《外来媳妇本地郎》讲述的便是康家三代人一起住在西关大屋里发生的故事。"《外》剧中实景搭建的西关大屋遵循着传统西关大屋的砖木结构和青砖石脚,正堂屋沿纵深方向展开,门廊、门厅、轿厅、正厅、头房、天井、二厅、二房等也严密布置。"这部电视剧通过真实再现传统的西关大屋,营造出浓浓的"老广州"氛围。

除了传统的老广州视觉符号以外,以这座城市为背景的电视剧中还出现了代表西方文化的视觉符号,这与广州近现代独特的历史发展又息息相关。广州是一座历经千年而不衰的港口城市,有"千年商都"之称。早在汉朝时就有了海上贸易,此后尽管朝代更迭,但广州一直是我国对外贸易和交往的重要窗口,即使清朝时统治者闭关锁国,依然保留了广州作为唯一的通商口岸,广州成为西方列强进入我国的唯一入口。因此,广州很早就接触到西方文明,清朝的广州城内不仅有来自西方的货物,如烟、酒和化妆品等日用品,西式建筑、西式服装、西餐等元素也比较常见。电视剧《十月围城》就多次出现西式建筑、西餐、西式服装、西医和西方传教士等等,剧中男主人公李重光就是留洋归来的学生,女主人公区舒云也常常穿一身西式长裙,还带着李家祖母去看西医、照 X 光检查身体。这些西

---

① 李燕:《广州西关地区的历史发展及其文化特色》,载《文史博览》,2013 年第 10 期。
② 同上。

方视觉元素的出现,是清末广州中西方文化融合的真实写照。

20世纪80年代初,对外贸易历史悠久的港口城市广州成为改革开放的前沿阵地,引领全国都市现代化的潮流。在《公关小姐》(1989)、《外来妹》(1991)、《情满珠江》(1994)和《风生水起》(1999)等反映改革开放初期广州的电视剧中,常常出现鳞次栉比的高楼大厦、车水马龙的城市街景、灯红酒绿的珠江夜景等,展现了改革开放以后市场经济焕发历史悠久商贸城市的活力。新世纪之后,广州逐渐发展成为国际化大都市,城市风貌更加现代化,在电视剧《北上广不相信眼泪》(2015)中,多次出现摩天大楼、"小蛮腰"和珠江游船等广州独特的城市景观,展现了当代广州国际化大都市的风貌。

二、风俗文化叙述城市风情

风俗文化是一座城市独特的印记,历史悠久的广州千百年来逐渐形成了与其地域特色相得益彰的风俗文化,体现在人们的日常生活、衣食住行、方言文字等细节中,成为城市生活的一部分。以广州为背景或题材的电视剧中,广州的风俗文化作为重要元素参与叙事,不仅丰富了剧情,还形象地描绘出一幅幅广州的都市生活图景。

广州的饮食风俗闻名中外,由此形成了我国四大菜系之一的粤菜,其中著名的特色菜就有白斩鸡、盐焗鸡、烧鹅和蛇羹等。电视剧《纯真的年代》(2013)中,女主人公区静为了开店卖小吃,到处寻访已经失传的广州传统小吃——"豉油鸡"的做法。在寻访的过程中许多广州传统小吃,如艇仔粥、猪红汤和牛骨汤等一一亮相,并借美食家罗老师之口讲述了粤菜的烹饪精髓:尽可能保持食材的原汁原味,不滥用调料。电视剧《外来媳妇本地郎》(2000)中,康家三儿子康祈耀和上海姑娘幸子结婚时,幸子的上海亲戚到广州旅游,便指明要吃蛇肉,尽管囊中羞涩,康祁耀还是请他们吃了一顿丰盛的蛇肉宴。

在饮食习俗上,广州人喜爱煲汤、吃早茶等,这些也都成为电视剧中重要的叙事元素。"广东人在餐桌上可谓无汤不欢。""广东酷暑炎热,当地人经过世世代代传承发展形成一种以汤养生的方法,以抵抗自然环境对人体的影响,煲汤的办法是数代人传承下来的经验。"①电视剧《下海》(2011)中,女主人公周芸招待外地

---

① 陈希:《〈外来媳妇本地郎〉的岭南文化角色浅析》,载《当代电视》,2010年第11期。

客户的时候，一边给他们盛汤一边认真介绍道："到广东如果不喝汤就等于没来。"在电视剧《外来媳妇本地郎》的主题曲中，四个外地媳妇满脸无奈地唱道："最怕日日要煲靓汤"，剧中还有康伯教四个媳妇煲汤的幽默情节，在欢乐中增添了生活的烟火气。除了爱煲汤，广州人还爱吃早茶。广州早茶源于清朝，如今已经成为人们都市休闲生活中必不可少的元素。"广州人饮早茶可消暑解热，清肠养生，又佐以糕点，可填饱肚子，茶价与糕点也价钱实惠，还可集休闲、社交为一体，备受广州人喜爱。"①电视剧《我来自广州》的男主人公周敬文就是"天然居"茶楼的少东家，"天然居"是典型的广式茶楼，茶点丰盛，精致美味，每天宾客满座，生意兴旺，电视剧重现了民国时期广州人吃早茶的盛况。广州的早茶中，茶水是配角，丰富的茶点则是重点。在电视剧《外来媳妇本地郎》中，幸子为了赢得康家人的认可，主动提出请康家人吃早茶，剧中展示了装潢精美的广州茶楼和琳琅满目的广式茶点，如虾肠、凤爪、虾饺、叉烧包等。电视剧中饮食风俗的描摹不仅是城市文化的重要体现，更是建构叙事情节、刻画人物情感的重要手段。

广州地处岭南，这里气候湿热，适宜花木生长。广州素有"花城"的美称，广州人以赏花爱花为俗，以种花养花为业。这种习俗体现了广州人爱美爱生活的本色。电视剧《公关小姐》中有许多广州花市的热闹景象，女主人公周颖说："广州是一个用鲜花组成的美丽城市，用鲜花迎接春天是广州人民传统的习惯。"身为酒店公关经理的周颖受到广州人爱花热情的感染和启发，策划了春节期间带领酒店客人夜游花市的活动，大受好评。除了花卉文化，舞狮在广州题材电视剧中也比较常见。舞狮是我国传统的民间艺术，有南狮和北狮之分，南狮中，以广东的舞狮表演最为有名，俗称"舞醒狮"。每逢佳节或庆典，广州人常以舞狮来助兴。在电视剧《七十二家房客》（2008）、《下海》（2011）中，就有多处舞狮镜头，敲锣打鼓，热闹非凡。

广州的传统方言为粤语，以广州为题材的电视剧中，有许多以粤语为主要语言，如《万花筒》（1986）、《顺意坊》（1988）、《外来媳妇本地郎》（2000）、《七十二家房客》（2008）和《家大欢喜》（2010）等。还有一部分电视剧虽然以普通话为主，也有意无意地夹杂着粤语俚语，如《情满珠江》中把"老爸"叫作"老豆"，把"小意思"说成"湿湿碎"，把"喜欢"说成"中意"，把"漂亮""帅气"说成"靓"等，这些方

---

① 宋爽：《广东早茶文化对餐桌礼仪以及现代人生活方式的影响研究——以广州为例》，载《现代交际》，2018年第6期。

言符号的运用，是电视剧对都市现实生活的活泼呈现，更是地域文化的鲜明显现。

三、电视剧中广州城市的主题建构

以广州为背景或题材的电视剧类型多样，内容丰富，但主题建构一般都以叙事时间来区别和划分。由于中国近现代跌宕起伏的历史进程以及不同历史时段主要诉求的不同，以广州为背景或题材的电视剧因之建构出不同的主题。

（一）1949 年前的广州：动荡岁月中的反抗斗争

作为对外贸易历史悠久的港口城市，广州也是近现代历史中革命斗争的重要发生地。早在 1841 年，面对英军的侵略，广州三元里人民就奋起反抗，这是近代史上中国人民第一次自发的大规模抵抗外国侵略的斗争。广州"是中国近代民主革命的策源地，辛亥革命前，孙中山领导的十次反清武装起义就有三次发生在广州；辛亥革命后，孙中山在广州先后三次建立政权"。[①] 许多革命的仁人志士在广州抛头颅洒热血，创立了不朽的功绩。如今广州城中依然保存着当年革命斗争留下的遗迹，这为电视剧提供了丰富的创作素材。《我来自广州》（1998）、《风雨西关》（2005）、《虾球传》（2009）和《十月围城》（2014）等广州题材的电视剧，将镜头对准了 1949 年之前的广州，表现了社会变革动荡岁月中广州民众的觉醒和抗争。

《十月围城》以"家国同构"的方式讲述了清末民初发生在广州的革命斗争传奇。宣统二年，同盟会秘密商议举行大规模反清起义活动，广东将军铁山奉旨刺杀孙中山，革命青年李重光为保护孙中山，自愿做其替身，被铁山射中身亡。与李重光面貌相似的车夫阿四误打误撞成了李重光的替身，被迫卷入革命斗争之中，从一个胆小如鼠、大字不识的车夫成长为一个勇敢坚定的革命者。剧中有一处情节，阿四冒充的李重光被推选为制造局总办，要发表就职演说，不识字的阿四凭借记忆背下了讲话稿，演讲声情并茂，感染了现场所有人："国弱则被欺，民穷则思变，此诚吾国吾民危急存亡之秋也，是故欲兴个人，必先兴国……"这段演讲是阿四从只关注自身命运的小人物转变为无私奉献的革命者的重要转折点，也是电视剧想要表现的主题所在。与这部电视剧相似，《我来自广州》中的周

---

① 覃辉银：《论近代广州民主革命先驱的爱国主义精神》，载《南方论刊》，2018 年第 3 期。

敬文、《虾球传》中的虾球,尽管出身不同、个人际遇不同,但生逢列强当道军阀妄为的乱世,无论是家贫不幸屡遭欺压的虾球,还是只想明哲保身的茶楼商人周敬文,都最终走上了抗争的道路,因为那是面对风雨飘摇国破家亡唯一的出路。

(二)1949—1978年的广州:平静下的暗流涌动

这一时期的广州没有了战乱的侵袭,百姓的生活渐趋平静。但经济发展缓慢、民众生活困难也是现实存在的状况。为了逃离饥饿、贫穷的现状,许多广州人选择孤注一掷逃亡香港。"有统计显示,每3个香港人中就有1个是内地移民,但绝大部分是非法来港。"①尤其是20世纪70年代,全国兴起的"上山下乡"运动造就了从城里来到农村将青春奉献给"广阔天地"的大批知识青年。他们怀揣着梦想下乡,却发现现实没有想象中那么美好,不得不忍受穷乡僻壤的环境、枯燥贫乏的生活和繁重的体力劳动,有些知青怀着孤注一掷的心态加入了逃港大军。还有一部分知青想方设法要回城,甚至不惜牺牲自己的贞洁名誉。《情满珠江》(1994)和《纯真的年代》(2013)等剧都反映了那段特殊历史时期广州知青在看似平静生活表面下的暗流涌动,他们的希望、困惑和挣扎。

电视剧《情满珠江》开篇就是广州知青逃港的情节,知青林必成带着南星村一帮知青想逃港,在深夜偷偷上了渔船,却因走漏风声被全部拦下。逃港无望后,知青们想尽办法回城。为了争取唯一一张回城通知单,女知青谭蓉奉献了自己的贞操,还出卖了自己的婚姻,终于从同伴手中抢来了回城名额。电视剧《纯真的年代》同样表现了当时广州知青大规模逃港的现象。知青冼广伟便是其中的典型,为了让自己和女朋友区静过上好的生活,他坚定不移地要去香港。剧中有一处情节是冼广伟带着好友厉家驹来到广州和香港交界的海边农场,遥望对岸的香港,岸这边是古老落后的乡村,岸那边是繁华的高楼大厦,形成了鲜明的对比。两人憧憬地望着对岸,冼广伟说:"那才是真正的天堂!"冼广伟几次三番想方设法逃港,包括偷偷潜入往香港运货的火车车厢中、藏到广州到香港卖化肥的船上等,却都未能如愿,最终铤而走险,选择跟同伴们泅渡去香港。这些情节不但再现了当时的真实境况,更是特殊历史时期这一地域民众生存选择的记录和表达。

(三)1978—1999年的广州:改革开放中的奋斗与反思

广州是改革开放的前沿阵地,在改革大潮中始终屹立潮头。改革开放初期,

---

① 王思婧:《逃港者——特殊岁月的特殊风景》,载《廉政瞭望》,2014年第9期。

广州就大胆破除了陈旧的观念，大力吸收学习国外先进的科技和理念，创造了改革史上的许多个"第一"：率先进行价格改革，第一批个体工商户在广州应运而生，中国内地首家五星级宾馆也在这里诞生等。四十年来，广州涌现出许多敢闯敢干的改革先锋，也给电视剧创作带来了灵感。新时期广州背景的电视剧也记录了时代大潮中激荡的故事。《公关小姐》（1989）、《外来妹》（1991）、《情满珠江》（1994）、《风生水起》（1999）、《故乡的云》（2007）、《下海》（2011）和《纯真的年代》（2013）等，新时期广州背景的电视剧呈现并记录了时代大潮中激荡的故事。

1989年播出的电视剧《公关小姐》轰动一时，讲述了来自香港的周颖到广州担任中华大酒店公关经理的故事，通过一个香港人的视角，反映出广州改革开放后的沧桑巨变。电视剧具有浓厚的"广味"，描绘了一个多彩而生动的广州，包括鳞次栉比的高楼大厦、车水马龙的街道、富丽堂皇的五星级酒店、灯红酒绿的广州夜景等，以及吃早茶、吃蛇、过年逛花市等独特的广州风俗，让当时的内地观众大开眼界。剧中有一处情节，从少数民族地区回来的沈先生穿着奇怪的服装来到酒店，不仅没有人检查他的证件，还给他端了一杯热茶，周颖说："我们这个酒店不分民族、国籍、肤色，任何人都能受到平等热诚的接待。"沈先生感叹道："这是价值观念的进步，真希望内地能尽快和广州缩短这个时差。"广州由于改革带来的观念革新和进步，可见一斑。

这部电视剧还以周颖的公关工作为主线，通过"拯救大熊猫"义卖活动、"美在花城"选美比赛、除夕夜游花市等公关案例，展现了一个崭新的行业——公关行业。"通过一群公关小姐的活动让观众领悟到公关的内涵、公关活动与改革的关系、公关人员的素质及其拼搏精神对改革开放的重要意义。"[1]剧中几位公关小姐的职业风采、先进的公关理念和管理方式，吸引着对公关行业尚不了解的内地观众。电视剧播出之后，掀起了一阵"公关热潮"，许多城市相继成立了公关协会，许多企业也纷纷设立公关部。除了公关行业之外，电视剧还通过几位公关小姐身边的亲人和爱人，表现了当时广州借改革兴起的新的职业和行业，如出租车司机、花农、个体户和企业家等。该剧呈现出改革开放时期广州积极向上的城市面貌，表现出广州人的创新精神和奋斗精神。

由于改革开放所带来的经济活力和新兴行业的兴起，广州吸引了成千上万的

---

[1] 朱少玲：《把握当代社会脉搏，回归现实主义——电视连续剧〈商界〉、〈公关小姐〉漫议》，载《开放时代》，1990年第1期。

外地人加入到快速发展的制造业和服务业中。电视剧《外来妹》就讲述了六位从穷山沟到广州务工的打工者故事。该剧展示了现代工业园区里打工者们的工作环境，他们坐在长长的生产线旁，每人负责生产流程中的一个小环节，几十个人共同完成一件产品的生产。从这个流水线旁开始打工的赵小芸凭借自己的聪明和努力，当上了生产主管、厂长。她的奋斗历程，是那个年代千千万万个打工者的缩影，更是改革开放激发的拼搏斗志的艺术呈现。

  经济的迅速发展物质财富的飞速积累，给短时间内尚未充分准备的精神世界带来极大冲击。"出现了拜金主义的社会氛围，外来务工者社会地位较低、福利较差，社会贫富差距较大。"①《公关小姐》、《外来妹》、《情满珠江》和《下海》等电视剧中都反映了拜金主义盛行、诚信缺失、奋斗者失去初心等现象。电视剧《外来妹》中，六个穷山沟里的青年一起来到广州，想打拼出一个好前程，却在大城市光怪陆离的诱惑下，有人迷失了自我，有人选择了放弃。剧中的秀英辞去工厂工作，选择去理发店当洗头妹，在金钱的诱惑下，最后堕落成陪酒小姐。电视剧《情满珠江》中，恩爱夫妻梁淑贞和林必成在改革开放后因为不同的价值观，选择了不同的人生道路，最终分道扬镳。电视剧《下海》中，在内地的一大家人为挣钱相继来到广州，大嫂周芸辞职下海，和丈夫陈志平矛盾重重，渐行渐远，最后选择离婚。大妹夫赵永明不顾亲情，疯狂捞金，最终破产。小妹夫李林为挣钱不幸出车祸丧生，留下小妹陈志华和刚出生的孩子无依无靠。电视剧在表现一家人喜怒哀乐的同时反映出社会转型的精神代价，也是对改革的深入思考和艺术表达。

(四) 2000 年以后的广州：国际化大都市的开放与包容

  2000 年之后，经历了几十年的蜕变和沉淀，广州渐渐摆脱了发展初期的浮躁和迷茫。中国加入世界贸易组织后，各行各业开始与国际接轨。广州作为最早接触西方文化的城市，在已有的积淀下成长为一个开放、包容的现代化国际大都市。广州的开放和包容，是对不同的人、不同的价值观、不同的文化的开放和包容。在表现这一时期的广州题材电视剧中，展示了广州作为国际化大都市的崭新形象，既有老广州的风情，又有现代化大城市的繁荣，既保留了本地传统风俗文化，又汇集了众多外来文化。传统与现代，地域文化与外来文化，逐渐交融。

  从 2000 年开始播出历时十八年至今仍在播出的广东本土情景喜剧《外来媳妇

---

① 左艺芳：《新时期电视剧中广州形象的呈现与建构》，暨南大学硕士学位论文，2016年。

本地郎》，讲述和记录了广州本地有四个儿子的康家，娶了四个外地媳妇的故事。四个媳妇来自天南海北，带来了四种不同的生活习惯、风俗文化和价值观，这些外来文化在与本地文化碰撞交融之后，逐渐成为一个和谐的整体。电视剧以康家为中心，延伸出许多其他人物，包括街坊邻居、外省亲戚、外来打工者等，贴近当下生活，紧跟时代步伐，反映了当下广州的务实态度和包容精神。

正是因为广州的这种开放和包容，新世纪之后，虽然内地的城市也纷纷发展起来，依然有源源不断的外地人从四面八方来到广州。与改革开放初期来广州的外来打工者不同，这一时期来广州的外地人不再是一味地追求金钱，而是为了实现人生理想和个人价值，而广州也包容了每一个追梦人。电视剧《北上广不相信眼泪》（2015）以新世纪以来的广州为背景，讲述新一代年轻人的选择与奋斗。剧中多次出现了广州具有代表性的城市景观，如白云机场、"小蛮腰"广州塔、广州双子塔和珠江游船等，这是当代广州特有的城市符号，展示了广州的繁华热闹，满足了观众对于国际化大都市的想象。该剧讲述了来自北京的赵晓亮和来自上海的潘芸共同在广州打拼的故事，聚焦"广漂"工作和生活中的具体现实问题，包括升职、隐婚、办公室恋爱、买房买车等。剧中，潘芸和赵晓亮为了实现各自的理想，使出浑身解数全力打拼，下班后的应酬、加班是常态，即使结婚也是在面试后匆匆忙忙去登记。电视剧反映了在广州奋斗的年轻人光鲜外表的背后：快节奏的工作和生活，表面和气背后争斗的职场，拼命工作却不够还银行贷款等，将他们的成就与辛酸展现得淋漓尽致。但即使"压力山大"，他们依然愿意来到广州打拼，因为这里是梦想的土壤，有能力的人终会得到认可。这里梦想与失意并存，奋斗与辛酸同在。但这仍是处于更深更广改革之路上的热气腾腾的当代广州。

从清朝末年到21世纪，广州经历了沧桑巨变，以广州为背景或题材的电视剧艺术化地记录了这座城市在时代变迁中不同的形象。从20世纪初殖民军阀管控下的斗争反抗、新中国成立初期物质贫乏下的挣扎求变、改革开放中的奋斗与反思，到21世纪之后当下开放包容的国际化大都市，荧屏光影流动中，书写出一部生动而特殊的城市发展史。

（作者：王利丽，中国传媒大学戏剧影视学院教授；尹超，北京市农林科学院农业信息与经济研究所助理研究员）

"港味"的追溯、突围与重构

——以香港电影中的"唐楼"建筑为例

欧阳一菲

提及香港,我们多将其与"摩登""时尚""前卫"等具有先锋意味的词语建立联系。诚然,香港在其官宣形象中,也确实对自身"高度""速度"等方面进行了多方位的把握和考量——香港是全球高度繁荣的国际大都会之一,是国际金融中心、贸易中心、航运中心和信息中心。然而,在这些"璀璨耀眼"的描述中,对于香港"深度"的发掘却相对较少,这座一贯被称为"借来的时空"的城市,其城市文化、人文历史,抑或是港人生命体验等深刻的文化元素,似乎依旧处于被遮蔽的状态,好似"香港始终避免不了沦为物化的景观都市、抽象的视觉符号和后现代的'仿真类项'"[1]。本文将香港电影中的经典"港味"与"唐楼"建筑相结合,试图探究香港底层市民文化的表现形式、背后深意与"香港精神"的勾连。

一、作为香港主体的"港味"美学

相比于内地较为纯粹的文化价值观,香港电影中所呈现的城市文化则更为多元,这里有中华传统文化的根基、有英属殖民文化的浸染、有岭南文化的"在地经验",还有现代商品经济的深刻烙印。这些不同国度、不同民族、不同时期的文化思潮共同汇聚于香港这一城市中,相互碰撞又相互磨合。

"岭南文化具有与内陆文化那种以传统农耕文明和抑商思想完全不同的经世致用作风,以及讲求实惠的享乐精神。这些特性深深地侵入了市井小民的感性世界里,从而以一种有别于贵族文化和士人文化的市民文化、世俗文化特征,渗透

---

[1] 马楠楠:《许鞍华电影中的香港城市空间及其文化寓意》,载《浙江传媒学院学报》,2013年第6期。

到香港社会,特别是近代以来的香港社会的发展中,成为香港文化最基本的内核。"①香港文化价值观的多元化特性在香港电影中形成了最直观的表现,去意识形态化、重视商业、推行实用精神成为香港社会的主体。可以说,岭南文化的"在地经验"已然在香港电影经典"港味"的营造中起到了铺垫作用。与岭南文化的特质相呼应,朗天将香港主体性划分为三点:"第一,是不停多变,为了生存而没有什么事情不敢做的一种特性;第二,没有固定的内容,崇尚一种市场概念,任何事情都可以拿来交换;第三,是有一种力度的主体性,它对应机灵能动,总是有用不完的精力,也就是平常人所说的动感都市。"②某种程度上,香港电影中的"港味"正是香港主体性的重要表征,香港的市民精神、不同时代的香港元素、快节奏的城市动感,共同构成了香港电影"港味"美学的重要组成部分。

"九七"之后,香港电影也遇到了新的文化困境,"无根的浮萍"需要重归失散的百年树根,在这一过程中的迁移和蜕变不禁让港人产生了极大的心理恐慌和身份尴尬。中国化的迁移和本土化的保持,成为香港电影重获新生的重要法则。在不断的尝试和探索中,香港电影开启了展现香港市民日常生活状态的本土化书写模式。香港本土导演许鞍华曾说:"香港经常是我电影的主题——一切有关香港人的生活方式、感受、交流、喜悦和痛苦。"③以许鞍华和罗启锐为代表的香港导演,不约而同地选择用镜头记录下香港城市空间中的繁华与宁静、浪漫与诗意,透过这些具体的城市空间意象,发掘这座城的人情和人味。这类导演影片中的"我城"意识尤其明显,他们摆脱了城市空间影像在影片中仅作为背景出现的束缚,将人文关怀、历史记忆、时代精神和身份认同等香港城市文化零而不碎地揉进影片当中,电影也因此成为香港城市文化变迁映现的直接载体。香港,已然成为一座拥有多重文化寓意的城市。

20世纪90年代至今,在全球化的推动之下,城市空间面临着调整、重组和改写的情状,香港当然也不例外。金融大厦、中银大厦等摩天大楼层出不穷,共同勾勒出香港作为国际化大都市的新面貌。政府也推行了"疏散式"和"分区式"的城市规划理念,曾经的多层唐楼、旧型公共房屋等楼宇的居住密度和配套设施,都与当下现代化的标准背道而驰。香港规划署署长也认为,在市区的"古旧"楼

---

① 刘登翰:《香港文学史》,人民文学出版社,1999年版,第45—46页。
② 转引自黄今:《港味的表征——论香港电影的"俗"趣美学》,载《北京电影学院学报》,2014年第2期。
③ 邝保威:《许鞍华说许鞍华》,复旦大学出版社,2010年版,第160—161页。

宇和建筑物应该要拆除，以腾出更多地方建设新的建筑。随着这些带有市民生活气息、凝聚社会精神动力和港人归属感的建筑的拆毁，城市原本的文化和记忆也被一一抹去，城市在日趋"同质化"，港片中的"港味"也越来越淡。针对这一现状，些许香港导演开始尝试用电影找回、记录那些消失了和正在消失的历史，他们的电影"通过将镜头对准那些凝聚着深层文化、历史记忆的城市空间，以对抗'无地域空间'对'地方'的侵蚀以及关于国族的均质话语对于本土身份的淹没"。① 对于这座被称为"借来的时间和空间"的城市而言，20世纪80年代是其"我城"意识和归属感形成的主要时间段。这一时期的油麻地则更是香港传统市民生活的写照。在这一时期出现了许多"港味"电影，许鞍华的《千言万语》、陈果的《细路祥》等影片都以油麻地旧区为场景，意图通过一条街道、一片街区展现社会和时代的变化。此后一些怀旧港片，如《岁月神偷》、《桃姐》、《天水围的日与夜》和《幸运是我》等，也选择将拍摄场景放置在香港的"旧区"，通过回忆、畅想和对比，去细细品味那段一去不复返的岁月。

"电影作为一种文化产品，在它被消费的过程中，会在潜移默化中使观众对其表达内容产生认同，这使得电影可以作为一种确立文化的工具。对于某一城市而言，电影无疑能够在很大程度上帮助其独有文化的确立和被大众接受。"② 电影对一个城市文化的确立有很大的作用。城市建筑、交通工具和日常生活，这些标志的确立与长期的电影表达有着很大的关系。香港电影中的现代"地标"建筑或是传统"符号"建筑很是多见，也为人熟知，有维多利亚港、皇后码头、太平山顶等不胜枚举的现代都市"符码"，同时也有油麻地、深水埗、湾仔等众多坚韧的"旧区"，在这些"旧区"当中，香港的唐楼建筑堪称主角，承载着香港20世纪上半叶的历史记忆。在历史的荡涤中，唐楼已不仅是一个简单的建筑名称，而是具有深意的"符号"。"符号是携带意义的感知：意义必须用符号才能表达，符号的用途是表达意义。反过来说：没有意义可以不用符号表达，也没有不表达意义的符号。"③ 在有关香港城市的书写中，唐楼作为传统、拥挤和嘈杂的符号，既暗示了生存的艰难，也被赋予一定的感情色彩，常被用作感情凝聚的符号加以呈现。

---

① 马楠楠：《许鞍华电影中的香港城市空间及其文化寓意》，载《浙江传媒学院学报》，2013年第6期。
② 位晓宁：《电影与城市的互动关系研究——以早期中国电影为例》，载《当代电影》，2014年第11期。
③ 赵毅衡：《符号学原理与推演》，南京大学出版社，2011年版，第1页。

二、"唐楼":"港味"的伊始与牵绊

众所周知,空间包含多重含义,有具体的、有形的物质空间,也包含抽象的、象征的心理空间。"物理空间是指实体所包围的可测量、可划分的空间……物理空间是有形的,它取决于形成自身形的实体或实体组合,不同的实体或实体组合会形成不同的空间。"①香港的物理空间建构得益于特色的建筑实体搭建的有形空间,从早期的唐楼建筑,到鳞次栉比的大厦,再到如今的天桥地铁,在物质空间方面,香港正在从垂直走向立体。"实体与空间是相互依存的。实体依赖于空间之中,而空间若没有实体的浮标作为标识,也就不可能觉察到它。实体能影响空间,给人带来不同的空间情绪。"②香港的建筑实体经历了从传统到现代、从疏松到密集、从垂直到立体的变化,这一系列的变迁反映在城市空间书写中,已不仅是一种现实镜像的呈现,更成为一种主题的表达,从而建构出了香港电影中有关怀旧、有关生存、有关现实的思考和诉求。由此,也形成了香港城市影像书写中特有的怀旧空间文化。从心理空间来看,香港电影中的怀旧精神空间,既有对历史空间的找寻和再现,也有从当下视角出发对过往空间的回忆和思考,历史和现实、个体回忆与集体记忆、物质和精神共同搭建了香港电影中的多样空间。

唐楼是华南地区建造于19世纪中后期至20世纪60年代的一种建筑,是20世纪初至60年代香港市民的重要居所。"唐楼这个名称与洋楼相对,一般唐楼三至八层高,部分唐楼有骑楼,部分设有露台,楼底比现代住宅建筑位高。唐楼往往是商住混合的,地面的一层通常为商铺,其他楼层是住宅。唐楼没有电梯(升降机),只有楼梯连接各层。在香港,人们口头上习惯把有电梯的多层住宅叫洋楼,没有电梯的多层住宅叫唐楼。"③骑楼是唐楼的一种,即"建筑物下层以若干根石柱支撑,形成走廊或行人路,顶上就是用来居住的楼层,整栋楼宛如一位骑士'骑'在行人路上,故称为'骑楼'"④。由此可见,骑楼是唐楼建筑的样式之一,随着时间的推演,唐楼与骑楼变得通用起来。

香港的骑楼既吸收了广东、福建骑楼形态,又具有英属殖民地的烙印。英国

---

① 谭力:《立体构成》,南京大学出版社,2014年版,第23页。
② 同上书,第26页。
③ https://baike.so.com/doc/5368000—5603781.html。
④ 转引自凌逾、薛亚聪:《挤感空间:香港城市文化》,载《暨南学报》(哲学社会科学版),2016年第12期。

负责人莱弗士于1822年规定,"房子要有走廊,以确保沿街为公众提供廊道……连续的有屋顶的人行道在那个地区被广泛应用"①。"现代建筑在城市中的蔓延使得城市空间变得均质化,不同城市的空间意象趋向相似;另一方面,现代住区围墙作为一种实体边界对城市进行了不同层面的隔离,使得城市形态变得破碎化。"②骑楼街界面(见图1)对周边的城市活动空间具有横向与纵向的联系。骑楼沿街而建,拱廊和檐廊底下的空间共同构成了遮挡式的人行道,与一般城市道路的规划形成质的区别,将人行道从露天的位置移入半室内的环境。这种商住结合、形态丰富空间模式改变传统的生活方式,它将市民的休闲娱乐从传统相对封闭的院落引领到开放的公共空间,维系了在商业环境下的邻里交流和文化的传承,使城市的商业空间充满生活的情趣。"随着骑楼建筑规模的形成,人们对这种合理的空间形态的认同,在根本上改变了以往的城市空间形象、生活环境和生活状态,如此也衍生出独特的骑楼文化和生活方式,一大批非常有地域特色的非物质文化项目也伴随着骑楼的发展而发展普及,形成独特的城市文化。"③唐楼也因此成为寻求香港电影"港味"、探索城市文化,绕不开的一项重要空间意象。

图1④

在香港政府大量兴建公共房屋以前,大部分香港人都是旧式"唐楼"的住户。唐楼见证了香港经济和国际地位的变迁、这座城市的现代化进程、香港从"小渔

---

① [澳]谢尔顿、卡拉奇威茨、柯万:《香港造城记:从垂直之城到立体之城》,胡大平、吴静译,电子工业出版社,2013年版,第34页。
② 曹伟、朱鹏辉:《城市边界视角下的近代广州城墙与骑楼街界面研究》,载《城市发展研究》,2018年第10期。
③ 陈立新:《广州骑楼的起源、发展及骑楼文化的形成》,载《工业建筑》,2010年第S1期。
④ 同上。

村"向"大都市"行进过程中的历史沉浮,承载了香港人难以割舍的"我城"情怀。夏日饮酒闲话的露台、横七竖八架着晾衣秆的天井、五颜六色的店铺灯箱广告牌、"走街串巷"的野猫、发出"嗡嗡"声的大吊扇,还有守望相助的老少街坊、坐在店门口悠闲"等"生意的店老板、豁达乐观的老人家,这些都构筑了最富"港味"的香港居住文化景观,老香港市民的生活形态、民风习俗等被描绘得生动自然。

三、"唐楼"的三维空间建构

以美籍华裔地理学家段义孚为代表的人本主义地理学派,主张关注人类的"爱好"与"惧怕",他们所说的"爱与怕"并不是"那些繁荣壮丽或悲惨苦难的社会整体性的大喜大悲,而是在街道上、校园里,在日常炊洗琐事中,在男女老少的闲逛中所包含的与地方场所相对应的爱与怕"①,这些构成人文地理的内容,人本主义地理学派将发掘寻常事物的暗中关系、隐藏含义,以新鲜有力的语言揭示相互关联出来作为学派的出发点。"地方感"这一概念是该学派的核心观点,它包含两层含义:地方固有的特性(地方性)和人们对这个地方的依附感(地方依恋)。地方感是人的情感与所处环境相互作用而产生的一种反应,是由地方产生的并由人赋予的一种体验,地方不能脱离人而存在。② 由此可见,"地方"既是一种物理空间概念,也是人们情感寄托之所。

"街道,作为一种典型的城市景观,体现了城市的流动性、匿名性、混乱性特征,也是城市区别于乡村的主要空间。"③本文选取"唐楼(街)"作为香港这座城市的切入点,从怀旧空间、想象空间和生活空间三个维度着手,力图通过"街道"这一普遍又普通的空间意象,发掘隐藏在香港背后的深刻含义,探寻人与人、人与社会之间的微妙关系。

(一)怀旧空间:底层凝望者的记忆场域

以"唐楼"为叙事背景,描述香港底层市民生活的影片不胜枚举,如《天水围的夜与雾》、《桃姐》和《幸运是我》等,影片以强烈的现实主义影像风格再现了处于香港现代化边缘的底层空间,"唐楼"作为传统和现代之间的"转换介质",能够

---

① https://baike.so.com/doc/1422295-1503412.html.
② Yi-fu Tuan: Space and Place: The Perspective of Experience, Minneapolis: University of Minnesota Press, 1977.
③ 陈晓云:《电影城市:中国电影与城市文化(1990—2007年)》,中国电影出版社,2008年版,第32页。

使人们更为清醒地看待香港的"经济神话"和现代化宏大蓝图，同时赋予内地和香港之间政治、经济关系以深刻的思考。

影片《桃姐》根据真人真事改编，讲述了主人公罗杰与保姆桃姐之间的温情故事。桃姐是侍候李家六十余年的老佣人，自幼便看顾李家少爷罗杰。罗杰从事电影制片人，五十多岁了仍孑然一身，经年累月，桃姐已经习惯了照顾自己的"小少爷"，影片通过一系列事件，真实地展现了主仆二人之间温情的照拂、嬉笑的调侃和真挚的惦念。影片主要取景于深水埗一带，这里是香港唐楼的主要汇集地，且主人公桃姐的生活经历与香港唐楼产生了同步效应。而唐楼作为香港的另一侧面，是不为人所熟悉的香港，居于此地的居民和商户之间充满温情，人情味更为鲜活，这种鲜活的人情味，某种程度上也与影片中罗杰和桃姐的"主仆关系"形成呼应，桃姐在罗家做女佣的六十年，与香港唐楼兴衰六十年相互吻合，影片中的人、情、景形成了相互呼应。影片以桃姐的日常行经串联故事，桃姐与其生活的"唐楼"一起，照映出了人生百态。影片开始桃姐穿梭于唐楼下的商铺，买菜、问价、选菜、回家做饭，这一系列看似不经意的动作，既交代了人物的性格身份，同时也将人物本身与影片背景相融合，将日常生活与唐楼群像相结合，"直接明了地说明香港电影的特殊性和文化性、更加鲜明地体现了香港电影的历史社会生态和文化生成成因"[①]。"唐楼"承载着"桃姐们"的回忆与期盼，这里曾经发生的桩桩件件和将会到来的事情，都在他们的凝视中走近又走远。

与《桃姐》相似，影片《幸运是我》中的芬姨也是一位见证了历史，又不愿走出历史的孤独老人。影片讲述了少年阿旭与孤独老人芬姨之间的一系列"趣事"。生活在两个世界中的两个人，从相互制约到彼此理解，从漠不关心到时时牵挂，两人的摩擦逐渐成为了解对方的最好方式。在这栋"唐楼"中，因为对方的出现，彼此都成为了一个幸运儿。芬姨便是香港怀旧元素的集合体，她固执地只看香港亚视一个频道、对冯宝宝主演的电视剧百看不腻、苦守着家里的一众旧家具，这些旧物凝聚着她的回忆和情感，与唐楼一起，为芬姨搭建了一个私密又牢固的记忆场域。患有老年痴呆症的芬姨，曾多次站在唐楼下而找不到回家的路，她早已记不清当下的住所是何样，脑海里只有曾经的"家"的模样，遗忘与错位、唐楼与洋房，这一系列对立复杂的情感和意象共同付诸芬姨身上，使其焦虑又无奈。阿旭

---

① 袁庆丰、严玲：《香港人的历史移民情结与新市民电影的文化心理——以 2012 年的〈桃姐为例〉》，载《当代电影》，2013 年第 11 期。

的到来,打破了她原有的模式化生活,他与芬姨在争吵中逐渐磨合,带着芬姨慢慢尝试接触新事物。对于芬姨而言,阿旭便是带领她走出困局的引导牌,对于过往她不是无助地凝望,而是学会了走出来。影片最后,芬姨拿出了她以"楚湘湘"名义出过的一部旧唱片《我找到自己》,在歌声中与阿旭一起找到了"迷失的自己"。

(二)生活空间:坚守者的生存实践场域

"做人就是生活在一个充满许多有意义地方的世界上,做人就是拥有和了解你生活的地方。"①可见,关注人的生存、关注人的生活应该是生命存在的一大要义。香港电影中对高楼大厦和地标建筑的规避,对普通市民日常生活空间的再现,便是对人的最现实、最具体的生存实践场域的关注,是人的存在的起点和终点。如列斐伏尔所言,"日常生活是一切活动的汇聚处、纽带和共同的根基。也只有在日常生活中,造成人类和每一个人存在的社会关系综合,才能以完整的形态与方式体现出来。"②日常生活促进了人与人之间的互动,日常文化的自然性、习惯性和重复性也因此受到重视。

影片《女人四十》取景于一幢破旧的唐楼,这里虽然条件简陋,但是充满了家庭伦理亲情;生活节奏慵懒,但是却邻里友善,非常人性化;外景则是与人们日常生活密切相关的、普通市民非常熟悉的空间,如阿娥经常光顾的菜市场、杂货店、集市等,散步锻炼的街心花园,喝茶聊天的茶餐厅等,这里保持着和谐的人际关系,充满了平民化的生活气息和亲切的熟悉感,浓厚的生活气息使这里成为一个社区共同体。

电影《岁月神偷》中的一家是普通的市民阶层,爸爸做鞋、妈妈卖鞋,哥哥功课优秀、弟弟调皮可爱。"罗记皮鞋"开在巷头的两层唐楼里,唐楼为木质结构,一楼的前面是店铺门脸,里面则是主人家的居所,门口鞋架上摆满了要出售的鞋子,二楼是罗家兄弟的卧室,低矮的阁楼空间承载着兄弟俩的儿时回忆。拥挤低矮的唐楼与旁边林立的高楼形成鲜明的对比,日常生活也在这一栋唐楼里慢慢展开,围坐吃饭的老树墩、可以移动的楼梯、兄弟俩的打闹声、父母的嬉笑怒骂,共同织就了一家人相濡以沫的和谐生活。爸爸说,"做人,最紧要系保住个顶",妈妈说,"做人总要信",爸爸为妈妈做了一双鞋子,妈妈给鞋子分别取了名字

---

① [英]迈克·克朗:《文化地理学》,杨淑华、宋慧敏译,南京大学出版社,2005年版,第108页。
② [匈]阿格妮丝·赫勒:《日常生活》,衣俊卿译,重庆出版社,2010年版,第17页。

"一步难"和"一步佳"。无论生活如何困苦，这一家四口却始终乐观相对，对于他们而言，这个家、这座楼，不能散。在这里，唐楼的拥挤更让人感受到一家人其乐融融的温馨和对生活的坚守和向往。

香港电影中的"唐楼"空间还原了人的真实生存状态，演绎平凡人的衣食住行、喜怒哀乐、生老病死，传递着人与人之间朴素而又真诚的情感，与都市人的冷漠和功利形成对比，唤醒了人们心底那份久违的感动。

（三）想象空间：奋斗拼搏者的驰骋疆域

狮子山坐落于香港九龙塘及新界沙田之间，是香港电影中的"常客"。"狮子山精神"是一种刻苦耐劳、勤奋拼搏、同舟共济、自强不息的精神，是香港十分宝贵的精神财富，狮子山已经成为香港精神的一种文化象征。"狮子山精神"起源于1973年香港电台电视部播放的一部单元剧《狮子山下》，该剧以良鸣的屋村为中心，讲述香港普通市民如何在逆境中自强的励志故事。1979年，由黄霑作词、罗文演唱的同名主题曲《狮子山下》，红遍香江，成为流传至今、耳熟能详的香港"城歌"。从剧集到歌曲，都预示着同舟共济、守望相助的拼搏意识的崛起，表达一种重振香港精神的诉求。影片《哪一天我们会飞》的最后，彭盛华和余凤芝在狮子山下放飞纸飞机，替好友苏博文实现遗愿，这既是他们纯真友情的传递，也是他们奋力追寻梦想的映现。

香港电影《点五步》的叙事场景也以唐楼和公屋为主，唐楼建筑既是主人公成长的空间的再现，同时也是香港社会底层阶级的象征空间。唐楼和公屋承载了志龙和进威的青春记忆，有亲情、有爱情、有友情，是生命中难以忘怀的一部分，同时又是他们试图冲破的阶级空间。唐楼的屋顶多用来布置休闲、运动设施，为社交和群体活动创造了空间。影片中的天台便成为志龙和进威练习棒球、畅想未来的天地，一片凌驾于阶层空间之上的想象空间。他们渴望完成自身阶层的转变，试图逃离这种带有"烙印"的居所，这些挣扎与迁移都深深烙上了香港社会阶级流动的记忆。影片中有一幕，卢校长带领沙燕棒球队的孩子们，热血沸腾地在棒球场上遥望狮子山，高呼口号——"赢就一齐赢，输就一齐输"。某种程度上，这与香港的"狮子山精神"产生了呼应，青春郁结的沙燕队众人，被一场又一场的大败羞辱后，在放弃与坚持之间徘徊，一念之间、挣扎之中，他们修炼勇气、突破自己，打出自己的光辉岁月。"在唐楼这个香港的边缘空间中，涌动着一股坚韧的生命力量。生活在这里的卑微的市井小民，顽强地坚持着对生活的热情，冲破重重人生艰辛，生生不息。"①唐楼也与狮子山一起，构建了属于香港人的一片奋斗蓝图。

"当代的香港既是维持岭南文化传统的世俗社会，也是公民意识不断成熟的理性社会。"②衣食住行等元素已经成为香港电影绕不开的一环，粤语、饮茶、茶餐厅、唐楼、公屋、小巴……香港人已经习惯通过这些微观生活镜像建构自己的文化身份与价值观念。香港电影中的"唐楼"某种程度上便承载着传承社会文化的作用，这一建筑意象与市民文化、身份认同以及文化想象都建立了紧密的联系，无论是《幸运是我》中的芬姨，还是《岁月神偷》中的罗进二，抑或是《点五步》中的阿龙，他们都试图用不同的姿态去建构属于自己的文化身份和价值观念，他们或是在怀旧中凝望，或是在现实中坚守，或是在想象中拼搏。由"唐楼"这一意象折射出的香港人的生存状态，某种程度上也与香港人价值取向相契合，彰显出香港人与生俱来的文化自信。

经历了政治、经济和文化的多方洗礼，香港社会普遍存有一种压抑、焦虑、不安的情绪，此时香港电影中传统"港味"，在某种程度上可以为人们提供精神慰藉、修复社会撕裂的伤痕。《幸运是我》召唤一种相互扶持的香港核心价值观念，以求疗愈人们的创伤，为城市注入更多的人文关怀。就像芬姨所说一般："香港这么好，我怎么舍得离开"，这座城正向我们展示着无尽的柔情和胸怀。《岁月神偷》中的罗母坚信"做人，总要信，信，则立"，《哪一天我们会飞》中苏博文也曾说过，"我们香港人去哪里也会赢"，这里都是借角色之口表达一种社会信心和信念。除去修复作用，港片中的"港味"还起到了一种价值判断和指引的作用，影片中对过去的幻想，投射出人们对更美好的城市的文化想象，是"一种以关于过去和现在的共同理解以及关于何谓更好或更坏的文化定义为基础的记忆的形式"。③总体而言，香港电影的"港味"书写并没有成为背负沉重历史包袱的宏大叙事，而是将人的日常生活作为点缀，形成了一种别具风格的"本土叙事"。"唐楼"伴着"港味"一起，见证着香港人的一路走来和大步走去。

---

① 贾颖妮：《香港当代都市小说的市井色彩——以〈香港文学选集系列·小说选〉为视角》，载《当代文坛》，2013年第4期。
② 廖伟棠：《波西米亚香港》，北京大学出版社，2011年版，第19页。
③ 转引自袁梦倩：《重审香港电影的怀旧：记忆符码、身份认同与文化想象——论2016年香港电影》，载《当代电影》，2017年第4期。

"研究城市是一种考察世界和人类生存之谜的方式。"[①]城市已然成为国人进行文化想象的重要空间。香港电影中的"唐楼"在呈现、记录和建构香港这座城市之时，将这座城市传统的、需要传承的"港味"淋漓尽致地又回味了一番，那些逝去的、即将消弭的、不该被忘却的痕迹，又随着"唐楼"再一次被唤醒。我们说影片中的这种"港味"是怀旧、是追忆、是反思，我们也在"阅览"一座座"唐楼"的过程中感受到了香港人对于"我城"的那份情怀、那份自豪。

（作者：欧阳一菲，常州工学院艺术与设计学院讲师，博士）

---

① ［美］爱德华·索亚：《后大都市：城市和区域的批判性研究》，李钧译，上海教育出版社，2006年版，第51页。

台湾电影的后现代叙事文化

——对《天边一朵云》的解析

邱 察

绪 论

后现代书写扮演着进入不同于后现代论述领域的门槛，诸如后现代哲学、文化、美学、语言学和社会影像等，因此这些思维可充分具体化，真实地被引用于蔡明亮电影的文本分析中。然而在电影书籍和文章评论中，较少见到大量运用后现代叙事系统来解构其电影作品，往往只以后现代术语解释某种叙事情境，但未引用学者完整论述分析文本。于是笔者企图以此论文填补后现代书写与后现代电影间的间距，以《天边一朵云》为例，因其在跨文本间的互涉性、共构性上十分完整，并且将其内容和结构主义、现代叙事学做出强烈对比。因此，本论文只参考极少对此影片分析的数据，主要专注于以不同的后现代理论作为解构《天边一朵云》的分析论述。由此方法可推论出：(1)现代主义标榜的中产阶级智性生活已式微，其社会结构与价值已被疏离、荒谬、混乱的台湾当代生活所取代；(2)叙事语意的产制则是由缺乏逻克斯中心主义(logocentrism)①所诠释的自由符征建构，因此创造出前所未有的生活样貌与全新脱离本体论的无限差异性真实；(3)后现代文本僭越由现代范例所建构的立法性知识，进而发展出与一般认知断裂、无法相信、无法形容、改造与误用延展语意的内容观念；(4)叙事就是嫁接与创造跨文本结构体，借由融合与拼贴来自不同内容与形式的艺术表现，产制出瞬间的幻影，也就是超越现代乌托邦的后现代崇高性情境；(5)叙事结构是由组织分散，

---

① 逻克斯中心主义(logocentrism)，Derrida 描写逻克斯中心主义的意思为：由超凡符旨的欲求，所启动的一种存在的形而上学。原文："metaphysics of presence" that is motivated by a desire for a "transcendental signified."(Derrida, 1974)

跳脱各自故事原点的截断文体而成的后现代书写中的持续性现在式叙事；当它们互相连结时，并不会发展成情节完全静止的状态，因其不停歇地借由断然跳跃，接续融合截断式叙事，创造出不可分割的现时当下展现。

一、延异(deferring)"西瓜"的暂时性真实

结构主义中的语意组织元素是以根植于文化意旨与制约于历史记载所诠释的字群共同建构而成，因此也成为叙事语言在使用上的立法规范。另一方面，整个宇宙世界也视为在语意符号化下所组织而成的深远含义(significance)，因此为了建构出一个具有可再现(representable)和可理解(comprehensible)的意义和真实，这些符号必须被非常准确地解读。更进一步来说，这些符号结构的法则和规章已规定全部语意的构成要素，必须借由组织彼此间的相似性(resemblances)和亲缘性(affinities)再现其含义。这也就是全部带有相似意义的符号，总是聚集在一个和谐且纯粹的秩序下，以相似(similitude)为基础而通畅无碍的相互沟通和调整彼此。最后它们也需要一个识别标志(signature)命名和形容它们自己，因而成为辞典、文章、典籍与百科全书上的批注及观念叙述。这说明整个叙事体中的各组成元素间，以符合彼此相应的逻辑与合理性，也就是相似和同质的语意共构出一种再现性的可读式真实，能够描述与反映出现代社会里充满稳定与一致的真实性。

然而在后现代叙事的语境里，语意组织元素不需扮演一个仅仅储放在知识宝库中的一种表意符号，不用先确定其本身意思是否合乎常理且经学术范例化，也就是打破同构型(homogeneity)之叙事元素，后现代叙事企图共构出一个能明确合理诠释且逻辑有效证实，并与再现符合观念意旨上的真实。因此后现代语境中的表意单位极力扮演一个患有语意失忆症(amnesia)之空洞化符号的流放角色，并经由启动自己滑落于不同于本身的异质(heterogeneity)和远离符号指涉中心(ex-centric)的语意链间，在彼此不兼容的组合下，创造出不同的现时当下(different presents)。这也就是重写和推翻任何加诸语意元素上的既成知识及观念，进而组织陌生的彼此，在无前例可循的状况下，产制出惊奇的真实。这是一种不追求再现，却早已存在于彼时和那里的语境过程，也就是在一个永无止境的时间进展中，发明一种具复合性、暧昧不明的真实，也就是能够描述与反应后现代社会充满不确定性、暂时性与混乱性的真实。

于是承接以上所述之结构主义与后现代语言学的差异，就可分析《天边一朵云(Wayward Cloud，2005)》中的重要叙事主轴——西瓜，是如何在语意的建构过程中，连续创造出无法再现(unrepresentable)其本身原本固定意旨的一种神奇形成(becoming)。这说明后现代叙事已经超越了被分类和编辑于符号学中"逻克斯中心化"的定义(logocentric definitions)，诠释学①的推演范围(hermeneutical circle)和观念上的模拟(conceptual analogy)。这说明蔡明亮(1957—)解除西瓜在现代结构主义语言学上的束缚，使其成为自由的符征(signifier)，背叛它们原本被命名于符号上之诠释学含义。这是为了让它们自主地放空自己，将不同的自己与其他来自不同异质分类组织系统中的意涵，与其互相抵触矛盾的结构元素，进行彼此不兼容的融合，进而参与发明一种非再现、非可描绘，且意想不到的空前范例(unparalleled paradigm)。因此 Derrida(1930—2004)曾主张反身性的结构(reflexive structure)，让语意元素在不受任何语言学与诠释学的枷锁下，能言说和书写出超越本身被给予的符号指涉语意：

> 一个论述需在一个反身性的结构里言说它自己，因而开启创造性的开始。它不仅仅不制造符合自己或证明自己存在的叙述，且相反的要爆发出对于"言说"和"书写"自己的超越，也就是要创造出如同其他不同语意所能结构出的含义。这也就是说在对于保留自我痕迹(trace)的态度上，我将提出"自我反身性"(self-reflexivity)的价值来满足我自己②。

所以在《天边一朵云》片中的第一场戏里，一位穿着护士服，并带着颗西瓜的年轻女子(AV 女优，肉体的欲望展示者)和另一位在职业上成对比的年轻女子(湘琪，博物馆工作人员，人文与灵性的爱情展示者)非常快速的擦肩而过后，呈

---

① 诠释学(hermeneutics)，诠释学让我们称它为对整体的一种研习和技巧，其能使我们善于辨别符号所在，定义在什么组织情况下，它们而成为符号群，及知道它们是如何借由什么法则联结在一起。符号学：十六世纪时，将诠释学与符号学加于相似性的形式中。Foucault Michel，*The Order of Things*，*An Archaeology of The Human Sciences*. Routledge. New York and London，1991. P29. 原文：Hermeneutics let us call the totality of the learning and skills that enable one to distinguish the location of the sign, to define what constitutes them as signs, and to know how and by what laws they are linked, semiology: the sixteenth century superimposed hermeneutics and semiology in the form of similitude (Foucault, 1991: 29).

② Derrida, Jacques. Derek(ed). *Jacques Derrida*: *Acts Of Literature*, Routledge, 1992, pp. 317—318.

现出一种非常精彩，对于颠覆西瓜本质的创造性语意。而在第二场景中，非再现的产制出现，因为穿着护士服的女子竟突然地变成一位色情片女演员，而她的性器官也不可思议和荒谬地被一颗切成一半的西瓜所取代（西瓜被转换成阴道的副本，性愉悦的接收器，它正与异质性的扭动女体共构出色情片的激情演出）。在男演员（小康）用手指来回快速戳着这颗汁液飞溅的西瓜时，女演员也配合发出激情和诱人的呻吟声，然而在同场景接下来的镜头里，小康却转换成将一片大西瓜肆意地塞入女演员的嘴中，于是这西瓜又超越自己本质的意思，成为男子性器官的替代品。

另一方面，同时交叉进行解构西瓜的叙事运动，也在持续的发展中。湘琪正在观看电视中的一则报道，有一个活动吸引许多不同性别及跨年龄参赛者，忘情地投入吃西瓜比赛。然而在接下来的一系列互跨叙事的发展中，却不可置信地连接着小康与女演员激情的做爱，而此时的空西瓜壳，却在语意上转化成他戴在头上的帽子。在此同时，平行剧情进展中，湘琪仍旧依然故我地边喝西瓜汁，边看电视上的报道，因为干旱所导致的缺水危机将要发生，台湾水库的水位已降到其标准之下，而这新闻也做出未来一瓶矿泉水的价格将比一杯西瓜汁还贵的预测报道。

接下来的叙事发展里，色情片男演员使用卫生纸擦拭粘在身体上的西瓜子，然后将它丢放在洗脸台上，一个扮演天然垃圾桶的空西瓜壳中，由此可知西瓜的语意持续滑落。随后续接的场景里，女色情演员与其他拍摄人员一起搭电梯离开时，她却意外地惊惶大叫，并且脱去身上的衣物，因为一些蚂蚁被她身上的甜味所吸引进而爬满她的全身。

如上所述，在连续对西瓜所做的自我反身性的叙事里，它所代表的符号，不仅扮演着被播散到（disseminated）分歧而散乱的场域中，一颗欲求"受精"（insemination）的种子，而这种子也在这语意滑落的过程中，创造出它不同的、非再现的、不可描绘、与神奇的现时当下展现（the magic presence of the present）的意涵。Derrida对指涉性名词，在参与相对于本身不同的异质性叙事过程中，企图颠覆自己原有的一般与文化性的诠释，做出以下的论述：

并没有第一次的受精，因这精子是已经正在群集。于是，这最初的受精（primal insemination）也就是播散（dissemination）。一个痕迹也是一个已经失去先前所遗留痕迹的嫁接(graft)。所以,是否在什么一个情况下,才能被称作语言(论述、文本等等),或在什么一个情况下,播散一些真正的种子,也就是产制一个专有名词的诞生,而这也代表一个芽孢,一个芽孢也就是一个专有名词。这专有名词也就是原子元素,其借由分裂、嫁接、繁殖来产制相异的自己。所以它是一颗种子,而不是一个绝对的专有名词。①

换句话说,如果西瓜没有将自己扮演成一个不受诠释学上的事实(hermeneutical truth)所限定和制约的符号,拒绝亲身参与打破兼容一致的叙述结构和文法规则,与不让自己散播于一连串不相融(incongruent)的语意产制组织中,则无法让剧情进行下去,创造出没有重复"西瓜"这名词的一般语意。若真是如此,西瓜所反身重写自己的受精过程,这所有的性爱场景,必将再现为一个无需西瓜这异质结构元素加入的客观真实,也就是一般的色情片描述,而不是发明了一连串如下的后现代语言,所产制出惊奇多变的"当下性"(becoming-present):

  我们的语言总是进行着一种形成现时当下的运动:为了形成现时当下,一个在形成过程中的现时当下,这现时当下发生,一个以跃动生命力的言说为时态的书写活动的重复:一个自我要求的无痕迹的现时当下②。

这也就是说,如同这西瓜在《爱情万岁》(*Vive L'amour*,1994)中被转化成一个性幻想的客体、一颗自娱的保龄球,与一瓶滋润皮肤的保养液。西瓜在《天边一朵云》里也总是处于一种显现浮动化真实(destabilizing truth)的游移状态中,无意延续任何既定诠释下的思想资产再现。西瓜在后现代语意结构中,就是要创造出一种形成现时的当下,完全断裂在与自己不言自明的语意观念中,与许多不同于自己原始语意的符号结合,达成以现在式时态重写无法重复的自己。这也如同 Derrida 的描述:

  一个符合语意中心化的展现,从来就无法成为它自己,且将从它自己放逐到可取代它自己的替代品(substitute)里……于是它必须开始去思考一个

---

① Derrida Jacques. *Dissemination*. Barbara. University of Chicago Press,1981,p. 304.
② Derrida Jacques. *Dissemination*. Barbara. University of Chicago Press,1981,p. 310.

没有结构的语意中心,而这个中心绝对无法被建构为一个现时当下的存有(present-being)模式,因为这中心并不是一个自然形成的地点,也不是一个固定不移的所在地,而相反的是一种作用力(function),一种提供不受数量限制的符号替代(sign-substitutions)于此嬉戏的非中心所在地(nonlocus)[①]。

于是,虽然在性爱场景中,西瓜所代表的符号,已经失去了它作为一个水果应该展现出的本质,但是也因为如此,将空洞化的自己,与其他和本身无法归类成同构型的叙事元素,在异质性的互渗、融合,甚至彼此污染的状况下,创造出无法重复的语意,在符号去中心化的情况下,产制出不同现时的当下。这也就是说,从扮演西瓜取代品角色中(displacement)所引申出的女性器官、男性器官、帽子、垃圾桶,甚至扮演蚂蚁吸引物的一连串荒谬可笑的语意进展,代表着"西瓜"这一符号无约束地参与色情片演出,与演员荒谬互动,共构出不合语法的精彩过程:女演员阴道的润滑,被男演员手指戳瓜谬误替代。女演员口中溢满男生殖器精液,被塞满嘴的西瓜及其汁液所谬误替代。男演员在做爱抽动时,所戴的是西瓜所改造演化的帽子,以上种种皆增补(supplement)了情色叙事在本质上的戏谑性。小康擦拭身体因性爱所残留的秽物后,西瓜遂逾越其本质意涵,而变形成为空心垃圾桶,一种被改造为情欲遗物的接收器皿。AV女演员在演出后搭乘电梯时,因为西瓜汁——创造性情欲残留物的作祟,被蚂蚁叮咬而脱去衣物,还原成情色上被消费窥看的女体意旨。

另一方面,电视新闻展示出西瓜扮演的符号是属于现代文本,在它呈现以其起源相似性(genetic resemblance)为叙事延展基础的"本体论"[②]再现(ontological representation)。因为一场吃西瓜比赛和新鲜现打的西瓜汁,在结构语意上,仍以其固定的物质性含义为主,维持西瓜在本质分类上,为一水果的命名,也就是视其为一种需要被消耗和消费的农产品,传达在竞赛中的同质合理化意义产制过程,意旨正确的被人抢食与畅饮。更进一步来说,当这两条具体叙述西瓜的一系

---

① Derrida Jacques. *Writing and Difference*. Bass Alan university of Chicago Press, 1978, pp. 353—354.

② 本体论(ontology),是一种事物永恒存在的科学论述,它的目的是决定这些事物是什么,我们如何了解它们,明白它们是如何被分类为一些等级,而没有破坏它们在本质上的不同。George, R. (1870). *Ontology, or, Things Existing*. Kessinger. P1. 原文:Ontology is the science of things existing, of things existing permanently; and its object is to determine what these things are; how we com to know them; and into know few classes they may be divided without doing violence to their essential differences.

列故事线，在彼此交会时，这个互相共构出的文本（textuality），就已经成为后现代性融合现代文本结构的一种令人惊叹的后现代叙事。"西瓜"可以是后现代叙事中对情欲的直喻，也可以是解渴的现代意象下既甜蜜又便宜的水果。水对于人类来说不可或缺，但在缺乏水源的状况下，需要维持生命的时候，西瓜亦可变成可代替水的存活液体。这也说明人的身体又代表什么？是与西瓜融合下所产制出可消费情欲及推翻社会价值的载体，还是供给生命延续，以追求爱情的圣洁灵魂。

继续以上的观念，当干旱严重影响全台湾时，因为水的紧缺而带来人在生命维持下的恐慌与威胁，导致人类将自我存在感上的虚无，转换为对爱与情欲上的需求。就像许多西瓜无目标地漂流在河上，扮演着被放逐且象征在生理上止渴的水果，同时也是心理上抚慰情感的替代品。它们没有传达出起程点和未来离去的方向，就只是保持在自己不停歇的运动状态中，传递着社会所溢流的不同欲望，期待着某个有缘人能在与西瓜的互动中，创造出无法复制的范例（paradigm）与无法解释的"运作效能"（performativity）①，以西瓜作为补充其语意的崭新创作。换句话说，这就要产制属于西瓜的形成现时当下的片刻。

因此当湘琪在河上捡了颗西瓜，把它带回家后，她不仅愉悦地享受西瓜汁带来在物质上生命的延续，更不可思议地亲着它，就如同对待一张亲密爱人之脸的荒谬替代品，企图满足她在情感上的需求，同时沉浸在自己的性幻想中。这也代表着她借由现代的合理性（畅饮甜蜜的西瓜汁，以求得存活的安全感）与后现代的悖理荒谬性（亲吻光滑的西瓜，以求得对情欲渴望的需求感），以补足与替代她生命底层对纯粹情感的缺失，同时填补内心的孤独与寂寞。在另外的场景中，蔡明亮也依旧借着描述湘琪藏匿一颗西瓜于衣服内，而十分戏剧化地模仿一位即将临盆分娩的妇人，带有极特殊的诙谐效果，最后只见她大张着腿，脸部朝上地躺在楼梯间，极度夸张的痛苦呻吟着。

此处仍显示后现代叙事强调非合理的语意置换（腹中小孩被西瓜所替代），这也在荒谬中带着嬉戏的示意，一开始情欲所代表的西瓜，最后转化成爱的结晶。

---

① 关于运作效能（performativity），Lyotard叙述为：它取代了本质在互动的深思熟虑下所有的定义，于是它使玩家们不仅为他们计划的声明要采取责任，也要为了让他们提出这些声明的法则能够被接受而肩负责任。Lyotard, Jean-Francois. *The Postmodern Condition：A Report An Knowledge*. Fredric. Manchester University Press，1984，p.20. 原文：It replaces the definition of essences with the calculation of interactions; it makes "players" assume responsibility not only for the statements purpose, but also for the rules to which they submit those statements in order to render them acceptable.

湘琪借由自体的增殖(self-proliferation)，以西瓜藏匿在衣服里与痛苦分娩的状态连结，无需与其他外加叙事元素融合，仅仅由自体内部建构出，虽然遭受缺水的压迫，导致身心灵处于失调的孤寂状态下，然而情欲的渴望与获得，仍成为肉体与灵魂唯一的救赎。她会产下怎样的小孩？是不是仍处在肉体与灵魂分离状态下的孤独与无助，值得观者反思。而在小康方面，蔡明亮运用现代叙事的二元对立法(binary opposition)，使他不同于女主角般对于西瓜产生难以分析的爱恋感，相反的是以自身的范例，诠释出对西瓜这种水果的厌恶。因为这原本物质性的止渴语意元素，对他而言只是工作上的工具，一种生产经济价值的工具(自己因获得报酬而存活，性产业也因此获得延续发展)，但荒谬的是，他不是以一般合理叙事性的卖水果或新鲜现打果汁，而是在缺乏组织符号语意系统认知下，竟然视它为女性或男性之性器官，进而创造出一种以下叙述的精神分裂症语言(schizophrenic language)。

  Lacan 形容精神分裂症(schizophrenia)为一种语意链中的解体(breakdown in signifying chain)，也就是互相链接的语意句段系列组合下的符征，在结构其发声或表达语意时产生了破裂[①]。换句话说，如同精神分裂症语言是无法视西瓜为一种只能被饮用的多汁水果，也就是丧失了对对象本质与文化意涵做出正确辨识的能力，因而无法结构出合乎语法的语境。此语意链中的解体过程进行着去本质化，也就是切断西瓜原型样貌及观念化的意象，反而成为延展其等同、可模拟的指事会意语境。因此当湘琪递给小康甜蜜止渴及有着性暗示的西瓜汁时，他却偷偷倒掉，并装作已经愉悦地饮用完它。因为他无法如她般对西瓜产生任何美好的联想，西瓜只是让他失去身体自主权——所能表达纯粹情感行为语言的权利，而被迫与它互相配合创造出充满情欲的商业行为。这提供给观者消费的情色剧情，并不能让他在此虚设的情境中，得到肉体与心灵上的慰藉，反而彻底感觉虚无与疲惫。他的身体并不是由他所启动，且不需要对心爱的人借由肌肤碰撞、呻吟、喘息，建构出成为欲望主体的行为语言，而只是性商业体系中，在供与需的运作下，所扮演着被观看的欲望客体，因此他与西瓜互动下的运作效能，只是止住观者对情欲之渴，但非满足自己对情感的渴望。小康当然喝不下西瓜汁，虽然在虚构的世界里与它是如此的亲密，但他扮演的是观者欲望投射下的自己，却不是真

---

① Jameson, Fredric. *Postmodernism, or, The Cultural Logic of late Capitalism*. Duke University Press, 1991, p.26.

正能得到爱情滋润的自己。

西瓜将小康分裂为情色产业的制造者与渴望获得肉体及灵魂抚慰的无助者，在虚构的情欲世界，以身体交易换取自我经济价值的体现，但在真实缺水的情感世界，却以身体救赎来换取对爱情的恳求。这也说明在后现代叙事里，"西瓜"为了要创造出相异于自己且只属于自己的现时当下，其符号指涉组织，绝不是由一系列与自己本质有关的确定语意，所结构出之和谐组织（organism），也不是一个由一致性的语言结构系统（syntagmatic system）所制造出的相似与模拟的再现。"西瓜"应该从它被认知和命名的领域中，脱离出自己，而这代表着它本身的差异，Deleuze（1925—1995）曾如此描述：

> 在制造独一无二的效果中，差异（difference）停止有关于自己的反身指涉性（reflexive），并且成功地重获了一个在语意延展中，所必须彻底表明出的一种灾难似的（catastrophes）绝对真实观念。所以这也就是打破了在模拟结构（analogical structures）中，语意在序列相似性或在无法互相指涉的裂痕中，所产生的持续。于是为了建构这灾难似的语意差异，就必须停止自己是可反身指涉的。①

Derrida 对反身指涉性，标榜要超越原本自己在合理与逻辑延展上所再现的语意，Deleuze 反对的自我反身性，是指在同质语意结构下，所再现出一个可模拟自己原本意涵的延展。所以，西瓜的语意发明，与其在色情影片中，男女主角互动的过程中，再现于电视新闻所报道的西瓜活动，创造出与其被年轻女子从河中拾起后，所引发一连串转换为荒诞不经之替代物的叙事进行过程。然而，除了中间例子为典型的现代主义叙述结构外，其他西瓜们皆因扮演着被放逐于自由的游戏场域中，而成为不具任何语意，患有失忆症的符征，企图在完全不被制约的自我延展联想下，创造出灾难般、史无前例的妄想和荒谬的模拟叙事结构。

这也意味着，后现代叙事借由描绘剧中主要角色在不同情境中，在不受任何语意和文法结构的前提下，创造出与这奇异的水果"西瓜"所共同互动出的游戏过程。因此，"西瓜"变成了一个不受任何语意结构所拘束的符征，而仅仅是等着被

---

① Deleuze, Gilles. *Difference and Repetition*. Athlone Press, 1994, p. 35.

置放于一个制造无限差异性(infinite difference)不同现时当下展现过程里的各式意旨。

二、创造水的不同语境

不像在蔡明亮电影《河流》(*The River*, 1997)中，水，叙事化为一个带给男主角极度痛苦的物质，或在《洞》(*The Hole*, 1998)中，水，又重写为带给男女主角既惊恐、害怕但又快乐，具矛盾而无结构主义所强调二元对立下，一个强施致命苦恼于人，却又可平复忧郁、烦躁情绪的物质。在《天边一朵云》中，水，扮演着一个自我放逐，带有游牧性格，自由不受语法结构束缚的角色。它往往在语意建构之过程滑动中，增补它自己没经验过的暂时性语意(provisional meaning)。所以，水也化身成为被自己所包覆的一颗充满惊喜的种子，欲求在一种如同接受授精的过程里，创造出影片中无可取代的不同语意指涉。

《天边一朵云》影片开始时，水再现它透明、清澈、纯洁的本质，意象化人与人相处的环境就应该是一个美好的感情世界，这也如同人的周遭充满着水。水占人体的绝大部分，不仅仅在维持生命上需要水的摄取，水也象征着我们本有的充沛感情，原应不吝啬地与人分享或真正追求、享受爱情。然而在平时水源无缺时，在这后资本主义全球化的世界里，人们却因为彼此的疏离，而忘却身体中原本流动与循环着的美丽情感汁液，与四周环抱我们的清流水液，竟自感自体无爱，造成无念爱人、无人倾吐温暖的空虚感。只有在缺水的旱季里，人们才开始觉得珍贵而拼命寻找水源，这不仅是为了延续生命，也是为了寻找回纯洁的情感，给予、交流之爱与被爱，但在此时的后现代文明社会里，纯洁的心灵之水已极难寻获，因为它已被人心的隔阂所污染。因此博物馆所储存的水是用来冲洗人排泄于马桶的秽物，大楼顶层蓄水池之水，也被丑陋金属容器圈限在闭锁的空间里，就如同被人体所包覆的血液，因为人们的封闭心灵而无法自由流动，传递生命底蕴中爱的机能，进而成为腐朽、设限、无机的一潭死水，空有水的形体，却无水丰沛的流动力与生命力。

在 AV 拍摄的过程中，为了制造视觉上对腥膻情境的描述，一种为达成在加速、增温、驱动观者对欲望客体的投注下，直接促进在租售销路获得更大利润的生产价值目的，转而使污秽、肮脏装于保特瓶中的水，合理与逻辑性地被置换成演员在肉体厮杀，产制影像叙事消费过程中之催化剂——汗。然而在真正两情相悦下，性行为有无流汗并非重要，若自然流下，这也是身体与灵魂在纯自主性地运作，无商业意识前导的结合下，由逐渐温热体内所渗透出的情感体液，这不是水借由参与虚构剧情、模拟真实情境下所产制的外表行为语言，就能取代这"汗"所象征的真实情感水液。

除了产制水的暂时性语意，表达其超越符号学束缚下的丰富差异性指涉，蔡明亮更将其存在于时间排列中的叙事类型与空间本质，非根据现代主义美学——注重整体表现一致性与环境场域拟真性，转而采取前卫艺术与后现代叙事结构思维，将其异质融合化与变形改造（transformation）。于是蓄水塔原本存在于干旱时期，所表现的储存珍贵水资源的原始本质，已被分解并再建构为一个大浴缸，并经由接受来自不同异质类形文本（genre-text）参与组织成后现代叙事，进而使其语意能在创造出无限差异性指涉的过程中滑落，最后也因此发明了独一无二的空间幻影（spatial simulacrum）。这如同 Derrida 所写：

> 我所称作的类型定律中的定律（the law of the law of genre）。其实也就是一个不折不扣的污染原理，不纯净定律，寄生依赖节约结构（a parasitical economy）①。

因此小康潜入和先前相同的空间"一座大蓄水塔"后，他从原先借由水的原始本质，洗涤在虚构世界因扮演施予肉体之爱的职业角色，所残留在身体上的污物与疲惫，直接跳过时空合理续接的缝隙接轨，刹那间转化为长着鱼鳍和鳞片的人鱼，由此进入另一个类型的梦幻叙事世界，借以救赎在现实环境中残破的自己。这变换的过程中，是以无任何填补由写实转换成超现实叙事文本的裂缝，所必需仰赖的中介联结镜头作为铺陈，也就是没有明确地告知此转换的叙事类型是由谁的心灵活动所触发，其所代表的是种梦或幻觉。这也意味着蔡明亮完美地运用后现代叙事结构，将电影叙事时间序列直接具象化为一种与直线因果叙事断裂的瞬间当下展现。另一方面，当他转化成人鱼时，这叙事的形式与内容也突然逾越了文本分类的藩篱，变换成缓缓吟唱梦幻时刻的歌舞剧，将歌唱的表演艺术寄生附着于原本写实影像的叙事上。"水"也变成了心灵药汤，让他这条鱼享受脱离被消

---

① Derek Attridge (ed). Derrida, Jacques. *Acts Of Literature*. Routledge, 1992, p.227.

费的情爱，静静地在回归真我下，无忌地释放纯洁的情感。"水"不仅仅滋润他干渴的身体，还有日渐枯竭的内心。

在这市场经济消费的供应链上，小康选择借由原始性本能将肉体与灵魂的分离，转化自己成为性生产的劳动工具。因此为了生存，身体与灵魂都可以被不同形式贩卖，它的崇高性也被情欲横流所淹没，当处在人情冷漠的疏离社会中，要如何解决因为心灵缺水所带来的致命干渴，是自然产生的两情相悦的爱情，或只是肉体所驱动的互相取暖、各取所需的欲望。于是小康在这心灵之池的舞台中，以歌舞展现出他内心世界的独白，此时已无人能敞开彼此的心门，了解对方的希冀，唯有透过冷漠的现实世界才能实现这迷梦。于是他开始用歌声与水中舞技表达出他的寂寞，并且希望美丽的月光能倾听从他内心深处所传递出的话语，这也就是他对内心孤独的排解与对纯洁爱情的渴望。

借由前卫艺术(avant-gardes work of art)理论分析和解构这两种异质表现形式，所结构的组合文本(写实、超写实间的融合与瞬间转换)，就可得知这精彩巧妙的复合式语境，绝非一种具有条理性、组织性的艺术(organic art)，因为此场景的叙事，是由来自不同本质分类的组合部分，借着自主性的联结，进而在不相容的交织中，创造出令人惊讶的美学效果和迷梦。换句话说，这种异质混合体(heterogeneous hybrid)是远离现代艺术学的命名及归类，因其组织无法经由整体结构来理解，而整体意义也无法借由解读组织中的部分来诠释，所以，这非条理组织(nonorganic)的电影叙事结构，已经超越了分类写实、超现实之间形式与内容之疆界，进而建构出后现代叙事所强调的——非单一整体性的效果。在这非条理组织性的结构中，每一个组合元素皆各自独立，互不隶属，不附属于整体下，只选择远离任何前导思想，共同参与进行发明这瞬间的现时当下(momentary present)。这种非条理组织性艺术的要旨被Burger如此描述：

> 大凡条理组织性艺术类型所接受的基本先决条件，皆为一种在各别组织部分与整体表意之间，所建立不可彼此违背，并互相适合一致的假设。然而这已经成立的先决条件，往往是被非条理组织性艺术作品(nonorganic work)所拒绝。于是这种事实也完全地用来定义非条理组织性与条理组织性艺术间所展现的绝对差异性。这也就是说，整体结构中的部分已将他们自己从高居

上级的整体中(superordinate whole)解放出来①。

另一方面,当小康被改造变形为一条人鱼时,这电影叙事空间仍停留在原先的场域,一个巨大的蓄水塔,但是现时当下的它,已经被后现代叙事重新改变其形体与原始本质——装置性游泳池。这也就是借由融合更多异质性叙事化元素于原始文本,而将存在于过去及那里的前导记忆,内化为新的现时当下所呈现出来的意涵。因此这公寓顶楼的大池子被环绕的整个空间,挂在竿子上的几串灯泡装饰,将这空间本质变形和变质(metamorphose)成为一个梦土,也就是借由肆意的分离、再建构这先前的空间——将原本传递出真实疏离与惊慌无助的灾难干旱之地,幻化为后现代的心灵暂时避难所。事实上,这一个崭新的空间也就是一个新的后现代化下的全球空间(global space),展现着违反及超越它本身过去的历史,颠覆对其本质认知下,拒绝对未来做出相关的语意连结诠释,进而创造出一个史无前例,并且无法复制的一种空间现时当下的纯粹经验(a pure experience of a spatial present)。这从未发生的创造性经验,也不是再现经验,而是建构出一种后现代崇高庄严性的情境(postmodernist sublime),其也在 Jameson(1934—)于以下空间化(spatialization)的论述中所写道:

> 我们现在必须完全证实和确定,这整个绝对非道德,且使这原本新全球空间感到沮丧的原因,就是来自于后现代主义的真实瞬间("moment of truth" of postmodernism)。然而这被称为所谓的后现代崇高庄严性情境(postmodernist "sublime")也仅是一种瞬间,而其所制造的内容亦已经转变为极明确的将意识由最深层中移到表面,而成为了一种具一致性与全然自主性的新类型空间②。

比较这两种原始与被改造转化的空间过程中,即可得知,虽然它们的外在相似性依然存在,但内部的语意却已被彻底转换为新的空间叙事体。因此蓄水塔也只是一个提供为个人素材的场域,而让寄生于其上的不同异质语意组织,转换其

---

① Burger, Peter. *Theory of the Avant-Garde*. Jochen. Manchester University Press, 1984, p.80.
② Jameson, Fredric. *Postmodernism, or, The Cultural Logic of late Capitalism*. Duke University Press, 1991, p.49.

本质产制出当下的瞬间意义。这也就是经由建构异质的新文本材料于原始空间，进而转化成空间的现时当下（spatial present）里的暂时幻想（provisional fantasy）。这绝不是以现代后设语言为本，而冀求再现空间历史档案中双亲的相似性（parental similitude）。因此，借由镶嵌这全新的时间性（temporality）于空间里的变形改造化（spatialization），创造出瞬间的幻影，将孤独的小康从真实生活的苦楚里，救赎出来的一种后现代崇高庄严性的情境。

三、以文本互换（reciprocating）创造后现代的空间观

在莲池潭及春秋阁的场景里，一个绝妙而似是而非的叙事体，经由联结"嘉年华化的裁剪文学"（carnivalized incised literature）①，也就是融合一种舞蹈化的戏剧表演于历史记忆空间中，所创造出的当下惊奇。这亦是一种将表演艺术展现的异质形式与内容，融入原始空间既成意象语言中，共构出彼此不兼容的渗透过程。以空间化来说，虽然在这潭区里全部的既有素材，早已传达出存在于那里和过去所深植的旅游与历史价值的语境，但这吟唱及舞蹈所展现的极乐（extreme euphoria）情绪氛围，却颠覆及改造了这空间原本给予的指涉语意。这也就是借由转换原本就存在那里的文化符号，而产制出一个只展现这里和此时（here and now）瞬间真实包覆下的后现代空间，一种企图铭刻只属于私有创造性时空的现时当下（temporal and spatial present）。

另一方面，在这舞蹈化的戏剧表演里，虽然两位女主角（湘琪和AV台湾女演员）与一群拿着西瓜图案阳伞的年轻女孩，于潭区著名的景点旁又唱又跳，然而在其他场戏里，这寂寞孤单的湘琪必须借由转化西瓜为非物质的对象，一种性幻想的符号代替品（a sign-displacement）来满足她对爱情的渴望，AV片台湾女演员在缺水期间也需要其他工作人员将水泼在她身上，以成为一种汗的替代品，丰富其执行性场面的演出。因此虽然她们在电影中写实叙事的剧情生活里不曾遇见

---

① 关于嘉年华化文学（carnivalized literature），McHale 曾写道：传统官方文学的类型是文体上的同构型，而嘉年华化文学却是异质性和明目张胆的无礼；因其融合交织不同类型和语域。嘉年华化文学借由所插入的不同类型文本，以求中止文本本体论的法则。McHale, Brian. *Postmodernist Fiction*. Cambridge University Press, 1987, p.172. 原文：Where the traditional genres of official literature are stylistically homogeneous, carnivalized literature is heterogeneous and flagrantly indecorous; interweaving disparate styles and registers… carnivalized literature interrupts the text's ontological horizon with a multiplicity of inserted genres.

彼此,并总是苦闷地面对孤独的自己,但在莲池潭这个地方,蔡明亮以欢乐的嘉年华歌舞方式,让她们完全地将自己由寂寞的生命中解放出来。于是他安排她们兴高采烈地与其他欢愉的女孩子,共同演唱出她们的歌唱和舞蹈,而这表演也在没考虑叙事逻辑、文本形式与内容的一致性下,进而发展出瞬间的惊奇。换句话说,这也是让具有游牧性格的符征(nomadic signifiers)——"西瓜"和"水",自由地将自己与其他不同分类的结构元素,在这游戏场(play ground)——莲池潭这个地方,进行着只存在于这里和此时的异质共构联结,创造出一种难以置信的互文本间性(intertextuality)的范例(前之写实叙事类型与后之歌舞类型的结合)。并且在这两种主要符征的语意——"西瓜"和"水",仍旧在分歧的叙事结构中滑动着,如同在阳伞上的西瓜图案,其语意已被延异为——随着愉悦的歌声和舞蹈,在桥及春秋阁上左右摇摆下的一个快乐符号。"水"的语意亦被延异为愉快的流经莲池潭桥下的水波,相应桥上众人正享受在甜美的旋律中,只萦绕在这里和此时的欢乐活动。这语意的延异持续性,就如同 Derrida 的描述:

> 每一件事情皆以再制作为开始。然而这总已经存在于那里:一个语意的储藏库是绝无法产制现时当下,因为语意符旨的展现(signified presences)必须是由延异(defer)所产生①。

换句话说,这个绝妙而出人意料的文本互换(textual interchange),一个借由拆除本体性藩篱(ontological boundary)而移植任何一种类型叙事素材至其他异质性类型文本(hetero genre-text)的创作,就是将每一个已经存在的文本,重新和非兼容性、非条理性、非组织性共同建构成一种后现代的叙事体,进而产制出新文本的无限宽广性(infinity),Hutcheon(1947—)对其有如下的解释:

> 后现代互文本间性,强行挑战封闭及单一的中心化语意。它所欲求和倡导的为所欲为的暂时性(provisionality),基本上是大致根植于其对先前分歧而差异的文本,进行着不可避免的文本互相渗透交融(textual infiltration)的接受性。而这典型矛盾的后现代艺术的互文本间性,实提供且又损毁了文

---

① Derrida, Jacques. *Writing and Difference*. Alan University of Chicago Press, 1978, p. 266.

本。在文生·雷其的术语里(Vincent Leitch's terms):互文本间性为语言及文本标明与建立了无中心的历史围栏及极度去中心的基础法则……然而这在自相矛盾下所建构出的互文本间性,亦提供了解放决定论(liberating determinism)的思维。①

因此承接以上的互文本叙事,就可进一步地解构出在故宫博物院的场景里(前之写实叙事类型与后之歌舞类型的异质结合),所代表的不仅是借由不相融艺术文本的联结,让剧中人物以梦幻的歌舞表演形式,将自己从原本真实的苦闷与孤独生活中解放出来,更借由湘琪、台湾AV女演员与其他女子,创造出此地与此时之欢乐氛围,抹去此空间原本留存的符号指示性集体记忆。这就是经由链接异质叙事元素于故宫园区的忘情演出,一并擦拭掉所有赋予连结过去与那时的历史深远意涵,发明出一种史无前例的暂时性真实(provisionality),其如以下空间化(spatialization)所述:

> 空间化(spatialization),接下来其无论如何,将极可能会自我剥夺掉原本自己具有在思维时间及历史上的能力。这也等同是打开一扇门,迎接一个对全新的乌托邦,与甚至于对初期政治形态驱动下的本能欲望所投入的新领域。②

深入运用此空间化(spatialization)的思维,解析故宫博物院前广场,所建构出全新的乌托邦场域语境,即可传达出当湘琪环抱蒋介石高耸雕像的大腿,并对他唱着情歌时,这歌舞演出不仅颠覆了此空间原本建立的历史特殊意义,并且由她类似色诱这位带有神格化领导人的动作中,进而重新改造此空间所建构出的社会文化意涵,产制出令人惊叹的诙谐讽刺效果(camp effect)。

于是以历史图腾而论,过去曾统治台湾大约三十年的蒋介石,其雕像所代表的意义也深深烙印在一些台湾人的心中,成为一个不朽精神的象征。然而,基于合理化统治台湾,并完成与现实脱节的反攻大陆之政治神话,他已经被名过其实

---

① Hutcheon, Linda. *A Poetics of Postmodernism: History, Theory, Fiction.* Routledge, 1988, p. 127.
② Jameson, Fredric. *Postmodernism, or, The Cultural Logic of late Capitalism.* Duke University Press, 1991, p. 160.

地塑造为一个保卫台湾和解救中国的形象符号。因此蔡明亮借由描述年轻女子企图引诱这一历史人物,进而清除所有对他所产生的一般两极化的认知及集体记忆。换句话说,这也是为了将"蒋总统"转化为平常人物,且重新塑造其既定于官方历史记载的形象,因而讽刺其凭借高压不容异己的政治意识形态,建构出自己父权独裁专制下的崇高历史地位。当所有美丽女子聚集故宫广场,围绕这雄伟雕像唱着轻快的情歌时,此非再现过去的现在式叙事已经变形,并且改造成为后现代乌托邦场域,也代表着铭刻于此的固有文化记忆空间上的历史痕迹(trace)同时已被涂抹掉。这个后现代乌托邦场域也曾被Jameson如此描述:

> 乌托邦场域(utopian space)是自外于市场动力,其可特征化为在必需性和结构上的"不纯粹"(impure),其也是一种无限的"增补"(infinite supplementarity)。于是其不曾懂得"完成"或"满足"的意义,并且以自己为本的画出不同的分身(draws all kinds of within itself)。然而对于这另类的非市场空间所产制出其他任何虚幻之梦的名字,当然也就是借由本身所产制出的暂时惊奇来命名。[1]

于是从后现代空间场域论述切入,这是一个与其原生诠释文本彻底决裂,并且借由增补新的语意,所发明出的绮丽之梦与惊奇幻影。这创造幻影的过程也就是将这由历史文化与社会建构所符号化的真实空间(中华文化收藏宝库前广场),转化为一个嘉年华化的游戏场(carnivalized play ground),也就是充满多义性的乌托邦场域。换句话说,蔡明亮已经净空了此空间的本体意义,并且在这前导知识概念化的社会文化影像上,建筑了一座梦的花园,创造出无法再现的空间现时当下。

除了上述的后现代空间语境外,湘琪与众女子也借由歌舞与"蒋总统"雕像的互动中,产制出诙谐与充满社会省思的叙事文本,于是由剧情中的一首《爱的开始》为例,达成跨文本间性的互涉性、共构性,并和结构主义和现代叙事学做强烈对比,着实呈现出湘琪对爱情的渴求、憧憬与表白,以及与小康陷入爱河的喜悦心情。同时也显现在此非逻辑合理的后现代叙事里,她借由心灵意识的带领,

---

[1] Jameson, Fredric. *Postmodernism, or, The Cultural Logic of late Capitalism*. Duke University Press, 1991, p.202.

脱离缺水与冷漠的现实生活,乍然潜入这一美丽的梦想世界,进而直接的在这独立的嵌入时空中,将她内心的爱情独白与"蒋总统"倾诉,好像讽刺他在历史上所留下的丰富情史、与政治有关的恋爱和结婚纪录,且质问他到底懂不懂爱情。

另一方面,透过解构与分析众年轻女子环抱"蒋总统"大腿,颠覆政治人物既定意象的画面,得知政治、权力与性,皆为亘古不变之人性符号——永续传递的具象表现。随着人类文明的诞生,"性"不仅是用来延续生命,也伴随着政治与权力的掌控,进行着双重欲望的实践与分配,最后借由征服与统治,让政治版图的扩增带来掳获女体的机运与实力,进而改变世界的历史。于是"性"也演变成追逐权力下一种伴随肉体的资源享受,促使对权力与感情欲望的追求,共构成不顾理性与道德约束下的自我意志贯彻("蒋总统"不同时间的婚姻记录,乃随其政治权力版图的扩张而递变)。此外,在后资本主义社会里,"性"也与消费力结合,情色因而变成无法规避与掌控的欲望,溢流出纯洁的肉与灵结合,着实摧毁人的道德价值与感情观。这无法杜绝接触情欲入口的管道,正因无远弗届的媒体传播形式,充斥于市场经济的每个角落,已超越法律能防止的范围,所以,美女环抱"蒋总统"大腿的意象语言,并不是现代叙事单义性表达出对纯纯爱情的渴望,与孤独个体希冀温暖及爱的抚慰,而是提供一条探索的道路,思考在解严时代,单一与独裁的社会政治环境中,青春的爱情是如何的样貌?人与人之间是否有未被物质化的诚挚关心?婚姻外的情欲猎取与舒张出口隐藏于何处?所以"蒋总统"高耸的微笑雕像,似乎在暗示:不同的文化背景上,一种传统压抑与后现代全球开放化的不同社会生活景象,他或许也在窃笑,抱着我大腿的你们,流血奋斗所争取充分发挥自由意志的生活,岂是如此的苦闷与疏离?还不如回到我统治你们时的纯真戒严时代。

四、景框与断裂时空:后现代的拼贴城市

除了湘琪,其他的主要演员(日本 AV 女优,台湾 AV 女优及小康),皆一开始即被角色化地描述于拍摄 AV 的后设过程中,当演员们的演出动作被拍摄于影带时,另一台隐藏的电影摄影机并无借由取代其位置,而再现或再产制经由电子摄影机所捕捉到的画面。换句话说,从此机所拍摄的影像不是一种中介质,不作为提供给电影摄影机采取主动支配与再产制的材料,因为色情 AV 的产制是由居于内景框核心的工作人员,使用电子摄影机所拍摄,而电影摄影机只是不现身的

待在外景框，如同是电影的旁观角色，一部以第三人称，带引我们的眼睛来观看一部淫秽片是如何影像结构化的过程，而不是一部由电影摄影机，以我的人称视野所陈述的色情片。

这也就是说，蔡明亮借由后设思维中强调的创作者，拍摄过程与完成品之间的连结关系，打破电影摄影机欲操纵及参与产制，由中介传递工具所提供的原始素材。因此，其无显示任何在电子摄影机景框中，所实际拍摄的原始淫秽素材，而只是直接呈现隐藏在影像后之电影摄影机所客观记录的色情片拍摄过程。看不见的电影摄影机所呈现的影像，表明拒绝担任一种参与设计的角色，仅选择以直接观点，立即传达正在这里和此时进展的色情片拍摄故事。因此，虽然AV拍摄的内容被《天边一朵云》这部电影所包覆，但是没有任何影像是从电视摄影机的主观视点的景框中展现出来，进而使这些色情的情节分不清是经由何种机器所录制，观者是在欣赏色情AV或是电影本身的情节，或是直接记录于电影文本中的色情片叙事过程与内容。换句话说，在内部色情片的产制过程与外部的记录器，与电影本身并没有一道明显的分界线，因为他们已经无缝融结在一起，并且告诉我们在《天边一朵云》中的重要部分，就是拍摄一部色情AV的过程与内容。

于是，借此后设思想不仅强化本片的真实性，艺术和色情影片的分界线已被抹去，而它们的叙事元素也经由彼此渗透与交融的共构后，成为后现代叙事文本。这说明在影片中很多情节皆组织成混合体，一种惊奇的包覆文体（wrapper）及充满多义性的互文本间性具体呈现。关于包覆文体，Jameson也有如下叙述：

> 一种文本仅仅被另一种所包覆，并带有似是而非的效果。而第一要点，其只是一个书写的样本，短文或例证的句子，从它自己的文本断裂出的片段或时刻，而转变成明确的自主和一种自己有权决定自己的组织……这新的论述需辛苦地运作于同化最初文本（之前称为文学），而成为它自己的材料，跨符码化（transcoding）它的元素，强调全部的共鸣和模拟。[①]

另外，在色情AV扮演角色的演员也常跨越拍摄现场的情欲世界，在一种料想不到的包覆文体中与外在的另一超写实世界交往接触。他们被蔡明亮设计在一

[①] Jameson, Fredric. *Postmodernism, or, The Cultural Logic of late Capitalism*. Duke University Press, 1991, p.103.

个奇幻的空间,一个插入而跳脱因果逻辑链接的非现实世界中,不靠任何中介叙事影像的转折铺陈,直接进入由原本写实叙事所转换成为虚幻歌舞表现的文本。诸如其中一位 AV 女演员在脱离原叙事内容形式与空间后,即突然在剧情延续中角色化为与其他表演者又唱又跳于空旷诡异空间的蜘蛛女。虽然西方现代主义电影有如下的基本叙事形式特征,作为对传统情节结构的否定叙述:

> 西方现代主义电影主张以非理性的直觉、本能和下意识,来体现作者的自我。因此,他们不把情节作为电影的基本结构,而是采用了适宜于非理性的主观想象,可以任意跳跃的非情节和非结构的模式。其中包括两种基本倾向不同的影片:一种是以直接记录生活的流动,所谓纯客观的生活流;另一种则是以直接表现意识流动,所谓纯主观的意识流。……所谓非理性的意识是指一种不清醒状态的意识活动,如梦、幻觉都是。①

但是在现代主义电影理论中所谓的自由叙事结构,也只是兼具人物之外在与内心活动的交错描述,在对生活外表面向所进行的纯客观记录,转换到回忆、幻觉或梦境所呈现的主观性意识底层的描述。它需要通过展现人物在先前心理状态情境下,进入到所召唤的意识世界,而不是在无任何因果预示下,作为非线性的跳接。况且,这些歌舞表演并不是通过触动某人意识所召唤的回忆、幻觉或梦境,而是蔡明亮在主观上给予众多在现实生活中苦闷的角色,一个能在超然独立时空中,透过歌舞形式抒发出自己苦闷的情感。这说明现代电影在由写实情境描写衔接到意识幻想时,在时间与空间影像的叙事转换上,需要具有剧中人物在剧情中因接收到某种触媒,进而由当下意识串接起对于过去与未来的一种具因果连结的心灵状态描述,而不是无逻辑性地插入一段崭新而无法与整体叙事脉络相承接的时空与人物展演。

另外,就影像叙事的内容与形式而言,现代主义电影在客观生活与主观意识流的相融影像描述上,主张剧情可复杂,但是在形式类型上须有一致性,无法接受由一般写实叙事剧情描述与独立歌舞演出所共构成的复合相异叙事体。这拼贴相融的影像叙事与前述时空断裂的独自进行于 Deleuze 所谓的第三时间里,进而

---

① 张觉明:《实用剧本写作》,扬智出版社,2013 年,第 165—166 页。

成为如下的第三时间影像：

> 这第三(the third)专注于一系列的时间，它以一种形成(becoming)将之前与之后相连结在一起，而不是分开它们。它的似是而非的论点是在于提出一种在时间运动本身所持久的间隔。这第三时间影像(becoming)以非直接再现打破时间直线叙事，但也粉碎时间在实际经验上的延续，时间顺序的接续，时间在之前与之后的裂解。①

因此，在承接此断裂时空叙事的论述，如同蜘蛛女通过唱着《同情心》的拼贴情节，形成线性叙事时间中的裂缝，这在故事前后顺序排列经验法则外，不是以个人存在意识所描述的幻觉形态，于当下形成了断裂时空语境。这通过后现代叙事结构之复合艺术类型结合的第三影像，颠覆了现代叙事在表现类型与内容所强调的整体一致性，转而以歌声和肢体语言表达内心的苦闷，以及对物欲社会的控诉。其中一段歌词为"我没有钱，我有一颗心，谁叫我没有钱，我只有卖灵魂"。这不仅是表达自己的无奈，且是对资本全球化社会的批判与审问。当人们竭尽心力地追求满足物质欲望与经济发展，为个人人生与国家进步指数实践目标时，人的灵魂还有何价值？在市场消费经济的强力宰制下，人在竞争中求生存，为了延续生命，必要时也不得不出卖灵魂。每个人受着物欲社会的压榨，也唯有依靠物质才能感觉自己的存在，但也因此沦落为物的奴隶与猎捕的对象，人的理性价值变得荡然无存。然而从事 AV 拍摄工作的她，肉体不再是神圣纯洁的象征，在自由意志受到生存的威胁下，转而不得不成为消费市场的劳动工具，不断重复不具情感之性驱动下的经济产值活动，一种丧失灵魂的工作。她的肉体成为后现代生活中，跨国与远距计算机视讯传递的情欲投射，以及在市场供需的运作下，摆在商业展示架上的消费品。因此她的身体被物化，成为与灵魂分离的谋生工具，但她却也借由身体来获得消费能力并延续生命，观赏者也借由消费其身体而获得视觉感官上的愉悦。若她不出卖身体，她要如何生存，若不出卖由灵魂主导的心理活动，没有借由外部动作实践存活的行动目的，在以消费求存的法则天平上，又能秤出多少价值？这也就说明，这份性产业工作，正可辩证肉体与灵魂间的关系

---

① Deleuze, Gilles. *Cinema 2: The Time-Image*. Hugh and Robert, Galeta. Athlone Press, 1989, p. 155.

为何？

延伸如上论述，在不同景框与嵌入线性时空中的断裂时空叙事，所展现出情色产业制作与蜘蛛女自我剖白，可以扩展说明二十一世纪全球化之后，资本主义社会下的台湾，女体借由无远弗届的云端影音传播，在城市充斥的商业展示场所内，投入普及化的感官情欲的市场经济供需活动。这也使传统儒家文化所深耕民众行为的道德准绳崩离，虽然经由政府及民间一再倡导，但也无法解决道德式微的社会问题。在西方多元及自由主义的浸润下，转往在不受思想法则监督，具备隐秘性的私领域里，以匿名性的身份兀自欣赏这消费性的女体。石计生也对此后现代女体如此论述：

> 关于身体的暴露与贩卖（如援助交际、槟榔西施、普渡钢管秀、菜篮族卖淫等）都被视为是不道德的，反社会的。显然，那些在号称什么都可以的后现代社会消费中的儒家伦理法则，仍然透过国家、社会、习俗、舆论与家庭传统以社会关系的网络支配着人们日常生活的观看视野，大家相信，这样社会秩序才得以维持。因此关于身体的表现，虽然是新时代精神，其掩藏在华服之下真实的风貌与情欲，却必须以偷窥的方式来表现。①

另一方面，小康也曾穿着套装，以歌舞剧形式表演于一山间小径，这说明此包覆文体突然的跳脱故事前后因果串连的发展，与他先前的色情AV拍摄内容断裂，转而成为一种自由串接而成，具有独立时空延展性的截断式非写实的表演艺术，可以丝毫无顾虑它是来自于一个奇幻、不具真实，与非具因果逻辑的后现代拼贴性时空叙事体。然而，也只有打破现代艺术所标榜的叙事结构，方可将小康在脱离现实环境后以一首《奇妙的约会》唱出他与湘琪间爱情的萌芽，以及对此感情的渴望与却步。他以纯情非物化的女性身体，采用了男女性别置换的方式，用曼妙歌舞幽默性地展现出自己的喜悦。小康形塑化为女子，也是一种借由自我性别的改造，表达出亵渎女体的赎罪与对女体在真正内心上的定位，传递着后现代非单义性的多重解释。他不再如现实生活里，为了延续生命，只能视女体为共同谋生的工具，将彼此的灵魂卖给消费市场。有性无爱的女体，虽每次诱使他汗水

---

① 石计生：《禁忌的游戏，谈后悲情城市中的〈天边一朵云〉》，载《历史月刊》，2005年5月号。

淋漓地投入这肉体厮杀碰撞与体液交换的亲密行为，但目的只是求取温饱，让明天仍然能吞吐于世界。然而，在虚幻时空中，性别倒置换穿女装后，小康变身成为灵肉合一的女子，自主地表达出对爱情的追求，而不再只是被消费与扮演着被男性窥视的欲望个体。或许，小康扮演的是湘琪于真实生活中对爱的主动展示，而湘琪代表的是在现实世界中的他，自惭于职业上出卖肉体与灵魂的行为，因而不敢奢想与她共谱恋曲的被动，这就是后现代叙事体的内容呈现，提供多条通往真实的入口，非唯一探求真理之路。

《天边一朵云》不仅是以后现代叙事中的拼贴时空，产制出多重所指(multiple signifiers)的后现代语境，对于整个干旱所侵扰的城市，导致人与人互动消失于社会关系中的地理称谓，迫使大家匿名生活于人际网络中，被真空化的空间坐标名字，皆无法经由连贯性叙事内容，准确标示出故事具有发生于何地的识别性。另外，在时间上，也无法判读此故事是发生于何年何月，只知道是在闹水荒的某一年代，因此在片中，影像流动的空间并无具体呈现这座城市的位置，只看见台北故宫博物院、高雄左营区莲池潭、高雄爱河的景观。在剧中角色们的写实生活场域，并无任何标示性的地点可以判断出此地为何城市，演员之间的对谈也没有透露地理位置，然而，唯有在跳接断裂独立时空中的地景时，才可判断出其地理位置分别为台北与高雄，但台北与高雄以现代电影叙事而论，它们与主要角色之间并无任何在身世背景上的关联，因此形成一种在情节推论上的障碍。但是，就是跳脱出以演员身世背景建构出的线性链接叙事空间，蔡明亮才能以后现代超越理性逻辑的思维，将原本分属台湾南北的城市，在缺乏剧情因果的联系上，拼贴在一起，使之成为一种在实际地图上找不到的梦幻城市。实际上，这是一个后现代创造性城市——高雄台北或台北高雄，虽两者相隔数百公里之远，但共同构成互相包覆的都会区，让被现实生活所折磨的剧中人物，在这被增补新异质符号的后现代叙事语境中——无边界的复合性城市里，获得解脱与救赎。

进一步解析这故事场域，蔡明亮并没有被所谓的现代电影剧本所规范，故事事件需要发生于可辨识城市的观念，剧中人物的活动需要进行在剧情因果的续接上延展出的所在地与空间（一个由官方所区划出的具有一定边界的城市）。因为台湾任何的行政区域来说，皆可借由注入新叙事元素而颠覆城市既有的地景语汇，进而转变成后现代乌托邦空间，一种可无限增补新语意于所有地图所列的行政区域，不受任何既成的事实诠释，可以完全独立于过去到现在，成为由现在朝向未来之真实叙事时间外的空间，这空间也脱离出城市被给予的记载描述，也无需官方印记来命名自己。换言之，台湾对蔡明亮而言，是跳脱出官方论述，多重所指之变形改造空间所建构而成，它的组织元素不是具有一定疆界的城市，而是没有距离与间隔的不同梦幻场域。

总结以上论述，包覆文体是一种真实叙事时间与空间的联结（色情 AV 制作过程与电影同步拍摄），与断裂时空（插入的舞蹈类型剧）所共构而成的后现代拼贴叙事。后者涂抹掉过往痕迹（在色情片拍摄情形与真实的日常生活），跳脱出因果相连的直线叙事结构，进而独立建构与过去时空、历史绝缘的后现代截断文体，将自己的空间当下性，延展于割裂时序下的持续，进而创造出后现代的瞬间真实，更以此短暂的欢愉做自我救赎，在这无须辨识时间的无名城市里。

五、抹除虚构和真实之分界

湘琪在偶然的际遇下与小康相见于一座小公园，于是她开始与存在于 AV 片中的人物接触，也就是开始在真实生活与截断式独立时空中的角色们相遇。前者，她与小康相恋，非借由温柔细致的言语传情，只凭着不受物质宰制的亲密身体语言，递送彼此的爱意。小康也似乎让自己的躯体开始找到灵魂，不再只是追求生存的生产工具，然而，湘琪于地下室激情拥吻小康时，起先他很融入于压抑许久的情感宣泄活动里，但在最后被拉下拉链，进入性的关卡时，他却畏缩退却了。这是小康自惭于工作上，必须以例行公事的营生态度，面对此时将由爱情的追求，深化到体液的交流，故而不愿糟蹋她的身体。另一方面，也说明性爱过程对他而言，仅只是执行赚钱的一道方程式，他不熟悉由精神层面进入到肉体与灵魂结合的飘然感受，于是小康未完成这爱的温存，只能在夜里独自睡在纯白无瑕的棉被中，看着天花板上出现的蓝底洁白的天边一朵云，这是一朵不真实的云，象征着他一颗孤独寂寞的心。

在自然界里，云总是意象自由、漂泊、孤独，在无边际的天空中，无目的地四处浮游，彼此也仿如往来的过客，不受安排地悄然邂逅彼此。天空就是人生，云就是人，在这无法预知的世界里，人生永远存在，如云的人们总是在不经意间悠然擦肩或偶然相遇。小康就是如此脸露茫然地凝视着天花板上的那两朵云，一朵是湘琪，一朵是具有纯洁身体的他，内心渴望那两朵云的相遇。但是，若真实相遇，彼此能有更深的理解吗？她不曾真正造访过他以身体当谋生工具的情欲世界,他又将如何面对她于 AV 拍片的空间场域?当两朵云真实相遇后,是悄然飘移至不同的方向,或是在情感交流下,互融为天边的一朵云,在天空中朝向共同的方向缓缓飘移?这令小康更迷惘了。由他产制出的内心苦闷与孤独心灵投射,不是对过往威权统治的政治压迫,而是对后现代富足的台湾社会中,情欲横流与人际关系的疏离情感,导致出他对爱情的缺乏认知。同时,这也反映出,在走出悲情宏观的国族认同与人权上对自由言论的戕害后,台湾又面临着全球化、后资本主义宰制下,对自我感到虚无与不安的微观幽暗意识。针对这部分,Meiling 有如下描述:

> 蔡明亮电影描述现今台湾富裕社会中,文化规范不再清晰下的生活与荒谬性。蔡的电影是由虚无主义与自我强加疏离下的迷惘不知所措所标示,人物性格被描写为丧失沟通能力。不像早期悲情的再现,蔡所呈现的缺乏交流与沟通与可识别的政治压迫无关,但与潜意识及本能有关。[①]

片中继续以这疏离生活为叙事肌理,两朵云不经意地从相遇进展到残酷的相知,湘琪最后也因此被蔡明亮带到一个真实的色情影片制作过程。但就在他们还没在 AV 拍摄现场见面时,蔡明亮特别安排某日,她非常意外地借阅了一部由小康和日本 AV 女优所共同演出的色情片。当看到播放影像时,湘琪极惊讶地发现到他们,尤其是其中那位失去知觉躺在电梯里,之后被她拖回家的日本女 AV 演员。这也就是说,在这个人造的世界,一个虚构而精彩绝伦的空间,经由她内化的过程,正与她真实的世界进行联系。这存在于影带内的色情片文本,一个经再造而转换成的商品,在以电视屏幕为中介物质,其内在所展现的复制性真实,已被叙事化为诱惑湘琪远离她真实生活的一种无法触摸的幻影。于是这被施予魔法的视觉影像,似乎是催眠她进入一个可以自由编织奇异幻想的虚构世界,将自己安置于一个创造性联想的情境中。这就如 Baudrillard(1929—2007)论述:

> 媒体对我们来说,这个影像媒介已经将自己强加于真实与虚幻想象之间,而借着拥有自己一套逻辑性的致命性(fatality),以求错乱存在于此二者

---

① Sheldon H, Lu and Emilie Yueh-Yu Yeh, (eds) *Chinese-Language Film*. University of Hawaii Press, 2005, p.79.

之间的平衡性①。

于是,这情欲影像创造出一个巨大幻影,它充满着叙事的写实性,但本质上仍只是个虚构的幻影。这也就是说,虽然这做爱场景呈现了一对男女发生性关系的事实,然而他们全部的动作早已被叙事化,同时经过后制的加工处理,这也意味着发生于洞窟内的柏拉图幻影(Plato's simulacrum)中的再现真实已经完全消失。因为它已经被无阻碍的循环回路中、无限制再制作的过程所取代,并以此产生出新的意义,制造出一个如同"布什亚幻影"(Baudrillard's simulacrum)②中比真实事实还要真实的幻影。更进一步来说,不像在《河流》(The River,1999)中,在家里及男友房中看色情片的母亲,蔡明亮最后以他的法术,迷惑与带领湘琪远离这个产品,也就是媒介所产制的幻影,并诱使她亲身参与这 AV 的制作过程。换句话说,借由描述她到访色情片拍摄地点,进而将一个虚构和真实的世界紧紧无缝地连结在一起。

于是,在最后剧情中,安排湘琪意外地帮拍片的工作人员,一起搬动她事先在 AV 片中所见过和曾待在她家中的日本 AV 女优到一间公寓房间中(制造幻影的所在地)。然而,虽然这名演员仍是昏睡着,但是她立即被工作人员置放于正在进行的制作过程中,因此,她是两腿大张与脸朝上躺在床上,而这男色情片演员(小康)也立刻与她发生性关系。在此同时,湘琪如同一位被动旁观者,站在公寓房间外圆形木制方格窗棂后面,观赏这正在进行的情节,在刚开始时,只有演员们在这色情影片中演出,但就像种子一般,渐渐地从虚构的叙事过程中播散出去,进而与湘琪的真实生活交织着。于是,她开始转变为主动与这正在进行中的色情片,忘情而互相牵动着,当她看到男友扮演成 AV 男优正和一位失去知觉的女子做爱时,她被震慑住了!因为,她所看到的是一个正在创造真实影像的运动,而不是之前电视屏幕所制造出介于虚幻与真实间,使其神往着迷的幻影。

之后,当小康知道湘琪正站在外面看着他时,他转为愈来愈激情投入演出这

---

① Baudrillard, Jean. *The Evil Demon of Images and The Procession of Simulacra*. In Docherty, Thomas(ed), Postmodernism, A Reader. Cambridge University Press, 1993, pp.194—195.

② 关于布什亚幻影(Baudrillard's simulacrum),Mike Gane 认为第二顺序的幻影是大量的再制作;第三顺序为折中的大众媒体(超真实)再现和仿制技术。原文:The second (simulacra) is the order of mass reproduction; the third compromises mass media (hyprreal) representation and simulation techniques (Mike, 2000).

性爱场景，再加上，日本 AV 女优仍旧不动也不出声地任凭身体不自主晃动，这情景当下，受到情境催化的湘琪突然开始为无知觉的日本女演员与她自己，配合小康的性爱动作下，发出忘情而投入的呻吟声。换句话说，虽然湘琪仍旧站在拍摄场景之外，但她先前所采取的被动观察者角色，在无法预知的叙事发展中，已经转换成一位加入持续进行意义制造过程(a continuous process of meaning—production)的主动参与者。Barthes(1915—1980)曾经如此写过：

> 文学作品的目标是欲使读者不要再成为一位消费者，而要做个文本的制作者。然而，我们的文学却是经由文学制约，以求特征化地保持存在于文本制造者和用户之间，文本拥有者和消费者之间，以及文本作者和读者之间所设下的无情分野①。

然而实际上，以上所言的读者仅仅是由获得重写文本意义的诠释自主权中，进而享受重生的喜悦，但是文本本身不曾被改变，这也就是说，蔡明亮已增补与改造此论述，进而让观察者湘琪，成为一位建构这情欲文本的制造者。于是，当湘琪持续为这失去知觉的日本色情片女优，忘我发出投入的激情呻吟声，欲使这非原始的声音与小康动作达成一致性的搭配，她也更进一步地借由参与，实际地改写这叙事文本，而绝非仅是一位事后获得诠释权的旁观者。因此，当湘琪帮日本色情片女优配音时，就像是发生于录音室中的制造幻影，但吊诡的是，她正看着眼前所进行的现场，实时性地进行配音，因此她狂野的呻吟声已转变成想要捕捉与改变的真实所创造出的纯粹现时当下展现(the pure presence of the present)，而绝非是借由观赏产品的过程，为一部近乎完成的色情片进行后期配音工作。

换句话说，这是一个绝佳的幻影制造，因为湘琪是同步且即兴地为这正在进行中的真实影像，提供她的情欲之声。于是，这在现时当下所进行的配音过程，已经推翻与改写配音一直只存在于后制作的基本认知概念。相反的，现场即兴式的录音可同步与现时当下的影像制作进行完美配合，也就是将配音改造成在现场出席参与的产制语意元素，使其(湘琪爱的呻吟声)能精彩绝伦地嫁接来自不同本源的叙事素材(现场 AV 片拍摄过程)，进而建构出共同进行的现在式叙事运动。

---

① Miller, trans. *The Pleasure Of the Text* (*Barthes, R.*). Hill and Wang of New York: the United States of America Press, 1975, p.4.

接下来,当她呻吟声愈来愈大时,这所产生无法抗拒的催化剂,也导致小康加快在情欲上的表演动作,就在最后将要射精时,小康突然拔出生殖器,跑到分割内外空间的木制方格窗,突兀而粗鲁地将它塞进湘琪的嘴里,并仍保持这运动中的交媾动作直到射精,也为此影片写下了仍在进行中的句点。这也意味着经由小康的射精,使这原本划分为两部分的世界结合在一起,同时更促使湘琪出乎意料地亲身接触与面对这残酷的真实,甚至在最后非自愿地扮演结束本片的角色。因此,以上一系列的后现代叙事语境,打破原本结构主义,在二元对立的分类下,以一种嬉戏式的视觉语言活动,建构出湘琪由最初 AV 片屏幕观赏者身份,跨越成为拍片现场的目击者。色情片制作过程中,原本事后的配音工作,也由湘琪现场同步献声制作所取代,原本提供给后制配音参考配合的小康性爱动作影片,跨越转变成为控制小康抽放动作的湘琪前导呻吟声,原本拍片现场隐身献声参与 AV 制作的湘琪,最后转变成直接现身参与拍摄的演员。这种打破前导观念法则(制约语意建构)的发明性叙事,如 Lyotard(1924—1998)主张:

  这未必意味为了赢得什么而嬉戏。一种行动(move)可以为了其发明所带来的完全喜悦而产制:有什么其他是有关于由一般语言与文学,所着手造成之语言侵扰下的劳力运作?最大的喜悦是来自于语意、词语、词组与术语的无尽发明,一种在个人言语(parole)层次上,进展于语言进化之外的过程。然而毫无疑问地,这种愉悦甚至是借由胜过一位对手,至少一位难对付的对手,也就是已接受的语言为代价的成功感[①]。

因此蔡明亮以自己个人发明性的言语,借由后现代叙事的影像行动结构,在一场语言游戏过程中,颠覆了内/外、旁观/主观、局外者/参与者、制作中/后制、结束/开始的分野模拟,与其配音在影视制作上的术语解释。这也就是以一种玩家的叙事架构,打破了既成知识所立法的观念,进而产制出令人惊讶与非复制的新真实。

接近此片结束时,小康射精后,湘琪仍将其生殖器含在嘴里,而同时摄影机仍持续转动着,并没有被导演大声喊"Cut"而停止其运动,这也变成一个精彩绝

---

① Bennington, & Massumi, trans. *The Postmodern Condition: A Report An Knowledge* (*Lyotard, J.*). the United Kingdom: Manchester University Press, 1984, p.10.

妙的后现代叙事结局，一种结束导引另一个开始而成为的结束，一个仍在行进中的句点。换句话说《天边一朵云》(Wayward Cloud)从不曾停止于一个仍在进展的过程中，它是被拍摄于影带，或是电影中，或是在二者里成为一个互相包覆的文体。

结　论

以上探讨不同后现代论述（由多元后现代叙事所引申，从语言轨迹至后结构及后现代文化与情境）皆显示出语意指涉具有任意符号所链接创造出的无限差异性，并不是一条由逻辑和科学为本的语词群组织系统，一步步结构出通往明确与稳定的预设目的与结果的通路，而是一种永不歇息的意义产制过程。在后现代的叙事时间中，事件的连结是缺少因果链的完整呈现，始终看不到其发展的开始与经过，进而呈现一个断裂的突发事件，与另一个不见发展原点的偶发事件相连，因此保持这叙事永远处于现在式的进行状态（无法预知未来和连结过去）。后现代文化的空间场域论述并不是在现代主义后设的基础上，强调再现历史记忆中仿真真实显影的过程，而是在非历史性的颠覆空间场域上，由原始文化符号所指事会意的语境联想，进而创造出前所未有的暂时性空间改造化，这也就是一种后现代的崇高情境展现。后现代艺术在元素结构上，并不肯定现代主义所注重的内部逻辑性和整体统一性的完整，而是强调异质性与复合性的语意组合，借由来自不同艺术种类与形式的链接元素，在互不隶属的情况下，不和谐地共构及参与创造这无法解释的结构语意，这也是一种暧昧不明和多义性的语意。后现代文本并不是如神学般，只提供一条通往真理之路，只视读者为消费者，相反的，在其文本里，时常提供千条通往可任意重写，没有唯一解答和诠释的道路，也就是视读者为产制者(producer)，一起参与创造文本的意义。

最后，笔者利用不同的后现代论述所提供的方法论，对《天边一朵云》做这方面的探究，也可视为一种创造性的互文性理论共享，一个后现代叙事与电影的评论。

（作者：邱察，博士，东莞理工学院文学与传媒学院传媒系讲师）

城市化生存的"负审美"困境
——基于中国大陆城市移民电影的一种考察

艾志杰

阿诺德·柏林特（Arnold Berleant）首次提出"负审美"（negative aesthetic）概念，他认为"负审美就是个人感觉完全由负面价值所支配"[①]。换言之，当审美主体在日常生活中感受到了某些让人不安的、精神压抑的甚至是产生极度痛苦的体验，"负审美"困境随即出现。他进一步将"负审美"细分为审美损伤（aesthetic damage）、审美侵害（aesthetic offence）、审美剥夺（aesthetic deprivation）、审美疼痛（aesthetic pain）和审美暴行（aesthetic outrage）等。

结合阿诺德·柏林特的研究成果，笔者把城市移民在城市化生存中所面临的"负审美"困境归结为"被剥夺"的审美权利、"非正常"的审美知觉以及"单向度"的审美思维等三种形式，并以城市移民电影进行影像化考察，探究城市移民群体的当代困境及其背后的文化症候。在以往的城市文化研究中，我们总是认为移民群体处于底层空间，他们所遭遇的不过是一些生存困境。然而，他们也是有主体审美意识的独立个体，在当今这个时代，个体的幸福已远远超过了吃饱喝足的最低要求，尊严、自由和梦想才是永恒的追求。于是，城市移民电影便有意识地关注到了城市移民群体审美化生存的问题。借助这些电影文本，笔者试图探究城市移民群体在城市化生存中所面临的"负审美"困境的表现形式、造成这些审美困境的内在动因以及城市审美化发展的有效路径。

一、"被剥夺"的审美权利困境

审美是一个关于主体感官体验、思维形式和心理需求的抽象概念，它以一种

---

① Arnold Berleant. Sensibility and Sense——The Aesthetic Transformation of The Human World. Exeter, Imprint Academic, 2010. pp.159-160.

内在的驱动力建构着审美主体的社会实践和认知方式。每个人都有追求美、欣赏美、拥有美的权利和需要，这即是"审美权利"（aesthetic right），因此城市移民群体也理所应当地享有审美权利。"在都市化生存成为普遍性生存模式的前提下，审美权利成为一个被提上日程的重要问题。"①对于城市移民群体而言，他们在向城市靠拢的过程中，除了寻求基本的物质需求外，还应该获得作为审美主体的人所享有的审美权利。

令人遗憾的是，移民群体的审美权利在很多时候都是被压抑、被无视的。这在城市移民电影中就造成了两种主要的困境，第一是视觉、听觉等表层审美感官的"被剥夺"，这种"剥夺"往往是无形的、不被主体所意识到的，在电影中的表达也较为隐晦。"小时代"系列中林林总总的反光材料制品即是对视觉审美的侵害，水晶杯、玻璃房子和电子显示屏等不同的光源刺激着人们的视网膜，使审美主体分不清细腻与粗糙，看不明真实与虚幻。"时代姐妹花"在满是暖光的天台上歌颂地久天长的友谊，她们为五光十色的上海夜景举杯共饮，却忽略了各自心中灰色的渴望，所以才屡次为观众奉上误会重重的"撕扯大戏"。《泥鳅也是鱼》（2005）中的泥鳅住在一处待拆迁的破房子中，这处房子北靠公路，西挨铁道，夫妻俩的家常、孩子们的笑声，混合着汽车、警车和火车的鸣笛声，一片嘈杂。家庭空间本该是一个安静的场所，可生活在底层的"泥鳅们"却不得不承受噪音的暴力侵犯，他们无处可逃，只能慢慢习惯那些强烈的声波，并随之成为他们生活的一部分。"刺耳的声音，有害的空气，过度的光线刺激，拥挤的人群都导致审美和身体的双重损伤（aesthetically as well as physically damaging）。"②城市移民电影所能揭示的审美感官上的权利困境是非常有限的，但是在现实的城市化生存中，城市主体所遭受的"剥夺"是全方位的。"人们在审美时，不能只局限于'观看绘画的眼睛'和'欣赏音乐的耳朵'这些传统的审美感官，还有味觉系统、触觉系统乃至皮下组织的各种被视为具有功利品格的感官也都参与其中，承担了审美的重任。"③因此，城市对移民群体审美权利的剥夺不仅仅是视觉和听觉，更包括嗅觉、触觉和味觉等在内的综合感官体验。

---

① 徐碧辉：《都市化语境下的审美需要、审美剥夺和审美权利》，载《探索与争鸣》，2018年第9期。
② Arnold Berleant. Sensibility and Sense——The Aesthetic Transformation of The Human World. Exeter，Imprint Academic，2010. pp. 162—163.
③ ［美］阿诺德·柏林特：《环境与艺术：环境美学的多为视角》，重庆出版社，2007年版，第3页。

第二是深层次的审美需要的"被剥夺",这种"剥夺"则是比较明显的,容易通过故事内容和镜头语言予以呈现。滕华涛执导的《等风来》(2003)在一定意义上即讲述了一个不断寻找自我和尊严的故事,程雨蒙装高贵、改名字、争取意大利之行,都是为了获得别人的尊重,可最后她发现"自欺欺人"一直遮蔽着"有尊严地活着",大城市带给她更多的是限制和不公。《美丽新世界》(2000)中的宝根为了一套中奖的房子来到上海,这是他的梦想和希望,可房子差点被房产公司骗走,自己则寄人篱下,受到金芳的冷嘲热讽。尽管电影用一种平衡叙事让宝根获得了审美需要,但是现实中的千千万万个"宝根"呢?他们何时能在这"美丽新世界"中获得一席之地?答案不得而知。对于个体来说,追求自我、尊严和梦想,都是人的本能,也是其审美权利的体现。马克思曾经希望每个人都能实现自由、全面的发展,但就目前来看,人的审美化存在和审美权利的实现仍然面临着诸多困境。

我们可以用两种独特的现象来深入讨论种种"审美权利困境"的根源,一种是16世纪维系英国等级制度的"抑奢法"(Sumptuary Law),另一种是生活在马里亚纳海沟的"斯威瑞拟狮子鱼"(Pseudoliparis Swirei)。英国的一系列"抑奢法"要求按照经济收入来控制人们的穿着打扮和审美方式,王室、子爵、嘉德骑士、平民和仆人等不同阶层的人,其穿着必须与权力、收入的高低相匹配,特别是底层民众,不能穿戴金银制品,只能穿普通服饰。服饰上的严格区分目的是宣示等级制度的不容僭越,如何穿衣打扮本来是每个个体都该享受的审美权利,但是这却成了地位的象征。"每个社会都有其支配性的话语,它们占据了宰制和压抑其他话语的优势地位。"①城市移民群体虽然并未受到如此严格的话语限制,但是城市生活中不可控的"贫富差距"问题却把他们困在金字塔的底层,现实困境不容许他们获得更多的审美权利。面对高房价,《路过未来》(2017)中的杨耀婷连"把父母接到深圳一起住"的愿望也不能实现,无法获得"阖家团圆"的审美需要。尽管耀婷要比阿耐笔下为哥哥买房的樊胜美幸运得多,但她们所影射的不就是大部分城市工薪阶层的悲哀吗?更有甚者还得为本该属于自己的薪酬劳碌奔波,《不许抢劫》(2009)中的杨树根和村里的青壮年投奔建筑工地负责人王奎,任劳任怨地工作,王奎却故意拖欠工资。对于民工来说,他们的审美需要更容易被剥夺、被遮蔽。彼时的英国堂而皇之地约束人们的生活方式,此时的城市则无形之中剥夺着移民

---

① 周宪:《审美论回归之路》,载《文艺研究》,2016年第1期。

群体的审美权利,城市移民电影揭示的正是城市的种种不利于移民群体发展的客观条件成为了审美权力困境的外部原因。

再看存活于海底八千米极限处的"斯威瑞拟狮子鱼",这种鱼在高压强和无阳光的深海环境中进化出了特殊的细胞组织,它们的身型较为纤弱,以小虾、有孔虫类和甲壳纲动物等更微小的生物为食。它们就像躲进了一个舒适圈,那里非但没有大型生物的攻击,反而有丰富的微生物,它们也因此成为食物链顶端的"缥缈狮子鱼"。城市移民群体不也和狮子鱼一样吗?高压、孤独、羸弱,生活在城市的最底层,我们在《北京你好》(2005)、《所有梦想都开花》(2009)和《奋斗》(2010)等影片中看到太多勤勤恳恳、激流勇进的"奋斗者"形象了,他们试图在大城市中闯出一片天,成为佼佼者。但事实上,更多的人选择了安于现状,《十七岁的单车》(2001)中的阿贵坚守在平凡的快递员岗位上,《大腕小保姆》(2005)中的樱花即使受到田大明女友的排挤仍然做好本职工作,《我是路人甲》(2015)中的群众演员们甘心在没名没姓的角色中摸爬滚打。像狮子鱼安身于深海一样,或许移民群体并不认为生活在底层是痛苦的,反而有着"井水不犯河水"的自得其乐;或许他们只对实实在在的物质生活有基本的需求,而对诗意、绚烂、艺术化的精致生活不感兴趣。城市移民电影恰恰在这个问题上做了一些思考,城市移民群体对自身审美权利的无视或主动放弃促成了他们审美困境的产生。

因此,在城市移民电影中,移民群体所面临的审美权利困境主要是由城市固有的等级秩序和主体自身的审美差异两个主客观原因所共同作用的结果。然而,此类电影对于"怎么脱离审美权利困境"的思考是不够的,尽管也有像《和你在一起》这样的电影让农村少年刘小春实现了拉小提琴的梦想,获得了更高层次的艺术审美权利,但是绝大多数主人公都深陷审美权利困境之中不能自拔。而如何通过影像方式来探讨审美主体的自主性、审美权利的普适性以及城市化生存方式的发展路径,这些也许是创作者未来需要考虑的问题。

二、"非正常"的审美知觉困境

我们现在所谈论的"美"已经不再局限于高雅艺术范畴之内,"今天的审美/艺术活动更多地发生在城市广场、购物中心、超级市场、街心花园以及社区花坛等与其他社会活动没有严格界限的社会空间与生活场所。"[①]因此,处于社会底层的

---

① 金元浦:《别了,蛋糕上的酥皮——寻找当下审美性、文学性变革问题的答案》,载《文艺争鸣》,2003年第6期。

移民群体也不再是与审美毫无瓜葛的城市主体，相反，只要他们生活在城市之中，就必然会被城市的日常生活唤起潜在的审美能力。

然而，当审美主体自身的审美能力受到损伤，致使他们越来越缺乏心灵诉求和高雅旨趣的时候，他们在城市中所面临的种种"非正常"的审美知觉困境便开始显现，拥挤的交通、粗俗的语言以及污染的空气包围着他们。这在城市移民电影中主要表现为两种"负审美"状态：一种是因城市经历和高压生活所形成的"审美扭曲"，另一种则是因审美的"被扭曲""被破坏"所导致的"审美伤害"。前者侧重于描摹城市移民群体在长期追求"出人头地"的城市空间中，逐渐失去正常的审美感受力，对美与丑、善与恶的判断能力日渐消弭，主要是一种价值观的扭曲。比如《等风来》中的程雨蒙、《致我们终将逝去的青春》中的黎维娟，都展示了她们对于城市上流空间的偏执与以"奢华"为荣的审美情趣，揭示的是一种"美丑不辨"的集体无意识心理。电影《等风来》中的第一个空间便是高档的西餐厅，美食专栏编辑程雨蒙用苛刻的美食言论和流利的美式英语指责餐厅的服务不到位，以此向身边的"白富美"们证明她的时尚品位。而她们所谈论的换玛莎拉蒂、开餐厅等话题却与程雨蒙格格不入，她能做的也就只有花三百块租一小时车撑撑场面。西餐厅即是一个小型的城市社会，程雨蒙的审美扭曲心理则是当代城市移民群体尤其是大学毕业后留在大城市的青年人的普遍状态。

后者则倾向于表现城市对移民群体审美心理的伤害，尤其是情感伤害。当移民群体习惯于反光材质的玻璃建筑、高低有别的城市秩序与愈演愈烈的消费文化所带来的"城市感"时，实际上已然在城市化生存模式中受到全面伤害，即便这些审美伤害都是不易察觉的，但也始终与城市移民群体形影不离。《后来的我们》（2018）中，见清和小晓居住在狭小的群租房里，并随时面临着搬家的风险，在令人窒息的城市牢笼中，见清看不到爱情的美好，也听不到小晓内心的渴望，他一度以为买个大房子就能取悦小晓，殊不知他那审美扭曲的自我幻想不仅伤害了自己，而且也伤害了小晓。影片中有个长镜头很有意思：从见清和小晓的出租房开始逐渐拉远，镜头中出现许多像他们一样亮着灯的房间，最后整座楼房都成为黑夜中孤独的存在。这样的出租屋在城市移民电影中还有很多，《工地上的女人》（2004）、《爱拼北京》（2013）和《北漂合伙人》（2014）中的主人公所居住的空间都是最为直观的例证，那些被"非正常"的审美感知所包围的"漂泊者"正在接受并习惯城市所带给他们的种种审美伤害，从此扭曲形似正常，卑微成为常态。

在以上两种审美感知困境中，城市移民群体逐渐从追求梦想的"自为"幸福状态沦落为阿世媚俗的"所谓"幸福状态，他们的感知空间在以一种列项消除的方式重塑着种种"非正常"的审美形态，他们所生存的城市则变成了个体审美知觉的破坏者和终结者。实际上，除了承担建构人物精神困境和现实矛盾的叙事功能之外，城市移民电影中的审美知觉困境还指向关于城市发展"可持续"的某种悖论。从空间形态来看，城市发展是城市景观不断积聚与城市人口日益增加所带来的综合效应，是特定历史时期下经济政治文化共同作用的产物。城市的可持续发展则是在此基础上所形成的经济、教育和医疗等方面的平衡发展，最重要的是这其中也包含人的可持续发展。但是我们在城市移民群体身上却很难看到这样的"可持续"，《苹果》(2007)中安坤为了讹诈赔偿金而对妻子"被强奸"一事置之不理，《观音山》(2011)中南风、丁波等人因高考失利而失去受教育的机会，游荡在成都的街头，《路过未来》(2017)中耀婷即使花光所有的积蓄也仍旧受着肝病的困扰，他们或在利益驱动下产生审美扭曲，或在规则体制下远离审美教育，或在劳碌奔波中承受审美损伤。令人吊诡的是，在城市可持续发展的同时，他们的身体和心灵都遭受着不同程度的审美知觉困境，而并没有实现自身螺旋式上升的可持续发展。换言之，城市的可持续发展与人的可持续发展存在着某种程度上的不对等关系。而城市的根本是人的自我发展，只有拥有强烈主体意识和自我创造能力的审美主体，才能创造更多有价值的审美活动。城市移民电影所要阐明的辩证思考正在于此，程雨蒙在一场异国之旅中重新找回了她的审美价值，正视自己改名字的事实，充分认识到拥抱自己远远比奉承别人来得更具幸福感；林见清在小晓离开之后才恍然顿悟，只要两个人相爱，即便是用别人丢弃的红沙发，也能装扮出新房的味道。可见，通过城市移民群体"走出"审美知觉困境的影像叙事，创作者试图用镜头来凸显审美主体在重获审美感知过程中所做的不懈努力，以此实现城市中人的自我发展与主体超越，从而为真正意义上的城市"可持续"发展提供指示性的路径。

从城市化进程中的迁徙和流动情况来看，城市规划者的鸿鹄之志和城市移民群体的审美感知之间的矛盾可能是影响城市发展最重要的问题之一，前者对工业城市、智慧城市和互联网城市等特色概念情有独钟，而后者却并未从中获得审美满足与切身利益。晓航在其科幻长篇《游戏是不能忘记的》中对城市的发展提出了这样的见解："一个可持续发展的城市，必须是一个平衡的世界，既拥有好人所秉持的道德，又拥有大多数人所渴望的利益。"①城市的可持续发展必然离不开城中人尤其是移民群体审美感知的满足，两者是相辅相成的，所以只有打破"非正常"的审美知觉困境，移民群体才能真正成为城市空间的一部分，这将是城市移民电影建构人物精神弧光的内在逻辑之一。

三、"单向度"的审美思维困境

赫伯特·马尔库塞（Herbert Marcuse）曾经以西方工业社会为例阐述了极权主义通过政治、文化和意识形态等手段否定对立派别、维护统治阶层的社会现状，人们在权威体系下逐渐形成单向度的文化观，整个社会则趋于"唯权唯上"的单向度社会（one-dimensional society）。"因此便出现了一种单向度的思维和行为模式，在这一模式中，凡是超越既定话语和行为领域的观念、愿望和目标，要么受到排斥要么就是退化到这一领域。"②这种"单向度"的思维模式成为大多数移民群体不得不面临的困境之一，在高度工业化、科技化、现代化的城市之中，他们逐渐失去质疑性、思辨性、创造性的勇气和能力，转而陷入奴役性、机械性、排他性的逻辑怪圈。在城市移民电影中，创作者试图从繁花似锦、纸醉金迷的城市空间之中揭露审美主体"单向度"的审美思维困境。

就 20 世纪 90 年代以来中国的城市化实践而言，一方面是城市用琳琅满目的商品和充满科技感的氛围制造着一种幻觉，即城市能够同时满足人们的物质需要和审美需要，这就促使移民群体铆足了劲加入城市，成为城市的一分子；另一方面是他们希望通过努力摆脱"底层人"的身份标签，却在城市生活中陷入种种符号性的象征交换之中，一步步沦为物质的奴隶。

所以新世纪以来城市移民电影阐明了两种关于移民群体的审美思维困境：

其一是以"符号"为审美需要，由权力、资本和想象所构成的意识形态场域与工业化侵染的"城市景观"，无疑成为多数城市移民群体的内在诉求。一套时尚的衣服、一份体面的工作、一处专属的房子，他们追随着城市体制中所谓的"标配"，并以之为"幸福"的等价物。"情人节出售的心形巧克力和充满'爱意'的鲜艳包装盒，其视觉上的'爱情效应'已经转移或者说淹没了巧克力本身的存在：人们

---

① 晓航：《游戏是不能忘记的》，北京十月文艺出版社，2018 年版，第 391 页。
② Herbert Marcuse. *One-Dimensional Man-Studies in the Ideology of Advanced Industrial Society*. Boston：Beacon Press，1991. p. 12.

消费的已不再是巧克力本身，而是巧克力的视觉形式及其感受满足。"①不幸的是，这样的"爱情巧克力"已经被《后来的我们》证明是毫无价值的符号消费，见清试图给小晓买个大房子，用大房子来包装他们的爱情，他以为这就是小晓想要的，殊不知小晓只需要见清的陪伴。说到底，见清爱的并不一定是小晓，他只是需要一个拼搏的理由，他爱的是居高临下的"傲视感"以及金钱、权力傍身的"存在感"。如果说《后来的我们》展示的是物质符号对爱情的置换，那么《你是哪里人》则是物质符号与婚姻的交换。前者只是略有遗憾，而后者则显得极其悲哀。《你是哪里人》中的晨毕业后留在了北京，在北京一路奋斗，有房有车，还解决了北京户口，才和北京女孩珊结了婚。但是珊从心底里看不起晨，不仅否定晨的能力和素养，而且还拒绝和晨生儿育女。如果当初晨不以"娶北京姑娘"为审美需要，或许他会活得更有幸福感。由此而言，这些电影给我们的现实启迪昭然若揭：在物欲横流的城市空间中，如果移民群体继续盲目地追求消费文化所带来的满足感，迎合金钱、权力和利益最优化的城市规则，那么他们将失去对客观世界本质的判断，最终成为商品拜物教的附庸。

其二是以"假象"为审美需要，城市移民群体从农村来到城市，他们以为自己所做的自由选择就意味着获得了真正的自由，他们以为城市所提供的消费、娱乐和安定就是他们真正的诉求，而具有永恒意义的精神需要则被抛之脑后，由此陷入一种虚假的需要和虚假的生活之中而不再追求另一种生存模式。李玉导演从《苹果》到《观音山》所反复论证的正是自由的限制、自我的瓦解以及重建精神世界的艰难性。刘苹果即使身体被侵犯仍旧留在洗头店里，南风即使经济拮据仍旧流连于市民社会，似乎留在城市就是最好的选择，他们对充满假象和危险的城市生活失去了批判和审视的能力，最终只能像《无名之辈》（2018）中的"眼镜"、李大头和真真等"螺丝钉"一样，成为城市资本运作的一环，继续制造"假象"。讽刺的是，真真做"小姐"的桑拿店美其名曰"梦巴黎"，在这样的梦幻话语内从事着苟且之事，这不就是移民群体苟活于城市假象之中而不自知的深刻隐喻吗？毋庸置疑，沉溺于假象带来的后果是自由和精神的双重伤害，《呼我》（2001）中的"传呼机"看似是链接移民和城市的纽带，但其背后交织的却是打工者艰难的生活和希望的破灭，他们随波逐流、缥缈不定，自由和情感受到限制，逐渐退缩为城市语

---

① 王德胜：《视像与快感——我们时代日常生活的美学现实》，载《文艺争鸣》，2003年第6期。

境中最渺小的存在。

然而，当前中国城市发展的复杂性在于，工业文明的进步在表面上满足了人们的物质和精神需要，让他们获得消费的满足感和短暂的自由感，而实际上，这是一种单向度的统治方式，人们越来越习惯并依附于既定的城市秩序，并形成与之相对应的审美思维，他们所面临的终极困境必将是被规训、被压抑所带来的自我主体意识的丧失。可悲的是，城市移民群体对此表现出一种"选择性"忽视的心态，即便是有《上车，走吧》这样的影片警示了移民在单向度社会中的尴尬境遇，刘承强和高明所坚守的那种"甘愿蜗居于城市"的信念，仍然延续到了《上位》的思琪、《路过未来》的杨耀婷和《无名之辈》的真真等人身上。不同的是，前者尚且能够坚守住做人的底线，以诚实劳动来换取回报，而后者则彻底沦为城市的牺牲品，要么以"潜规则"成功上位，要么以"试药"挣取酬劳，要么以"性服务"交换金钱，从而成为一种"物化"的存在。

人的审美需要是一个复杂的、立体的、多元的系统，"如果说，低级需要的满足趋向于造就一种消费型享乐型的人格，那么高级需要的满足则趋向于造就一种建设性的成长型的人格。"[①]就目前来看，我国对于城市移民群体所出台的一系列政策如农民工实行月薪制、建筑业实施实名制和农民工进城购房补贴等，都力图在最大程度上满足他们最基本的生存和生活需要。但是，他们在城市化生存中所体验到的种种"负审美"困境却极大地阻碍了成长型人格的形成。审美权利困境让他们失去了审美感官上的"美的享受"和审美需要上的"自我的超越"；审美知觉困境让他们陷入"审美扭曲"的心理状态，并进一步导致"审美伤害"，从而在感知上走向"非正常"；审美思维困境让他们成为城市的附庸，以种种符号消费和幻觉假象为审美需要，生活方式和思维模式都逐渐倾向于"单向度"。这些"负审美"困境严重限制了城市移民群体对"美"的判断和定义，城市美学建构和审美体验的前景也是令人担忧的。唯有重新享有审美权利，抵制审美暴行，重塑审美思维，包括城市移民群体在内的所有城中人才能真正独立而审美地生存，共同促成城市的审美化发展。

（作者：艾志杰，南京师范大学文学院戏剧与影视学博士研究生）

---

① 尹鸿：《大众文化时代的批判意识》，载《文艺理论研究》，1996年第3期。

新世纪以来中国影视剧中的重庆主城区意象
——以重庆生产创作的影视剧为中心

贺思齐

自21世纪以来,不少影视剧以重庆作为地域叙述的舞台,将其呈现于银幕之上。重庆这座城市也以其独特的山城雾都景观和热辣直爽的人文气息不同于京沪港等地,孕育出迥乎不同的影视剧风格。重庆占地面积82402平方千米,山清水秀,地形崎岖,既有巴山雨夜的森森诗意,也有三峡水库的壮伟蓝图,因篇幅有限,本文仅研究自21世纪以来以重庆主城区(渝中区、江北区、南岸区、九龙坡区、沙坪坝区、大渡口区、北碚区、渝北区、巴南区)为拍摄地的影视剧,且以重庆创作和出品的影视剧作为论述的主体。

自1937年至1946年长达八年半的时间内,重庆一直为国民党统治下的临时首都,1940年至1949年重庆被国民党政府定为陪都。新中国成立初期至20世纪末,以重庆为地域中心所拍摄的电影大多涉及政治军事题材,如表现抗日战争的《寒夜》(1984)、国共谈判的《重庆谈判》(1993)和解放战争的《雾都茫茫》(1980),或表现革命英雄题材的《烈火中永生》(1965)和《江姐》(1978)等影片。自21世纪以来,重庆的电影类型开始呈现多样化趋势,涵盖了悬疑、喜剧、爱情等多个题材,内容也更加贴近城市中的日常生活。

除了丰富的电影类型,重庆也孕育出颇有地方特色的方言剧,方言剧包括方言电视剧和方言栏目剧,主要以本土地域文化为创作背景,通过方言来言说生存在本土地域空间内市民的人生百态。① 重庆的方言电视剧发展分为三个时期,1982年至1988年为起步时期,此阶段作品不多,且影响力较小。1989年至2005年为鼎盛时期,这一时期佳作频出,不但出现了如《山城棒棒军》、《爬坡上坎》等

---

① 丁艺:《试析重庆方言剧对城市形象的建构》,载《今传媒》,2015年第8期。

一批反映底层小人物在都市夹缝中生存的作品,而且电视台也播出了一批反映平民生活琐事的系列情景喜剧,如《方脑壳的故事》、《街坊邻居》和《生活麻辣烫》等。令人遗憾的是,自2005年至今,因为缺乏杰作,一时兴盛的重庆方言剧逐渐衰落,进入停滞时期。

凯文·林奇在《都市意象》一书中指出:"都市意象是建立在人对城市的感知体验基础上的心灵地图,代表了现代人对都市的感知、体验和记忆。"[①]意象一词强调了主观上的经验、认知和想象对客观事物的作用,因此,在本文中使用意象一词描述以重庆作为地理空间的影像。另外,反映重庆自然风光和风土人情的影视剧不胜枚举,因篇幅有限,本文仅以重庆创作或出品的影视剧为中心,对比探讨非重庆创作或出品的影视剧,力求从影片的生产地理、现代化变迁下的空间失衡、重庆意象的时间流动三个方面论述重庆人眼中的重庆影像,揭示影像背后深层的文化认同。

一、本土与外地:重庆意象的生产地理

随着媒介地理学这一交叉领域的研究与发展,影视不但是对地理景观的表象呈现,也帮助塑造了影像中的城市景观。城市作为现代化的一种表征,成为社会关系和人口流动的场域,城市空间极大程度上反映了当地的生活气质和精神特征,城市的风情也借助电影这一媒介被更多人欣赏,因此,电影也深刻影响了人们对城市的理解。反之亦然,通过电影镜像展现的城市空间,也可以透析一个时代、一群人对同一个城市的迥异想象。

不同于处于权力结构顶端的首都北京,也异于走在国际化、全球化前列的时尚之都上海,依山而建、畔水而居的重庆居民因地制宜,创造了九曲十八弯的道路以及多维立体的交通枢纽,因此重庆又有"山城""江城""3D立体城市"的美誉。进入新世纪,聚焦于重庆主城区的影视剧在数量上呈增长趋势。除了籍贯为重庆或长期生活在重庆的导演以家乡为母体进行创作,重庆也以其独特的地理环境和浓厚的人文风情征服了跨地域甚至跨国籍的导演。

媒介地理学认为,媒介的形态、内容与生产(创作)源头的地理因素有密切的联系。生产(创作)活动所在的地域特点、生产资本的地域流转以及生产者(创作

---

① [美]凯文·林奇:《城市意象》,方益萍、何晓军译,华夏出版社,2001年版,第35页。

者)自身的地理身份等都会在媒介身上打上烙印①。因此,同样的城市在不同地区的创作者眼中有着不一样的风景。对于本土的创作者而言,城市虽冰冷,但却散发着点点柔情,在城市中游荡的人如同天上的晨星,光芒虽然微弱,但足以照亮自己、温暖他人。对于外来的创作者而言,重庆是一座难以逾越的裂谷,人和人之间只能双目遥望,却难以触及心灵、相互拥抱。在他们眼中,城市如同一株瑰丽而奇特的巨大花朵,散发出致命而诱人的芬芳吸引着无数异乡人闯入其中,带领他们揭开一个又一个秘密的欲望,陷入一个又一个利益的漩涡。此外,在重庆本土人眼中,重庆被构筑为一个"乌托邦"的空间,而在异乡人眼中重庆被想象为一个"异托邦"的世界。

《论电影中的"异托邦"和"乌托邦"叙事》一文中谈道:电影中的"异托邦"空间常常伴随一个与其价值体系相悖的"闯入者"形象,使其与空间产生某种"竞争性"的空间关系,构成"异托邦—闯入者"为主体的空间关系模式,而"乌托邦"空间则是通过空间内部的"守望者"形象,共同维护空间内部的价值体系,从而构成了以"乌托邦—守望者"为主体的空间关系模式。②

在《从你的全世界路过》中,猪头将其所在的重庆建构成了一个"乌托邦式"的空间。猪头在重庆痴心等待着女友燕子的归来,通过猪头对爱情的"守望",重庆将其自身构筑成为一个温情甜蜜的乌托邦。正如影片中陈末所说:"猪头的爱情就像是个坐标,只要猪头还爱着燕子,那么我们就是年轻的",在陈末眼中,尽管时间流逝,沧海桑田,只要猪头继续"守望"爱情,那么时间也会凝固,这恰巧构建了一个永恒而美好的乌托邦世界。

《凌晨四点的重庆》的男主角陈林以一个"闯入者"的身份,将重庆转化为一个"异托邦"的空间。陈林是一个宿命论者,他相信未婚妻吴昕就是自己"命中注定"的那个人。在即将结婚时,吴昕不辞而别,为此,他跋山涉水来到重庆,却发现他原来所坚信的不期而遇的爱情却是一场精心的安排。吴昕及其好友所存在的重庆代表着"幸福要靠自己把握"的爱情观,相信天降情缘的陈林"闯入"了一个和自己价值观相背离的世界。在这部影片中重庆成为了一种"对立"的空间。

在重庆创作或出品的影视剧中,重庆被塑造成为一座有温度的城市。人们虽

---

① 汪黎黎:《当代中国电影的上海想象(1990—2013)——一种基于媒介地理学的考察》,南京大学博士学位论文,2015年。
② 孙建业:《论电影中的"异托邦"和"乌托邦"叙事》,载《北京电影学院学报》,2017年第3期。

然饱受孤独但却努力寻找黑暗中的一丝星光,即便尝尽了酸甜苦辣,但他们有朋友、有亲人,在孤独时心中总有一个归去,在无助时身边总有一个臂弯。

在《从你的全世界路过》中,男主角陈末主持着一档电台晚间节目,他用低沉的嗓音抚慰无数在城市中孤寂或受伤的灵魂。影片中万点灯光如同陈末的温柔,照亮了街道、住所,照亮了城市幽暗的角落,也照亮了"幺鸡"这位如浮萍一般在城市漂泊、打拼的孤独少女。电影《火锅英雄》中,当嗜赌的刘波不顾危险毅然决然地孤闯匪穴营救于小慧,当"耙耳朵"刘东为了替被逼入绝境的刘波还债而决心抵押房产,当胆小的"受气包"王平川为了不拖累兄弟而意图自我牺牲,这种真诚且质朴的感情令人动容。在《秘岸》中陪酒女苏丹闯入一位青春少年的视野,她以成年人的方式抚慰感情受创的少年,抚平少年被人横刀夺爱的愤怒和年少丧父的乖僻。少年小川在得知苏丹因车祸而无法正常行走后,为了安慰痛苦的苏丹,小川在苏丹的伤处绘上浓烈的油彩。妖艳绽放的花朵不但掩盖了苏丹腿部的疤痕,也抚慰了苏丹那一颗爱美之心。重庆电视剧《山城棒棒军 2》中,老渝因爱妻早逝、养子又远居海外成了孤寡老人,性格古怪的他被保姆曾小秀尽职尽责、勤劳踏实的精神所打动,不仅将曾小秀全家从拥挤的工棚接到自己家中居住,临终前还将自己的房产赠予曾小秀。"棒棒"李老扯因劳成疾,危在旦夕,却因无法承担巨额医药费而发愁。一方面,"棒棒"们不但自愿捐款,还通过媒体向社会募捐,另一方面,医院得知情况后也主动减免了医药费。最后李老扯脱离了生命危险,身体逐渐康复。

非重庆创作或出品的影视剧虽也同前者一样描写城市中普通人的生活状态,但却力图将重庆塑造为无法融入的世界。在影像空间中,人们无法跻身于城市,让灵魂找到栖息之所。长期漂泊的精神状态和隐秘的欲望喷发甚至扭曲了人的心智,结出了可怖的恶果。除此之外,非重庆创作或出品的影视剧并不着力于刻画重庆的视觉美感,反而倾向于描摹颓废而败落的城市角落。

《日照重庆》中,林波因挟持人质而被警察用手枪击毙,当父亲林权海拿到被摄像头捕捉到的儿子在临终前模糊的照片时才自责地发现自己对阔别十多年之久的儿子一无所知。愧疚的父亲妄图通过儿子身边的人努力拼凑出儿子真实的生活和形象,却在一条又一条的线索中发现儿子孤独而落寞的内心世界。在这段寻找儿子的重庆之旅中,林权海也逐渐认识到由于自己冷漠的内心和长期缺席的父亲身份不但伤害了自己的长子还伤害了前妻,乃至现任的妻儿。在此片中,重庆的影像好似被染上了青灰色。窗外，江面氤氲，模糊不清；楼内，亮着幽幽蓝光，冰冷而寒心。面对已经消逝的十八梯、即将拆迁的旧楼，多年未归的林权海对重庆的记忆就如同他身边的亲人一样逐渐面目全非。在幽蓝色滤镜的烘托下，重庆并非影片片名《日照重庆》中所描述的是光明普照、阳光明媚的城市，而是一座冰冷的孤岛，一团迷雾中的城市。

电影《迷城》中的重庆似乎罩上了一层灰色的玻璃。其影像缺乏明亮的、高饱和度的色彩，以灰度较高的影调为主，这使得画面看上去比较脏旧，给观者雾蒙蒙、灰扑扑的直观感受。光线方面，电影多采用写实的自然光源，以展现老旧、破败的城市风光。在四人相约去老君庙的大街上，低矮的楼房层层叠叠地排列，房屋的外墙因斑驳而变为灰白色，塑料布随意一扯搭成了雨棚，杂乱无章的电线遍布天空，几株杂草从长满青苔的石墙边挤压出来，简陋的街边露天的理发店旁立着用废弃的木板制成的粗劣广告牌，衣衫不整的"棒棒"懒洋洋地抽着烟，他们黝黑的皮肤大块裸露在外，头发蓬松而油腻。导演章家瑞眼中的重庆并非高楼林立的现代化城市，重庆人群也并非光鲜亮丽、西装革履的城市精英。他的影像力图呈现破旧衰败、断壁残垣的城市街景和散漫粗野的都市底层人群。如此丑陋的城市承载了自卑的大学生赵坡希望通过学习改变命运的梦想，也寄托了发廊妹甘秀想通过自己的劳动清清白白做事、补贴家用的愿望。最后，两人不但希望落空，自身也被城市驱逐或埋葬。

除了以上两部电影，心理惊悚剧《门》中的男主角也因为失业和失恋的双重打击而精神失常，最终走上了一条不归路。《双食记》中李春燕为报复丈夫移情别恋、玩弄女人，以食物相克的知识为丈夫熬制有毒的食物，食物一天一天地腐蚀着丈夫的身体，直至丈夫的身体彻底垮掉。以上罗列的非重庆生产的影像文本或挖掘人性中孤独、寂寞的一面，或透露出都市人变态、扭曲的心理症候。这类影像文本更注重表现人与人之间的冲突和不满，而非展现温情时刻。

二、重庆意象的建构：现代化变迁下的空间失衡

20世纪后半叶，人们对历史和时间、社会关系和结构的关注，转移到了空间上来。从城市建筑、设计和构造，到城市外观和色彩，都受到了空间理念的影响。人类空间的形成不仅受到自然与外界的硬环境影响，还受到地位阶层、种族

文化、风俗习惯等社会因素的影响，从而产生不同的集聚空间。① 因此，城市空间并不是平面式景观的简单填充，而更应该是复杂而多元的文化集合。

自1997年设重庆为直辖市后，重庆迎来了新的发展机遇，也进入了城市化飞速发展时期。数据显示，2000年之前重庆的城市化水平低于全国水平，发展速度基本与全国持平；但2000年以后发展速度急剧加快，而且现在城市化水平已经超过全国平均水平成为西部地区的领头羊。② 虽然在城市建设方面，重庆取得了卓越的成效，但在重庆所生产的影视剧中并未对重庆做全面的整体性建构。它们略过了重庆作为国内四大直辖市之一的都市风采，而更注重于城市中平凡的街区小巷。重庆生产的影视剧并不热衷于描绘都市中纸醉金迷、灯红酒绿的生活，反而偏爱记录生活中琐屑而微小的酸甜苦辣，聚焦于中下层人民的生活轨迹。

长篇都市情景喜剧《街坊邻居》将叙事场景放置在长江和嘉陵江交汇处的嘉陵巷。这条小巷的地理空间不大，场景也较为单调。巷子中心是休闲娱乐区，摆着一个圆形石桌和几张石凳，两边为两层类似吊脚楼的房屋和一个简易的小卖部，巷子的后景为石拱门，石拱门旁长着重庆常见且具有代表性的黄桷树。这种具有浓厚生活气息的场景展现了老重庆的风土人情，在这样场域下所诞生的故事也更偏向于讲述普通人家长里短、鸡毛蒜皮的小事。电视剧《方脑壳的故事》也以下岗工人"方脑壳"（重庆话中指某人的头脑不够聪明、总是犯错误）为叙事主线，以喜剧化的方式带领观众领略小人物的人生百态。《山城棒棒军2》中塑造了一群有情有义、有血有肉的"棒棒"形象，他们有着底层人朴实、辛勤、善良的光辉，也有着胆小、趋利、油滑的瑕疵。通过个人的努力和奋斗，新入城的"棒棒"贾铁树和妻子曾小秀不但在城市中拥有了自己的容身之所，还把乡下的女儿小香接到城里念书。梅老坎靠出卖力气供养家庭，在年老之时，事业有成的女儿梅静时不时来孝敬父亲，"棒棒"已成了他的"副业"。老实可靠的毛子成为"棒棒"负责人，他带领"棒棒"们承包工程，提高了"棒棒"们的薪酬，改善了"棒棒"们的生活状况。此外，还塑造了通过自己的聪慧与勤奋考上了大学的"棒棒"孟小渝，凭借自己踏实肯干的精神一步一步成为单位骨干的乡下丫头梅静，热心助人、公正不阿的社区管理人员洪婆婆等鲜活的小人物形象。

---

① 邵培仁：《媒介地理学——媒介作为文化图景的研究》，中国传媒大学出版社，2010年版，第53页。
② 刘艳：《重庆城市化发展与产业结构变动分析》，载《重庆工商大学学报》（西部论坛），2008年第4期。

通过以上影像分析，创作者们似乎更倾向于建构一个以中下阶层为核心的城市生活框架，他们抛弃了光怪陆离、灯红酒绿的繁华都市和光鲜亮丽、西装革履的都市人群，将市井中的烟火气息搬上荧幕。

在建构"重庆意象"的影视剧中，上层阶层难以和具有市井气息的"重庆意象"缝合，即使强行将其编织进入叙事，也难以占据中心位置。因此上层阶层处于比较尴尬的身份，他们要么被边缘化，要么容易被歪曲。在都市情景喜剧《方脑壳的故事》、《街坊邻居》和《生活麻辣烫》中，上层阶层并不是叙事的中心，他们的权力也未曾渗透至中下层阶层的生活空间，因此，他们在"重庆意象"中成了"隐形人"。另外，在"重庆意象"中，上层阶层也多以反面形象出现。在电影《火锅英雄》中，于小慧的直系领导攀附权贵、趋炎附势，于小慧的同事仗势欺人。《好奇害死猫》中，贵妇千羽被刻画为心狠手辣、工于心计的美妇人。电视剧《山城棒棒军2》中企业家夏安全贪念秘书梅静的美色，后来又和自己的合作伙伴齐娜关系暧昧，除此之外，他还做违法生意。虽然上层阶层的缺席和污名化现象与影视剧的类型有着密不可分的联系，但也一定程度上反映出"重庆意象"中的空间失衡问题。

影像空间的失衡或多或少地显现出重庆人对自己所居住的城市认知，重庆虽然处于不断发展中，也越来越向国际化大都市靠拢，但在重庆人眼中的重庆却始终停留在怀旧但简陋的小城小巷。这和同为大城市的摩登上海不同，上海作为我国的金融中心，其发达程度远超重庆。因此，影像中的上海形象多为高度发达的现代化大都市。这侧面说明，上海人更倾向于认可上海国际化大都市的身份地位，而重庆人则更注重挖掘重庆市井化、平民化的内在精神特质。

造成"重庆意象"中影像空间的失衡和重庆的地理位置有着密不可分的联系。发达的水路航运和便利的取水位置，使得重庆依靠码头迅速发展，也因此汇聚了三教九流、五湖四海来渝寻找商机的人们。重庆是一座码头城市，人口的快速流动性和高强度的体力劳作特点使重庆自诞生之初就注定需要努力汲取市民文化的养分，也因此重庆孕育出了朴实的市井气息。加之重庆地处西南边陲，远离对外商贸繁荣的沿海地区又缺乏和国际接轨的商机，这使得重庆更愿意立足于本土的根基，着眼于普通人或小人物的生活轨迹。

综上所述，虽然重庆经济发展水平和城市化进程都比较高，但"重庆意象"却主要聚焦于城市的中下层阶层，上层阶层难以"缝合"进入重庆的视野中。实际上

"重庆意象"是视觉再现、情感表达以及心灵图景的综合呈现,而不是纯粹的机械复制和物质还原。因此,"重庆意象"并不是真实地理的完全再现,所以上层阶层未融入"重庆想象"中也情有可原。

三、淡忘与展望:重庆意象的时间流动

如果说空间是块状的图景,那么时间就是线性的流动。因此,空间有着地理学的特征,而时间则属于历史学的范畴,但时间和空间却又是不可分割的整体,因为任何空间都无法脱离时间而存在,任何地理样本同时也都是时间的表征。[①]

影像媒介作为综合性的艺术门类,在空间上不但有造型作用,在时间上也能捕捉和凝聚时间影像。和真实时间不同,因蒙太奇的剪辑方式,影像媒介中的时间更加跳跃灵活,具有非线性。所以,在影视剧中过去、当下、未来的多重时间可以通过回忆、倒叙、想象等叙述手法切换。而在构建的"重庆意象"中,本土的创作者们容易忽视历史的纵深感,使过去的时间停滞或被淡忘。

反映"重庆意象"的电视剧中,人物的时间是静止的,他们少有过去。在反映都市生活的系列长篇栏目剧《生活麻辣烫》中,出现了近百位角色,他们如同完成任务一般推动故事的发展,但人物自身却始终停留在原地。他们不像真实存在的、带有浓厚的历史痕迹的个体,影像很难还原出影视剧中虚拟人物的成长过程,因此人物难免不够立体。直至电视剧《山城棒棒军2》结束,一心想娶媳妇的毛子还是孤家寡人。在最后一集中他直视镜头愤愤不平道:"第一部拍完了说给我找个老婆,这第二部拍完了,我老婆还是没找到,要是第三部再不给我找个老婆,老子不拍了。"实际上,除了"棒棒"毛子,原本分到老渝房产的贾铁树一家也没有顺利入住,他们不但照旧住在工棚里,还继续当着"棒棒"。剧中人物的身份变化流动缓慢,生活境遇在长久看来也没有改观。人物虽然对城市的生活充满了无限的期盼和向往,但从历史的维度回望人物却好似止步不前。

除了人物成长轨迹的静止性,创作者们也并不怀念和追忆重庆过去的历史。数据显示,直辖以来,重庆主城区已完成近千万平方米危旧房改造。[②] 从 2001 年起至 2012 年底,主城各区有计划有步骤改造完成城市棚户区(危旧房)共 2200 多

---

① 汪黎黎:《当代中国电影的上海想象(1990—2013)——一种基于媒介地理学的考察》,南京大学博士学位论文,2015 年。
② 《重庆主城区大规模危旧房改造促进城市可持续发展》,载《城市规划通讯》,2008 年第 23 期。

万平方米。① 当城市的推土机碾过低矮的民居，将其化为废墟时，多数导演将其视为时代变更的必然，并表现对高楼等新事物的向往与自豪。《山城棒棒军2》中，毛子带领施工队在拆迁的废墟上干得火热，售楼助理梅静站在瓦砾上让购房者畅想即将建成的高楼。当矮旧的民居变为摩天大厦，在重庆人眼中，一片废墟的背后换来的是经济的腾飞和现代化的起步，也是蒸蒸日上的明天。同样怀有这种想法的还有《最后的棒棒》的导演何苦。在自力巷53号的拆除中，他以旁白的方式吐露自己的心声："自力巷53号死了，它的死是涅槃重生必须经历的苦难，不久的将来，高高伫立在这里的摩天楼宇，就是人们为它树立的丰碑。"在重庆的创作者认知中，历史车轮滚滚，老旧的城市痕迹注定被现代化的机器抹平，这不是令人遗憾的过去，而是充满希望的将来。

在对待古远历史的态度上，北京的影像生产者们和重庆的影像生产者们持有不同见解。在老北京人陈凯歌所执导的影片《百花深处》中充满了对传统北京的无限怀念。随着现代化的深入推进，曾经的四合院被夷为平地，只留下一片废墟。在人满为患的城市中，老北京的根和魂也随着挖掘机的作业声飘走了。这种对时代巨变下的文化忧思，在历史变迁面前的无奈和惆怅，使得人们开始缅怀正走向衰老的传统文化，怀念苍凉时光中的美好岁月。当然，因为北京作为中国政治文化和经济交流的中心，经历三千年的文化洗礼，自然有其文化和政治上的优越性。因此在面对千篇一律的摩天大楼、灯红酒绿的繁华街道时，老北京人也更容易沉湎和怀念正在逐渐消逝的历史与文化。造成不同地域对历史表述的差异性的原因有以下两点：第一，相比于北京，重庆是一座新兴的城市，历史积淀较为单薄，因此"重庆意象"更愿意立足于表现当下所经历的新的发展机遇，而缺少对历史变革的反思；第二，影视剧作为大众化的娱乐方式，其本身是为了满足人民的精神文化需求，对于重庆的人们而言，茶余饭后看一集电视剧或看一场电影，无需承载过多的历史重担。

结　语

作为一座近年来被不断挖掘的影像城市，重庆的独特性正在不断显现。它虽没有上海作为国际化都市纸醉金迷、雍容奢华的面貌，也没有北京严肃而厚重的

---

① 《重庆市5年内完成主城区危旧房改造567万平方米》，2013年7月23日，http://www.ccc.gov.cn/xygl/zfbz/wjfgz/，2019年3月4日。

历史沉淀，但在重庆人眼中的它却是一座具有市井气息、贴近市民生活的城市。对于"重庆影像"的生产来说，重庆创作或出品的影视剧构建了一个温情脉脉的"乌托邦"空间，而非重庆创作或出品的影视剧则构建了一个黑色残酷的"异托邦"空间。对于重庆当下的空间构成而言，创作者们多反映普通民众的欲望和诉求，着眼于中下阶层的生活状态。在时间方面，"重庆影像"在追求时代律动的同时无意之中淡忘了过去的历史。

（作者：贺思齐，南京大学文学院戏剧专业硕士研究生）

城市景观与品牌

视觉夺目时代的城市文化景观思辨

周 星 张思蒙

视觉时代袭来无疑是人们逐渐看到的现实。而讨论城市文化景观之所以注目视觉文化，是因为以城市作为载体的视觉文化，无论在景观层面，还是在人们的眼界所看和行为方式所展示，以及传播上凸显，都成为最核心的要素。

城市文化的构成，实际上是和诸多因素相联系，包括政治体制、法律制度、文化承传，以及人的精神呈现等。而在这其中，视觉文化的因素越来越成为影响和左右城市文化景观的重点对象。从城市文化景观的颜色、规制构造上，从街头越来越多的商业广告招牌和电子屏幕，从重要活动悬挂在道路两旁的招摇的旗帜，到大街小巷悬挂的各色标语宣传栏目，再到电视上，因为影像倡导的优势而催发的传统文化诵读热潮，造成大众趋之若鹜的现象。值得注意的是，原本存在于文字文明之中的古诗词和优秀散文等，一下子变成了声光化电所聚焦的对象，如《经典咏流传》等节目。文字的纯净在视听形象传播中忽然得到大众的热烈关注，并且达到文字传播远远不及的效果。这类文娱节目催生了一批明星，不少书斋里的学者也成为传播达人、文化名人等等。可见，都市文化视听形象构造出具有视觉吸引力的对象，使得他们越过壁障凸显而出。

无疑，人们越来越被视觉形象铸造的世界所吸引，每天手中看到的屏幕，虽有文字，但更多还是视频形象。从动态的到静态的，从横屏到竖屏，不断演化出视觉年代人们所关注的对象，乃至于培育了人们必须依托视觉形象来认知和传播城市文明的习惯。于是，我们的城市就不仅仅是一个用单一的自然物理存在的建筑所构建的城市，而是更多地通过实有的或虚拟的影像传播，在人们观念上再造出来的"城市"景观。无论是古代还是现今的城市，都可能并非原样，而是观念感知美化渲染的对象。视觉感知强化的意义也许是：连真正古老的故宫也因为城市的光影渲染，或成为人们晚间映射"再造"的景观，或成为大雪纷飞之后的动人雪景。所以，视觉时代的城市文化既有实体也有虚体，还有观念形态上以及在人们传播中不断地再造美化而建设起来的城市景观文化。

深究起来，城市文化的构成，最重要的有三个指代对象，且都是以人为中心所需要所建构和所组成的对象。首先是城市景观文化，其次是城市影像文化，再就是城市互联网造就的城市文化。

一、城市景观文化新解

城市景观文化是物质时代的人所创造的，是人的生活感受，特别是审美感受所需要的对象。它包括了整个城市：人们生活其间的街区，商业娱乐设施，树木和建筑所构成的景观。表面上看，这是城市的一个物质构成，实际上其内涵是利于人们的文化生活。换言之，人们的生活所感知到的文化的趣味和文化的长短处，才是文化城市的所在。在这其中，以审美之于人的希望为主的对象，包括街道的宽窄，道路纵横交织的模样，画线的样式颜色，建筑的高矮错落，特别重要的是街区之间的公园、雕塑所构成的连接人与物质自然世界的审美对象。视觉形象前所未有地凸显构成城市文化的宽阔指向。

毋庸讳言，城市文化从表面来看是城市的规制、建筑、街道、文化广场、商业设施、楼宇交通以及其他具象外观物质所构成的一个整体。但其实人们将这些看成是文化对象的时候，往往只注重其表面。再说整个城市的景观，比如人们经常从雕塑的角度来看这个城市有没有文化，或者以商业的便利与否来看待城市文化。但是我们必须要肯定的是：城市文化最终是以人的感知、人的构成、人的活动和人对整个城市的认同作为标志性的东西。无论是建筑规制、城市的景观交通还是售卖系统等等，都是因为人的需要而筑造起来的，也是因为人参与其中并感知到了，才赋予了它灵魂。所以，无论是设计呈现还是它的内在功能，人是整个城市文化最重要的因素。这自然也就应和着人们所说的，文化是所有东西的聚合，但人必然是笼括所有聚合之中的灵魂所在。人是文化的构成，实际上又是和整个环境，整个社会的经济政治和人的素养混合在一起投射到这样的地理方位上的一种文化的构成。在文化的深入下，我们才会去细致发掘诸如售卖系统里它的设置是否便利、是否体现人文关怀，书店的存废，茶社、咖啡馆的设施是否随处可见，街头巷尾绿地和雕塑的设置，乃至白日和晚上的灯光设置，交通是否便利，等等，无不映射着人这样一个文化构成的所在。文化构成是一个城市文化的灵魂，而人是这个灵魂的引领者、创造者、享受者和映射者。这样由人所构成的创造就会凸显在文化构成中最细微的部分，譬如报纸杂志——哪怕报纸杂志即将衰亡，譬如广播电视——哪怕广播电视也在逐渐衰退，而最终当代的文化无疑就体现在互联网所聚焦，特别是移动互联网所聚焦的手机媒体上。因为这样的视觉文化具有诱惑力，所以才不断发生沉溺其中不舍昼夜，甚至因走路看手机而撞车、跌下楼梯翻滚依然乐此不疲的现象。

在这里就归结到一点，就是如何看待视听文化在整个城市文化之中的关系。其实换用一个折射面来看，农村的人们无论贫富，手机里的游戏和短视频对他是一种文化的诱惑，所以说这种文化的积极或者现代性的东西放大起来会具有极大的诱惑力，让人花费无数的时间，有时痛心疾首。人为什么会沉浸在手机里而看不到路面的坑坑洼洼？显然这是视觉时代的一种吸引。实际上从正向的角度来说，视觉时代是不可抵挡的，而人们对于视听文化这基于城市文化的一种喜好，构成了高端人群和一般人群能共同享受城市文化的表象。我们以手机为例，是因为它是现代技术的体现，而视听文化是城市文化所创造出来的人们休闲娱乐的对象，也是现代社交和消费共同构成的对象。按照最新发布的数据，2018年全国短视频的受众已超过6亿，可见视觉接受势不可挡。

在视觉时代，人们越来越迫切地面临如何对待文化冲突的难题。不仅是传统的文化习惯和现代的视听文化习惯的冲突，还有代表传统的阅读文化遭遇着丧失主体地位的窘境，而相比起来视听文化的影响显而易见。阅读文化是悠长的思考文化，视觉文化则更为鲜明的是短促的选择。学者焦虑的问题在于视觉时代的碎片化和文化的短视化构成一种所谓的没文化。碎片和即刻性越来越成为人们在迎接智能时代的时候面对的现实，也许这是一种过渡状态，但问题的另一个方面则是人到底为什么会受到抖音、快手等等短视频的诱惑，许多人从最初的恐惧、抵拒到现在沉迷其间而不能自拔。短视频的机制在于短，但它到底意味着什么？它的反面是以往的长视频如电影和电视剧，它们拉长人们感知和沉浸的时间。都市短视频的兴旺，让人恐惧之处正在于人们逐渐失去了阅读长篇文字的趣味。阅读文字和观看短视频的区别在于，匆忙的选择替代了沉入其中体味的习惯。

但完全不看文字的习惯就是一种没文化的现象吗？毫无疑问我们坚信文字阅

读依然是文化传承的重要依存,也是有文化的人们习惯的一种方式。但是我们所看到的现实不可忽视,就是短视频的受众越来越广,越来越多有文化的群体接受短视频。短视频或曰视觉凸显是不是一种泯灭了文化差异而成为最普泛性感知的真实性对象?从西方到东方由于无线网络的普及,人们越来越局限于小小的视频而认识世界,关联天下,而在这其中一种有规律的变化也显现出来。比如审美上,从传统的"静观审美"变为动感的"流观审美";又比如观赏方式上,从横向观赏变为手机竖屏观赏。这些都已经和传统的影视欣赏产生巨大区别,一定有某种因素在其中起作用,也许是姿势便利,也许是省时省力,也可能是行进中的便捷,等等。这种新习惯是堕落还是上升,尚难测知。目前所看到的发展趋势就是,我们似乎越来越陷入于一种文化忧虑之中,却又沉浸其中不可自拔。这种前所未有的矛盾性,无论从文化还是从人的本质看,都不可避免地加速,于是走向视觉时代的媒体融合势在必行。

二、视觉影像的城市文化认知

城市显然比影视更古老,在今天,电影以及其他视听文化构成新的城市文化景观。此外戏剧等舞台展示活动也是城市中人们文化生活的组成部分。于是城市文化景观就不限于街道建筑等物质存在,越来越与人的观赏需要相联系。简言之,文化娱乐的对象成为城市文明非常重要的代表,由此谈论城市文化,不可或缺的一个重要方面就是影像对于城市文化的表达,以及影像对人们思考的促发和呼应。

超越了物质层面的城市,在精神享受上成为"城市"越来越不可分离的部分。城市文化的有形和精神感知的"无形",让现代化的城市具有独立存在的价值,也成为深植于实体城市之中的精神存在。它具有纵深感,既能对过去历史的城市文化加以复现,又能为当下的城市文化做出诠释。影视的城市文化价值在于将视觉的精神凸显出来。20世纪30年代的电影《马路天使》,一开始就将影像的城市推到人们眼前,镜头从上往下而逐一呈现大都市的五光十色,迷离的城市文化感知中的上层和下层的景色。而20世纪40年代电影《万家灯火》,镜头从窗户探出去,城市的建筑以及万家灯火的生活空间,被影像聚焦放大,突显在观众面前,蕴含了复杂的意味。影像成为富丽堂皇的城市文化不可分割的对象。改革开放之后城市文化的影像创作者们,更加渲染了都市文化中复杂的人际奥妙。以黄建新、夏刚等为代表，包括张暖忻、周晓文等的影像中，城市文化是一种鲜活的人际关系所构筑的文明。黄建新的电影《轮回》、《站直啰别趴下》、《背靠背脸对脸》和《红灯停绿灯行》等，对都市生活的描摹栩栩如生，凸显出人与人之间错综复杂的恩怨纠葛。1988年根据王朔作品改编而成的多部都市影像，强化了城市新一代人从摇滚青年到慵懒混混的生活状态，以及人际关系状况，城市文化的嬗变气息表现得活灵活现。这几年都市文化题材电视剧更伸展出城市变迁的情味，由于电视剧的绵延剧集，可以从容铺叙长时段的城市变迁，以及生活其间的居民的命运沉浮和喜怒哀乐，让城市文化聚焦在家庭人际关系中，鲜活可感。比如表现老北京风貌的电视剧《芝麻胡同》和《正阳门下小女人》等，对北京城的变迁展示得栩栩如生。最近热播的电视剧《都挺好》，由于对都市家庭情感关系做了相当真实的表现，而引发出"原生家庭"的话题，这是城市家庭经过影像文化的呈现而引发的文化思考。

所以，影像艺术呈现了城市文化更为鲜活的图景，它在某种程度上可能弱化了建筑、城楼、街道、门店，而更多地聚焦于城市生存场域的人际关系、丰富多样的家庭生活。视觉文化放大了、挖掘了城市的意味，同时也感染了人们对于都市的认知。

其实，人们不仅依赖屋舍建筑活着，还需要情感和精神文化享受，才能有滋有味地活着。作为现代人所创造出来的艺术文化对象，舞台艺术、电影艺术都构成了都市人尤其是都市年轻人对城市文化的感受。相比起来，农村的文化更加接近自然，也许还有少量的戏曲文化的影子，但是都市文化中的戏剧、影像欣赏，更多带有文化上的修饰。所以，影像重构文化城市景观，成为城市文化的着落点是必不可少的。更重要的是它所呈现的文化内容不是形式而是负载在传媒上，城市人们所看到的消息、人们口耳相传的戏剧尤其是电影电视内容，就成为文化构成的核心部分。传统时代的人们见面，是千篇一律的客套话"你吃了吗？"，也许现在人们见面，更多的是谈论《甄嬛传》和《知否知否，应是绿肥红瘦》的故事桥段和人物命运。都市生活的乐趣不知不觉地和《延禧攻略》这样的后宫故事联系在一起，这是大众真正的生活构成，而不是评论家或主流媒体所倡导的对象。影像已经成为人们感受都市文化的方式，人们自觉自愿，甚至乐于付费。

现代人们将影像视为城市文化不可或缺的对象，也就把城市文化聚焦在影像上。它的想象性，它无所不用其极地复原生活和超越生活的特点，自然使它成为现代文明的重要构成。影像成为都市人期望去超越凡俗生活、扩大城市文化景观的一种内心幻想的体现。影像是人们得以施展内心想象的文化成果，是用高科技这依托于城市文明代表对象来实现的艺术文化的感知。影像文化带给人们无穷的想象，欲罢不能，无论是在影院剧场实现都市建筑、生活距离和人们内心想象的结合，还是在自己的蜗居打开电视、通过手机来实现文化观赏，影像无疑都成为现代都市文明不可分割的部分。影像文化把人们带入一个更复杂、更深邃、更有无限想象空间的世界。影像的魅力在于无所不包，包容都市，包容城市构建形态，包容不同人的生活方式，也包容山林江河以及大自然。但最重要的是影像创造了精神情感需要的一个现代文明的映射实现。2019年，令人惊呼的中国科幻电影《流浪地球》再一次打开人们的视野，在影片中既有现代都市的呈现，更有创造的巨大地下都市的景观，乃至于随着视线移动，天外世界和地球的虚拟搏击栩栩如生。影像描摹了地球的危机，城市转移到地壳深处，人们为了保护自己的城市联合起来避免走向毁灭的奇观故事。在向更大宇宙空间瞩望的视野中，深深的命运忧虑借助匪夷所思的拯救展开惊讶的现实，而人们不懈努力凸显的，还有思想、情感和友情超越了地域之间的阻隔，相互之间合作共享和共同拯救。电影建立在都市文明的整体构建和毁灭的危机思维上，是现代内涵和想象力文化在影像尤其电影之中得到的完美实现。影像成为我们更开阔的现代生活的科幻预设的大屏幕，在那里没有限度，无始无终，足以容纳万般汇聚的实体和虚体空间。自然，影像会成为人们欲罢不能的都市文化的重要的享受对象。这就是小小的电影被世界各国当成能够跨越国境，跨越不同人们相联系的最主要想象世界的核心所在。影像事实上构成了一个人类文化感受的共同体，它勾连的是任何民族、任何国家、任何宗教以及文化差异性，让无所不包的内容涌入其间，活灵活现地呈现在"现实"中。影像几乎没有阻碍地混同于生活感知中，人们都能共享来自于现代文明构建的世界的文化形态和吸纳其间的意义。影像让文化实体呈现看到其博大的姿态，影像文化既有体制性的、法律性的更有思想情感的建构性。犹如国画一般，在影像的虚实之中人们沉浸其中，精神获得最完美的满足，人们对它指指点点，各有好恶，却不觉其不相干于实际生活。影像已经浑融在我们身边，想挥刀断水却无从阻隔。影像文化也成为巨大的文化的生存体，它本身的虚拟的想象和实体的建构可以无缝衔接在整个城市文化的景观建构中，成为一个重要的存在对象。这就好理解，大城市的文化街区、中心广场，巨大的屏幕为什么会高高矗立，这既成为一个景观，更成为一个城市相融的内容，同时又成为整个城市文化不可隔绝的组成部分。

三、网络文化城市的意义

当美国总统特朗普 2019 年 3 月 13 日发出停飞波音公司两种型号飞机的命令，却是首先从其推特上发布，这显然证明网络传播的重要性：最为迅捷、无缝到达受众、传播广泛。对现代人而言，互联网文化成为最新型的城市文化的代表。互联网的世界是城市人们永不满足的对文化的需求，尤其是内在的精神和情感享受所构建出来、日渐不可分离的世界连接的对象。互联网的影像文化、建构文化，最重要的是互联网所构筑出来的一个完整的人类虚拟"世界"，将影像文化向更深的程度去施展。人们可以瞬间沉浸在互联网中与真实和虚拟的人交往，以跨屏的方式，没有阻碍地去享受整个生活，掏挖内心世界，而实现超越影像文化更大规模的享受的满足，并且看到更多他所期望的人和事，了解世界各地的种种隐秘和公开的信息。

互联网时代的文化更带有跨越了实体的城市文化、虚体的影像文化，而构建起自己的虚实相间、难以辨认差异的一个全新的立体想象"世界"。在这里也许不用多长时间，人们慢慢融化其中，和将来制造出来的智能时代的人融为一体。物联网的深入让虚和实完全交融，让人们享受世界的虚和实，人们连接世界的虚和实在互联网之中都成为可能。沉入的迷失和必要的呈现在互联网中会看到，互联网既是一种虚拟的更是一种建构性的世界，且越来越具有支配性。没有互联网的都市生活几乎难以找寻。没有网络无法找到所要去的地方，开不了车，购买和付费使用不知所措，在都市中失去一种生活的乐趣，是因为没有互联网。自然，没有视频的手机难以交流，不知道世界将怎么发展。人们越来越依赖网络传递消息，了解世态，透视宇宙世界。也许某一天，互联网的精神感受会混淆了实有世界和虚拟网上世界的界限，但进出自如或者说线上线下的自由调整了人们的生活节律，犹如看电影沉浸其间却未必不会拔不出来。但网络替代了许多真实，也建立了许多新的时空，让人们内心获得极大的精神满足。要相信人类，人类有能力超越一个简单的物联网所连接的实时和虚拟的世界，但无可回避的现代化就是进入了网络上的精神享受世界。所以互联网这样的世界越来越发展，它抹杀了现实和虚拟的城市，这一点在文化观照上要有明确的认识。没有互联网人们将会迷失在世界之外，而这世界就是互联网所构筑的世界，和实体世界所组合成的虚实相间的世界。事实上在都市的许多人，当不知道网络的一些具体用法的时候会很迷茫，不知道怎么买东西，不知道到哪儿吃饭，不知道怎么看电影，不知道怎么出行乃至学习。互联网的发展会让人们的世界变得更迷惑不清，但是它本身却铸造了物质的都市，物质的景观、物质的雕塑、物质的街道却可能是和精神的梦想融为一体，我们已经看到 AI 等技术造就的奇幻景观难辨虚实，而显然智能世界更将加快实施，谁又能说互联网不是一个有声有色的混淆世界和真实虚假之间的一个重要的存在物呢？

回到城市文化景观中的网络城市构成，已经不是设想而是现实。一个城市没有网络的世界融汇，已经称不上现代城市。城市构建必然拥有网络，而网络不仅是使用的设施，也是生活的理念和途径。网络加快推进了现代化，并成为现代城市的标配和组成部分。城市文化的重要组成部分是网络世界，人们徜徉其间构建生活，扩展无限希望的现实也瞩望辽远的新世界。城市文化的含义已经不只是前述的城墙街道屋宇和生活设施，还是影像投射的城市文化建构和人们感知到的精神生活，而必然的延伸就是城市文化的网络价值更需要充分认知，从虚拟和实有的交织意义上，网络文化的影响力已经难以估量。但其实，在网络面前，城市的概念和城乡的区别有可能因为网络而再次模糊，这一次是因为网络的连接让所谓地域空间彻底模糊不清，无需构建而自成都市文化一体性。于是我们真的要意识到，所谓的城市文化、城市文明的视野已经不能仅仅局限于以往所说的单一性空间里都市建制的文明和文化。在镜像的文化、互联网的文化进入之后，更扩大和混淆了界域，更适合关于人们对于文化感官概念上的认知。如果还在一种物质的文化观念上认知城市文化，将会陷于过分的简单和落伍。由此，当我们谈论当代性的城市文化既是物质构建的城市，又是影像呈现的城市文化和网络构建的城市文化时，城市文化的认知概念将会越来越扩大，我们的文化世界也因此得以无限展开。

小结：城市文化质地

当我们讲述城市文化依托于三个主要景观之中的时候，还必须看到另外两个影响城市文化现代景观的比较重要的因素，一个就是娱乐文化（通俗文化），另一个则是审美文化。

娱乐因素已成为城市文化中不可或缺的一部分。无论是感官的享受还是沉浸式的认知，娱乐文化作为最大众化的城市文化的一个组成部分，不能简单地以高雅和低俗作为判别的标志。至少它是一种青年的支文化的主体呈现，更主要的还是娱乐文化本身对人的外在因素的影响力，比如，好的景观能引起人本能的愉悦，走在商场之中感受多样的文化，吃、喝、看交织为一体的与青春文化相匹配的都市文化的娱乐要求。娱乐文化存在的意义即在于，它是城市文化最普泛的基础。任何忽略城市文化，想排斥现代文明中娱乐文化这一个分支，显然不符合城市文化的构成实际。在构筑上和创造上，以及满足人心需求上都会出现问题。恰恰在这里，人们发现娱乐文化的兴盛与传统文明之间的冲突其实是一种正常现象。当从农耕文化的"静观审美"进化到现代社会的"流观审美"阶段，娱乐文化本身的迅捷和碎片化就成为一个常态的现象。但是必须注意到，现代城市文化深层次的因素就是审美文化的主观倡导、挖掘和提醒，事实上在所有的三个层面，既包括街区建筑、电影电视，也包括网络文化之中，娱乐文化的多重呈现都难以避免。无论是娱乐文化存留的广泛基础的必然，还是所谓的审美文化的高端存在必要，都无法简单相互排斥。正因为有娱乐文化大量的普及性的底子，所以才会推演出更高端精致的审美文化，因为人类有必要对美的事物进行自我认同超越。于是，审美文化就有重要的存在价值。从根本上说，未必能全部做到审美文化成为笼括一切的局面，但是给予审美文化更多的关注，无论是在城市建筑和雕塑中，在电影精神表现上，在网络世界纷纭复杂的呈现里，以及多重的现代传播手段和对象以及媒介的呈现中，人们本能地需要更文明、更大度和更优美的一种文化滋养。

于是，我们必须要辨析娱乐文化和审美文化之间的相互关系。当代的都市娱乐文化已经不是乡村里的娱乐文化，存留的低俗性与都市娱乐文化俯就大众，延续为人本能地追求简单快乐。娱乐文化从本质上来说是青年亚文化的一种汇集，它是青年人对文化的理解，具有快乐、自我和群体性特点，再加上互联网时代所给予的推力而形成的一种文化。于是，汇集在都市文化中就成为都市交往的一种酒吧文化、电视上各种选秀节目所滋生的娱乐大众趣味的文化、城市大街和广场上大家聚集在一起的"快闪"等等以娱乐形式出现的文化。城市群体聚集到公共场域，凡俗却快乐；电视中青春文化和情感文化的汇集，更多带有成长中未必成熟却鲜活的一种快乐为主哀伤为辅，充满青春成长期特殊状态的文化。在上述这些文化之中，雅俗之间的转换常常并非有一定之规，或者说在雅文化的后面充满了许多青春躁动和青春文化所撩动的因素。俗文化与适合人本的一些直率直观的享受相联系,它也包括了大爷大妈跳广场舞的群众文化。早晨起来跳舞唱歌,晚间的广场舞,都市暗夜之中的酒吧晤谈,以及需要满足大众俗文化的烂熟剧情和快乐至上原则的文娱节目。发展到互联网阶段更明显的集聚,从每个个体直观的选择,媒体为了拥戴而制造的娱乐文化的潮流,商业景观特别是广告中赤裸裸的有意直逼颜值和身体的暗示,已接近原始冲动的能够获取商业利益的广告文化。我们无意倡导低俗文化,却需要认识雅俗文化在都市中的交织和难以避免的复杂存在。年轻人所聚集的视觉文化的景观更构成了都市文化非常重要的现象。因为只有都市性状的文化才能流动起来,并且形成话题而成为相互影响的对象。

实际上,在这些之中也会产生出许多雅文化的引导或者雅文化批评的对象。我们以近期都市剧所表现的内容为例,就看到它们遭遇到一种多重评判的冲突。比如,主流观点对后宫剧始终保持警惕态度,因为唯恐后宫剧会把各种尔虞我诈放大,误导人们对现实生活的观察。然而后宫剧貌似是作为俗文化的一种屈就性的表现,却逐渐得以延续到《延禧攻略》等为代表的显然比较精致的制作,后者不仅得到了俗文化的受众,甚至许多高雅文化的受众也对此津津乐道。同样道理,雅文化始终在保持自己对俗文化的警惕和排斥,在市场未必认可的情况下顽强坚守着。于是,我们看到雅文化输出和商业潮流的结合成功获取了相当大的市场份额,如电影《战狼2》和《红海行动》,以及青年人特别喜欢的科幻作品《流浪地球》等等。和国家意识形态相吻合呼应了年轻人内心中对国家自强自立的一种信心,而商业上的考量制作也使这些作品更符合市场和文化的需要而不掉价。实际上,以都市文化为表征的雅和俗,在认知上是复杂的,许多时候它们具有兼容领域而相互影响。当主流媒介开始倡导读古诗词、学习传统文化,并且迅速成为电视潮流的时候,实际上获取的不仅仅是雅文化,更是雅俗文化共同对之欢欣鼓舞的局面。从一定意义上说,美好的作品是能够得到最大多数人的欢迎的,寻找文化最大的公约数也就是寻找最大的受众,即不同年龄段不同文化层次的人们对文化的热情。所以,只要在精神文化和审美要求上努力,城市文化所代表的现代文化必然向前发展。不必过于严格地区分雅俗差异,实际上雅俗的相互影响和提升,都有助于文化的丰富和多元。

(作者:周星,北京师范大学教授、博士生导师,教育部戏剧与影视学类教学指导委员会主任;张思蒙,北京师范大学艺术与传媒学院硕士研究生)

用创意文化打造"中国城市走出去"第一品牌

——以"世界知名城市南京周"巴黎站活动为例

张 鹏

文化的发展与繁荣依赖文化的多样性与丰富性,更离不开文化的交流与合作。国家提出"中国文化走出去"的战略指导意见,是近几年来我国关于文化发展最突出的主题之一。"中国文化走出去"有两种意涵:一种是直观意义上的或常识意义上的"中国文化走出去"。从这种意义上看,"中国文化走出去"就是让中国文化走出国门,使世界上其他国家的人们了解和熟悉中国文化。这种意义上的"中国文化走出去",其直接目的是让其他国家的人们认识和熟悉中国的文化面貌。另一种是深层意义上的或价值意义上的"中国文化走出去"。从这种意义上看,"中国文化走出去"就是要通过各种形式的文化交往,使世界各国的人们理解和接纳中国文化。这种意义上的"中国文化走出去",其直接目的是让其他国家的人们理解和接纳中国的价值观念。"中国文化走出去"战略是在我国入世过渡期结束之后、文化产业开始深度参与国际文化产业分工与国际文化市场的竞争中提出来的。一方面,它是我国"经济走出去"在文化产业发展领域里的必然延伸,同时也是我国文化市场对外开放的必然结果。更深层次的原因是如何克服入世后我国文化产业被动挨打的局面,变消极应对为主动出击,通过积极扩大国际文化贸易、克服巨大的文化贸易逆差,维护国家文化安全。

一、"世界知名城市南京周"创意背景

自 2015 年米兰世博会"南京周"开启,到 2016 年伦敦设计节"南京周"跟进,南京已经连续两年在世界知名城市,借助重大国际盛事平台,以"南京周"的主题活动形式精彩亮相。2015 年 7 月,米兰世博会"南京周"以"云之秀 城之美"为主题,以"一起去米兰"为口号,采取开放共享、"众筹活动"等创新方式,在米兰世

博会期间，举办了一系列反响热烈的活动，并有效连接了"南京国际创意设计周"、"南京城市文化客厅"等后续活动。中央电视台新闻频道《新闻直播间》播发2分钟长消息，专题网页新闻浏览量448万次，微博话题阅读量314万，微信单条最高阅读量近百万。南京周组委会入选中意高级别人文交流机制成员单位，2017年2月受到了习近平总书记的集体接见。

2016年，在总结首届成功经验基础上，南京市委市政府正式组建"世界知名城市南京周组委会"，确定在"十三五"期间，每年选择一个世界知名城市，举办"南京周"系列活动，标志着"南京周"活动成为"十三五"南京"文化走出去"和"城市走出去"的一个重要的可持续平台，赋予了"南京周"在推广城市历史文化、促进国际交流和文化产业发展、服务企业及其品牌提升国际化水平等方面更为重要的使命。同年，"南京周"前往伦敦，以"伦敦设计节"为平台，举办了以"创意好东·西"为主题的2016"南京周"活动。伦敦"南京周"呼应国家层面中英文化交流主题，重点打造了"汤莎会"等"十个一"为主体的28项活动。英国威廉王子也为"南京周"活动点赞："我对南京这座城市越来越有兴趣了！"活动期间，中央电视台《新闻直播间》播发1分40秒长消息，BBC刊发专题图文报道，伦敦主流媒体Evening Standard等、华文媒体《欧洲时报》等，以及众多专业媒体累计发稿200余篇，覆盖伦敦市民超过100万人。网络新闻量超过3200篇，专题网页浏览量达到880万次，微博话题阅读量近1300万，网页和微信单条最高阅读量近百万。新浪网络直播在线观看人次超过17万。整个活动期间，中外媒体没有任何负面报道，实现正向传播度100%，真正唱响了"南京好声音"。伦敦设计节"南京周"再次入选中英高级别人文交流机制2016年重要成果。经过两年努力，"世界知名城市南京周"活动品牌正在不断打造，成果正在逐步彰显。

二、"世界知名城市南京周"总体思路

2016年11月，中办、国办下发《关于进一步加强和改进中华文化走出去工作的指导意见》，对今后一段时期"文化走出去"工作进行了全面部署。因此，继续探索和挖掘"南京周"的平台意义、品牌内涵以及提升空间，对于南京城市及文化在国际化背景下的创新发展，就有了更加深远的意义和价值。

1. 在坚持"文化走出去"的战略指导的同时，进一步拓展"文化"的内涵和层面。"文化走出去"是国家层面对国际交流的一个纲领性的指导思想，也是"南京

周"的根本立足点与基本出发点。米兰、伦敦"南京周"在此方面都做了很多有益的探索。通过"南京周"的举办，海内外受众不仅亲身体验了"文化"的具体内容，更对南京这样一座具有千年历史的东方古都，在新的国际化背景下，所呈现出来的深厚文脉、迷人底蕴以及充满活力的发展风貌留下了深刻印象。

2. 在坚持"国际化、市场化、人本化"基本特征的同时，进一步强化"品牌化"的核心特征。"国际化、市场化、人本化"是两届"南京周"所呈现出的基本特征。"国际化"是"一城为主、巩固成果、放眼世界"多维双向互动，即呈现"名城站—南京站—世界站"的模式；"市场化"的边界不仅限于文化产业、企业，还扩充到更多有国际发展视野、愿意并有能力推动国际化、代表南京创新发展水平的产业和企业；"人本化"深入到更多"不平凡的平凡人"，用更广的角度、更具体的落点、更深刻的内涵，定义和发掘具有"国际范"的"南京人"。

"品牌化"具体而言，一是对南京城市品牌内涵及标签的梳理和打造，一方面集中力量梳理南京文脉，提出更贴合南京、具有传播价值的城市品牌口号；另一方面抓住申报联合国"文学之都"的关键时机，把南京这一特定品牌做深、做透、做响。二是提升"南京周"自身的品牌高度、厚度、活力以及吸附力，对接各方资源，充分整合互动，积极分享价值，让"南京周"成为具有吸附和激活功能的重要平台载体。三是着力扩展"南京周"的效能释放空间，积极参与、对接、服务南京与国际（特别是友好城市）的交流活动，让自身所积累的国际资源成果充分发挥价值。

3. 在坚持"众筹、服务、可持续"的着力重点的同时，进一步突出"落地"的工作重点。"众筹、服务、可持续"是"南京周"往届组织工作的着力重点，并由此形成了良好的工作系统机制。政府领筹、社会众筹、平台运筹、宣传助筹；服务产业转型、服务企业发展、服务创意人才；活动可持续、平台可持续、互动可持续等等做法，既探索创新，又务实有效。"落地"，就是把活动和文化产业的规模生产和招商引资结合起来，以设立"南京国际文创港"空间载体为抓手，积极作为，招商引资，把"南京周"链接的各种国际资源带回南京；同时也希望通过"南京国际文创港"积极推动南京相关产业中有意愿、有能力实现国际化的企业或机构走向国际。

三、"中国城市走出去"第一品牌的体系描述

作为"世界知名城市南京周"的总策划人，本人在联合国教科文组织的巴黎总

部内举办的 2018 年"南京周"巴黎站开幕仪式的致辞中提到:"南京,一座在中国家喻户晓的城市,广阔太平洋西岸,悠长扬子江东端。2500 多年的建城历史,13 个王朝的都城记忆,70 里城墙的古老诉说,800 万人口的温暖家园。南京,一座在世界可圈可点的城市,传统与时尚共存,优雅与活力同在。摩天大楼与亭台楼阁错落有致,潮流时尚与传统文化融合共存,强力经济与活力创意齐头并进,精致美食与家常滋味惊艳难忘。南京,一座中国情怀世界胸怀的城市,有中国传统情,有世界包容心。尊重传统追寻历史的人聚在这座城,引领潮流创造风尚的人乐在这座城,热爱生活崇尚自然的人住在这座城,满怀梦想奋力前行的人活在这座城。2015,我们在米兰,让意大利人民认识了南京。2016,我们在伦敦,让英国民众了解了南京。2017,我们在纽约,让美国国民接触了南京。2018,我们陪着我们的南京,来到巴黎,期待向法国人民介绍我们热爱的城市。"这段致辞,是对南京文化的推荐传播,也是对"南京走出去"的脉络介绍。四年时间,"南京周"品牌正在努力成为"中国城市走出去"第一品牌。我们希望通过"南京周"活动,带着我们的国际友人触摸这座古老城市的历史文脉、人文精神以及创意活力,让世界人民更了解南京的城市和民众,更认识南京的美好和友善。

"南京周",是在整合南京传统文化优势、盘活南京文化产业资源、激发南京创意创新活力的基础上,从"走出去"发展为"活起来"。"文化走出去",最终实现的是"交流活起来",让对外文化交流更聚焦、更生动和更有效;"城市走出去",最终达到的是"产业活起来",让文化创意产业更活跃、更开放和更有力。

1. 品牌愿景:中国"城市走出去"第一品牌

近年来,北京、上海、成都等城市先后举办了城市周活动,取得了一定的效果,"南京周"与这些活动相比,在系统性、丰富程度、可持续性和传播有效性等方面都具有一定的优势。然而,"南京周"的真正优势和独特魅力,是将"南京周"作为品牌去定位、策划、运营和传播。品牌是具有经济价值,能给我们带来溢价、产生增值的无形资产。"南京周"品牌是中国"城市走出去"综合品质的体现和代表,当人们想到中国"城市走出去",无论是中国人还是外国人,如果都能想到"南京周"品牌,都能将"南京周"和时尚、文化、价值联想到一起,那么"南京周"的文化附着度和价值实现度就可以从低附加值向高附加值升级,向文化传统优势、文化开发优势、文化创新优势的高层次转变。"城市走出去"品牌,"南京周"如果不是唯一,那就做成第一。

2. 品牌目标："两让一推动"

"懂南京"：让全世界更懂南京。提升城市国际认知，加强城市国际交流，促进城市国际合作，建立城市国际互动，都建立在"更懂"的基础之上。这是"南京周"所承载的一个必然使命。

"爱南京"：让南京人更爱南京。"南京周"的成功，需要动员和激活更多南京人、南京企业、南京品牌积极关注和热情参与。"更爱"是城市"更好"的前提，也是"南京周"的内在使命。

"走出去"：推动南京企业走出去。有了内在的"更爱"，城市就有了气质和华彩；有了外在的"更懂"，城市就真正地走向了国际。城市走出去的重要标志，就是要让更多的南京企业、南京品牌"走出去"，这是"南京周"区别于其他走出去平台的重要特点，也是战略使命的集成。

3. 品牌口号：中文口号"文都 行世界"，英文口号 Cultural Nanjing：Journey to the World。文都 Cultural Nanjing，代表了南京城市定位，也同时代表了南京的文化、文明、文脉等多重气质；行世界 Journey to the World，简单有力地表达了向世界传达声音的目标。动词"行"是开口音，有脚踏实地的联想诉求，延伸出"南京周脚印遍布全世界"的关联画面，具有品牌想象力。同时，南京正在申报联合国"创意城市网络"的文学之都和"世界图书之都"，"文都 行世界"的口号也是希望通过"南京周"品牌将南京"文学之都"的形象推广出去。

4. 品牌调性：国际，人文，时尚 International，Humanity，Fashion

5. 品牌文化：众筹，融合，分享 Crowdfunding，Fusion，Sharing

6. 品牌标识：

左上为"山"：紫金山——钟山龙蟠世界文化遗产

左下为"水"：秦淮河——中国第一历史文化名河

右上为"城"：明城墙——世界现存最长国都城墙

右下为"林"：梧桐树——蔽日林荫标识人文绿都

四、"世界知名城市南京周"巴黎站策划思路

2018"世界知名城市南京周",是"南京周"品牌建设的第四个年头。经历了2015米兰、2016伦敦和2017纽约,在三个世界顶级都市开展系列活动对南京进行主题推介,取得了不凡的影响和不菲的成绩。第四个年头,理应是一次总结和回顾,更是一次展望和焕新。2018年,"南京周"更是融合"世界文学之都"和"世界图书之都"申报工作,前往联合国教科文组织总部所在地,世界时尚之都巴黎。

2018"世界知名城市南京周"的策划,在原有品牌体系基础上,主打"一城一河"的城市主题,开展更具广泛知名度、更具精细内涵性、更具品牌黏着力和更具人文国际范的系列主题活动。

1. 核心主题更具广泛知名度:"一城一河"。

南京:"一城一河"为明城墙与秦淮河,内城外河的中国元素可以引发人文对话。

巴黎:"一城一河"为渡口城与塞纳河,两岸建城的法国元素可以深化河流主题。

2. 整体风格更具精细内涵性:两张邮票牵出的"一城一河"故事。

南京:2014年,中法建交50周年,两国邮政公司联合发行"中法建交50周年纪念邮票",主题为塞纳河与秦淮河两枚邮票,极具收藏价值和纪念意义。为什么中国会选择南京的秦淮河作为中方河流代表,这个背后的故事挖掘,可以做出文化深度和国家高度。秦淮河一直被称为"中国第一历史文化河流","一河"这一品牌可以通过此次南京周活动提升和确认。

巴黎:1998年,法国邮政公司和中国邮政公司首次联合发行邮票,主题为"故宫与浮宫",2018年是中法联合发行邮票的20周年,"中华门"作为城墙元素和中国符号,与"凯旋门"做连接,可以将"一城"品牌提起并包装。

3. 系列活动更具品牌黏着力:"文都行世界"延伸"文化之城,都市之河"。

中国国家主席习近平2014年3月底对法国进行国事访问。法中关系围绕三大重点发展:加强政治对话;本着对等互利精神致力于平衡的经济关系;增进公民社会之间的交流,特别是法国青年同中国青年之间的交流。法中伙伴关系由若干个对话机制构成:2001年开始的战略对话机制;2013年开始的高级别经济财金对话机制;以及习近平主席访问法国时推动、2014年9月启动的高级别人文

交流对话机制。2018 年,是中法高级别人文交流对话机制实施的第五年。这对于"文都有约"来说,最好的时间窗口就在此。2016 年 6 月 30 日,国务院副总理刘延东在巴黎出席中法高级别人文交流机制第三次会议,做了题为《同舟共济 合作共赢 开创中法人文交流新局面》的重要讲话,提出在建交 50 周年之际,在习近平主席和奥朗德总统重视支持下,中法高级别人文交流机制应运而生,成为继战略对话、高级别经济财金对话后中法关系第三大支柱性合作机制。两年来,机制建设稳步推进,十大领域务实合作收获了累累硕果。一是交流领域不断拓展。双方在教育、科技、文化、卫生、新闻媒体、体育、旅游、青年、妇女等领域合作全面深化,政府间对话机制不断完善,以中法地方政府合作高层论坛为依托的地方合作机制稳步发展。二是交流形式推陈出新。中方启动 5 年万名公派赴法留学人员项目和校园足球教练员赴法培训项目,双方共同举办家庭发展政策研讨会和医院合作大会,设立"中法青年友好伙伴专题"信息交流平台,北航—赛峰—中航协同创新中心建设迈出实质步伐。三是交流热度节节攀升。两国互办电影节、文化论坛、法语大赛、旅游推广、武林大会、体育文艺周、市长圆桌会等活动丰富多彩。历时 5 年的 500 名法国青年访华项目圆满完成,千人实习生交流计划顺利启动。人文交流的良好势头,使中法两国在不同制度、不同文明国家和平共处、交流互鉴方面发挥着更加明显的典范作用。

在此基础上,我们认为,中法两国在 2014 年 9 月开启的中法高级别人文交流对话机制,2018 年适逢该机制成立 5 周年,两国政府之间一定会有更为大型的交流活动和高端互访。同时,习近平总书记在十九大工作报告中特别重点提出了"青年"工作,这与中法交流中的青年交流主题,贴合度极高。"文化之城"主要着力南京和巴黎两地城市精神的青年对话;"都市之河"主要着力南京和巴黎两地河流文化的时尚互通。

4. 版块内容更具国际影响:"河的城"与"城的河"系列小切口大现象活动。

国际知名城市,很多都有一条著名的河流与之相随,塞纳河于巴黎,泰晤士河于伦敦,哈德逊河于纽约,南京也有这么一条河流,那就是被誉为"中国第一历史文化名河"的秦淮河。秦淮河是南京文化的摇篮,是古城金陵的起源,是六朝时名门望族聚居之地,桨声灯影、商贾云集、文人荟萃、市井繁华。秦淮河与塞纳河分别是南京与巴黎的母亲河,见证两座城市的悠久历史和灿烂文化,代表两座城市的文明起源与文化特质。四年前,为纪念中法建交 50 周年,中国邮政发行了一套两枚的纪念邮票。两枚邮票正是选取了南京秦淮河和巴黎塞纳河的标志性景观。2018年，"南京周"巴黎站的故事就缘起于这两张邮票。10月，南京周以两张邮票为线索，以巴黎秋季艺术节为平台，以"双河会"为主题，走进巴黎，举办一系列南京城市推介活动，让友谊的纽带延续。2018年"世界知名城市南京周"以"文都行世界"为使命，遵循"众筹、融合、分享"的价值观，以"国际、人文、时尚"为品牌调性，精心策划"你好巴黎"开幕式、"国际论坛"、"人文客厅"、"时尚东方"和"南京符号"等五个板块活动，用温暖的故事和美妙的情感向世界时尚之都展示南京之美和金陵之秀。

在"你好巴黎"开幕式上，我们在联合国教科文组织内举办主题活动，以契合南京城市历史记忆和永恒诉求的精神为主题，做世界知名城市的南京推介，将中国古典气韵的城市南京"搬"到巴黎，向巴黎市民展现南京文化、历史、美景、美人、美服、美食与美灯，让受众身临其境体验大美南京。在"时尚东方"板块，我们带来中国非遗创新展，以中国传统非遗文化里产出的原创中国设计为出发点，将中国传统的技艺做跨文化的国际表达。在巴黎人类博物馆内展现，为了和博物馆展览的初衷——展现人类起源与发展的使命相辉映，我们通过原生态的非遗文化和基于非遗的现代创新做对照型的展出，用国际化的表达方式展现。传统文化经由现代设计后，通过原生态的非遗文化和基于非遗的现代创新做对照型的展出，展现中国独有的自然观，包括中国天人合一的自然哲学，表达中国人自古以来对于人与自然之间连接的特殊的观点。通过东西对照与古今穿越的布展形式，向参观者展现中华古代智慧与中国设计的反思、创新与活力。

5. 活动体系更具品牌整合力：执行力、传播力、创意力三力合一。

在活动主体方面，由南京创新名城文化推广中心（原世界知名城市"南京周"组委会）承办，该团队是由南京创意设计中心原班人马组成，完成前三年"南京周"活动执行，团队运作更加专业；在借力传播方面，密切关注"中法高级别人文交流机制第五次会议"举办时机，争取与之连接，借助国家级平台发声。在活动地点方面，"南京周"结合"世界文学之都"和创意城市网络"文学之都"的申报工作，前往联合国教科文组织总部所在地，世界时尚之都巴黎。在活动主题方面，"南京周"在原有品牌体系基础上，围绕南京国际传播"一城一河"品牌，主打"双河会"城市主题，开展更具广泛知名度、更具精细内涵性、更具品牌黏着力和更具人文国际范的系列主题活动。在活动时间方面，选择始于1972年，堪称当代艺术盛会的巴黎秋季艺术节期间举行活动。每年九月到十二月，巴黎都会举办秋季艺术节，来自世界各地的艺术家携作品来参加此次盛大的聚会，内容囊括戏剧、音乐、舞蹈、歌剧、电影、造型艺术与表演等多重艺术种类，国际化的节目展示把秋季艺术节变成了一个凝聚全球艺术创造的活跃舞台。2018 年 10 月，"南京周"以巴黎秋季艺术节为平台，走进联合国教科文组织、塞纳河畔、巴黎人类学博物馆等文化交流场所，举办一系列以"双河会"为主题的城市推介活动。在活动征集方面，在总体框架的指导下集中精力策划重点活动，同时更加开放，发挥南京各区和部门积极性共同参与，展现南京各区企业文化特色，在整个活动中，南京各区承担主体活动中的各个板块，着力打造自主的主题内容，将"南京周"品牌活动推到新的高度。在产业促进方面，"南京周"会更加注重促进产业落地，与商务、旅游部门紧密对接，为南京等重大项目推广服务，同时继续助力文化产业企业走出国门。

可以说，创意文化传播在南京的对外文化推广和城市形象建立的过程中，扮演了举足轻重的作用。推动南京文化和世界的交流，促进南京非遗及文创产业和国际的对接，带动南京企业迈向国际舞台，通过充分动员、整合南京的优质企业和优质资源，打造南京"文化走出去"的城市活动，开展双城文化交流主题系列活动、创意设计展、商贸洽谈会、高端教育论坛、文化创意设计考察等。通过每年选择一座世界知名城市，为南京文化创意产业提供更广泛的国际交流机会，为设计师和企业获得更多国际合作的机会，对接产业国际化资源，将南京"创意之都"的形象在国际上树立。

让"活动品牌化"更有受众的记忆黏度，让"项目产品化"更有创意的影响广度，让"产业落地化"更有本土的精细深度，"南京周"也因此正在努力成为"中国城市走出去第一品牌"。

（作者：张鹏，南京师范大学文学院副教授，博士，"世界知名城市南京周"和"南京面孔"总策划人）

品牌基因理论视角下特色小镇文化品牌建设研究

——以乌镇为中心的考察

江 凌 吴馨怡

近两年来,在深化改革开放和高质量发展的语境中,我国GDP增速趋缓,经济社会步入新常态。此时,寻找出一条可持续的高质量发展路径,促进产业结构优化升级、经济与文化创新发展,建设美丽城镇和乡村,成为各级政府亟须解决的问题。2014年3月,中共中央、国务院印发的《国家新型城镇化规划(2014—2020)》深入阐述了我国新型城镇化建设的着力点和发展举措。在新型城镇化战略下,特色城镇的品牌建设问题尤受关注。当前,我国特色小镇的品牌建设问题较为突出:特色城镇品牌的经营主体不明,政府和市场分工不甚明确;特色品牌建设乏力,特色小镇品牌建设中的经营性失误负面影响过大,导致品牌经营风险大大提高;城镇之间竞争愈发激烈,城镇品牌建设路径相似,同质化程度较高,无法形成真正有特色的城镇品牌;过于注重城镇经济快速发展,忽视了城镇文化内涵和品牌建设,导致城镇品牌建设空心化。当前,文化品牌建设已成为新时代中小城镇高质量发展的必由之路,只有突破城镇文化品牌建设的以上种种问题,才能促进城镇经济高质量发展。

浙江是全国范围内最早发展特色小镇的地区。早在2014年,时任浙江省省长李强在参观云栖小镇时提出了"特色小镇"这一概念。2015年4月,浙江省政府出台了《关于加快特色小镇规划建设的指导意见》,首次对"特色小镇"的概念做了界定,并决定在全省重点培育和规划建设100个左右产业特色鲜明、体制机制灵活、人文气息浓厚、生态环境优美、多种功能叠加的特色小镇。随后,浙江省的特色小镇率先在全国开始蓬勃发展,并引领了隔壁省市江苏、上海特色小镇建设的风向。江苏省于2015年底提出计划通过"十三五"期间的努力,打造100个左右特色小镇。此后,江南特色小镇在江苏全省范围内掀起了建设热潮。2016

年7月，住房城乡建设部、国家发改委、财政部联合下发了《关于开展特色小镇培育工作的通知》，决定在全国范围开展特色小镇培育与建设工作，这是支持"特色小镇建设"的首个国家层面的政策。2016年10月8日，国家发改委下发了《关于加快美丽特色小（城）镇建设的指导意见》；10月14日，住房城乡建设部公布了第一批127个中国特色小镇建设名单。至此，特色小镇已在全国各地掀起一阵发展潮流，各级政府高度重视，发展势头良好。然而特色小镇的过快发展也引发了一些问题，如缺乏科学化规划、功能叠加不足、运营主体不明、产业层次较低等等。从2017年开始，国家政策开始纠偏特色小镇建设中的问题。2018年8月，国家发改委下发了《关于建立特色小镇和特色小城镇高质量发展机制的通知》，进一步巩固纠偏成果，为有力、有序、有效推动特色小城镇高质量发展提供了政策保障。

乌镇系我国较早发展起来的江南特色小镇之一。该镇地理区位优势明显，它位于浙江省桐乡市北端，西邻湖州，东临经济重心上海，交通便利。在资源条件方面，乌镇环境古朴静谧，历史悠久，古建筑遗产丰富，文化底蕴深厚，开发资源条件较好。乌镇戏剧节于2013年由陈向宏、黄磊、赖声川、孟京辉共同发起，紧密依托乌镇的文化品牌建设做文章。乌镇戏剧节使乌镇在江南特色小镇旅游普遍遇冷的市场中独树一帜，成功塑造了乌镇文化品牌，使得游客流量不减反增。由此可见，如何真正挖掘特色小镇的"文化特色"，打造出特色文化品牌，并带动整个小镇在经济、社会、文化方面的协同发展，颇值得研究和思考。本文基于品牌基因理论，以乌镇为例，分析特色小镇文化品牌基因构成与相互关系，结合对乌镇品牌基因的构成分析，重点聚焦于乌镇戏剧节的品牌建设经验，为上海江南小镇和全国其他特色小镇的文化品牌建设提供思路和参考。

一、相关概念、理论依据与研究文献回顾

当前，我国特色小镇发展较为集中和泛滥，急需构建真正有小镇特色的文化品牌，这对江南特色小镇的长远发展具有显著的现实意义。目前，学界和业界关于品牌基因的研究渐趋增多，品牌基因被认为是品牌的核心和遗传单位，传达了重要的品牌文化信息。然而，我国有关品牌基因理论的实践应用研究主要集中于工业产品及其产业品牌领域，运用品牌基因理论探究特色小镇文化品牌构建的研究很少，研究视角较为宏观，且聚焦于产业品牌、文化品牌、环境品牌、服务品

牌及其发展路径方面。现有研究文献少有针对典型案例进行深入剖析，难免存在分析不够深入的缺陷，尤其是某一品牌基因和特色小镇文化建设之间的内在联系挖掘不到位。本文在品牌基因理论框架下，以乌镇戏剧节为个案，侧重于微观和具体研究，运用定性、定量相结合的方法分析乌镇文化品牌建设的态势与经验，以期对长三角江南小镇的文化品牌建设提供启示和借鉴。

(一)相关概念梳理与内涵界定

1. 品牌与文化品牌的概念与内涵

品牌的概念源于市场营销学。美国营销学大师科特勒在其《市场营销学》一书中指出，"品牌是销售者向购买者长期提供的一组特定的特点、利益和服务。"[①]品牌承载着消费者对于产品的忠诚度和认可度，能够给拥有者带来增值、溢价等无形资产。目前，品牌的概念和内涵已被大大外延至社会生活各领域中。文化品牌是品牌概念在文化社会领域中的延伸，同样能够给文化品牌拥有者带来增值、溢价等附加效益，同时还能够超越经济利益，产生社会效益，达致经济效益和社会效益的统一。国内外一些学者已对文化品牌的文化性和商业性做了相关阐述。比如，英国学者O'Reilly提出，"文化品牌不仅是商业的表达，也是社会背景的表达。"[②]此观点将文化品牌的商业性、社会背景与文化表达相融合，已为人们广泛接受。美国学者Hatch和Rubin认为，"文化品牌是流行文化中的符号及其在特定文化背景下的全部含义。"[③]我国学者刘文俭则认为，"文化品牌是文化精神价值与经济价值的双重凝聚，其独特的个性除了与普通商业品牌具有同质性外，还具有意识形态属性。"[④]文化品牌建设则包括文化品牌设计、品牌策划、品牌传播等一系列过程，其目的是为产品生产、管理和服务提供文化声誉——文化美誉度，提升受众的认知度、认可度和忠诚度。特色小镇文化品牌建设有利于特色小镇文化声誉的传播和社会影响力的扩大，有利于促进其文化产业和各项事业的长远发展。

---

① [美]菲利普·科特勒，加里·阿姆斯特朗：《市场营销学》，赵占波译，机械工业出版社，2013年，第95页。
② O'Reilly. Cultural brands/ Branding cultures[J]. *Journal of marketing management*, July 2005, 21(5/6), pp. 573—588.
③ Hatch M J, Rubin J. The hermeneutics of branding[J]. *Journal of Brand Management*, 2006, 14(1—2), pp. 40—59.
④ 刘文俭：《省域文化品牌建设的思路与对策——以山东为例》，载《北京行政学院学报》，2010年第4期。

2. 特色小镇的概念、内涵与研究现状

特色小镇是近年来我国政府力推的一种新型城镇化建设路径。"特色小镇"并非行政区划单元,也不是产业园区,而是"相对独立于市区,有明确产业定位、文化内涵、旅游特色和一定社区功能的发展空间平台"①。特色小镇往往是以一个主导产业,一两家大型企业为载体,在某种产业领域具有特色,形成集群式发展态势。

从特色小镇的概念来看,特色小镇正是基于某一特色产业的优势才得以推进实施,它的理论基石是产业集群理论。1990 年,美国经济学家波特在其《国家竞争优势》一书中,提出了经典的产业集聚理论。"产业集群是指在某一特定领域(通常以一个主导产业为主)中,大量产业联系密切的企业以及相关支撑机构在空间上集聚,并形成强劲、持续竞争优势的现象。"②产业集聚理论为特色小镇对区域经济社会发展的推动作用提供了规范的理论建构和科学的解释。

由于"特色小镇"在当下城镇化建设具有高度的实践意义,其概念提出距今仅三年时间,我国学术界已有一批有关特色小镇的研究成果。比如,刘士林对特色小镇的概念、现状和问题进行梳理,结合我国特色小镇建设经验,提出将特色小镇作为小城镇下一个层级的设想。③盛世豪和张伟明(2016)认为,特色小镇通过集聚高端要素,构建特色产业创新提升所需要的良好产业生态位,既优化了区域产业生态系统,也增强了区域内生发展动力,为提升区域核心竞争力和可持续发展能力构筑了新的平台。④罗万伦指出,特色小镇的路径选择可以从关注城镇形象策划、提高城镇建设品质、发展主导产业、注重文化塑造、保障人民民生等方面进行建设。⑤这类研究主要着眼于特色小镇及其品牌建设实践方案,通过考察特色小镇的特色品牌建构及其发展路径,指出其发展优势、开发现状、面临的问题与不足,进而探索其优化和提升特色小镇建设方案的可能性。

(二)"品牌基因"理论内涵及其研究现状

基因理论在现代生物学发展中具有里程碑意义,它对解释生物遗传和变异生

---

① 薛江:《特色小镇的文化生命力——以艺术小镇为例》,载《建筑与文化》,2017 年第 1 期。
② [美]迈克尔·波特:《国家竞争优势》,李明轩、邱如美译,中信出版社,2007 年版。
③ 刘士林、王晓静:《特色小镇建设实践及概念界定》,载《中国国情国力》,2017 年第 6 期。
④ 盛世豪、张伟明:《特色小镇:一种产业空间组织形式》,载《浙江社会科学》,2016 年第 3 期。
⑤ 罗万伦:《新型城镇化进程中特色小镇建设分析——以青岛市城阳区为例》,载《中共青岛市委党校》,2015 年第 2 期。

物进化具有重要的作用。当前，学术界对基因理论的应用已超越了生物学领域本身，延伸到经济社会乃至人文学科领域。1982 年，美国经济学家纳尔逊和温特在其《经济变迁的演化理论》一书中，第一次用基因理论分析了企业管理问题。[①] 他们借用生物学的基因概念，将企业视为一个生命体，具有和生物一样的生成和发展基因。美国学者 Gary Hawel 和 C. K. prahalad 在《竞争大未来》一书中提出了"公司遗传基因"概念，认为"我们可以将公司视为与生物一样的生命体，遗传基因决定了公司的未来发展"[②]。美国密歇根大学教授 Noc. Tichy 指出，"企业与生物一样有遗传基因，正是这一基因决定了企业的基本稳定形态和发展乃至变异的种种特征。"[③]

在品牌理论研究领域，随着经济、技术和消费态势的深入发展，品牌附加值不断攀升，品牌重要性凸显，更多学者投身于品牌理论研究。20 世纪 90 年代以来，品牌学开始与营销学、市场学、生态学等多个理论融合交叉发展。David A. Aaker 率先将生态学的种群概念引入到品牌理论研究中，提出基于单个企业品牌系统的"品牌群"概念。[④] 随后，美国学者 Agnieszka Winkler 提出了品牌生态环境的新概念，并指出"品牌生态环境是一个复杂、充满活力并不断变化的有机组织的论断"[⑤]。我国学者高松则分析了达尔文进化思想对品牌建设的影响，认为"环境的变化驱动了品牌的演进与发展，本质上是一个客观的过程"[⑥]。由此可见，品牌与生态的结合将成为品牌理论发展的新趋向，引入生态学等理论为品牌理论创新与发展提供了新视角。

作为一种复合型理论，品牌基因理论将营销学的品牌理论与细胞生物学的基因理论相结合，运用于产业管理、文化管理等领域。品牌基因理论认为，自然界的物种都有基因，基因决定了物种的基本特性。因此，把品牌视为一个商业物

---

① ［美］理查德·R. 纳尔逊、悉尼·G. 温特：《经济变迁的演化理论》，胡世凯译，商务印书馆，1997 年版，第 29—38 页。
② Prahalad C. k. and Hamel G. The core competence of the corporation. *harvard Business review*，1990（May /June），pp. 79—91.
③ Tichy, Noelm, Stratford Sherman. Control your destiny or someone else will. *Harper Business*，1993（3），pp. 117—122.
④ Aaker, J L. Dimensions of brand personality. *Journal of Marketing Research*，1997，34（8），pp. 347—356.
⑤ 温克勒：《快速建立品牌：新经济时代的品牌策略》，机械工业出版社，2000 年版，第 25—49 页。
⑥ 高松：《品牌生态环境与品牌发展——达尔文生物进化思想对品牌发展演进的启示》，载《生态经济》，2007 年第 10 期。

种，这个商业物种同样具有品牌基因。它决定了品牌的文化表征，带有产品基因和文化基因的多种遗传信息。品牌基因是品牌资产的主体部分，它让客户明确、清晰地记住并识别品牌的利益点与个性，带动客户对一个品牌的情感偏向与忠诚度。此外，品牌基因还是决定品牌进化的基本依据，它决定一个品牌能否吸引到忠诚的客户进而获得长远发展。曾朝晖提出，"品牌基因即品牌核心价值设定，它代表了一个品牌最核心且不具时间性的要素，是一个品牌最有价值的部分，是决定一个品牌经营是否成功的一个重要标志。"①杨保军则强调"品牌基因是品牌建构的基础单位，具有遗传性和变异性"②。

近年来，随着我国学者关于"品牌基因"理论的研究逐渐深入，主流学者的观点将"品牌基因"继续细分为四个方面：产业品牌基因、环境品牌基因、文化品牌基因和服务品牌基因。相关的主要研究成果诸如，郭磊等从品牌基因的这四个层面分析了福特汽车品牌造型基因在各款车型中的传承与演变情况③；杨保军、黄志斌着重分析了回族老字号品牌中的文化基因，探讨文化基因如何影响老字号品牌文化，并带给消费者的品牌归属感。④这些研究运用品牌基因理论分析具体行业产品的品牌建设问题，较之前研究成果更为深入。此后，品牌基因理论的应用范围进一步扩大，少数学者运用品牌基因理论研究中小城镇的品牌构建。如代方梅运用"品牌基因"理论对体育特色小镇品牌的构建开展研究，认为特色小镇品牌的核心基因是"体"，同时要保证特色小镇的品牌个性基因。⑤

二、特色小镇"品牌基因"结构要素及其关系分析

由于品牌基因理论具有整体性，因此分析文化品牌基因需要放在一个宏观框架中。本部分将从特色小镇总体品牌基因框架入手，首先分析特色小镇的各个品牌基因要素，再深入剖析乌镇的品牌基因及其相互之间的关系。

(一)特色小镇品牌基因的构成要素及其结构

一般而言，城市(镇)品牌构建需要借助四种工具：一是视觉形象，多数个体

---

① 曾朝晖：《品牌基因——品牌核心价值设定》，载《企业研究》，2003年第1期。
② 杨保军：《品牌进化的动力机制与模型分析》，载《河南师范大学学报》(社科版)，2010年第2期。
③ 郭磊等：《福特汽车前脸造型的品牌基因研究》，载《装饰》，2013年第1期。
④ 杨保军、黄志斌：《基于"品牌基因"视角的回族老字号品牌构成研究》，载《兰州商学院学报》，2013年第6期。
⑤ 代方梅：《"品牌基因"理论视角下体育特色小镇品牌构建研究》，载《湖北大学学报》(哲社版)，2018年第6期。

受众对城镇的最主要感知为系列空间环境或曰视觉形象。它包括五个物质元素：路径，边缘，区域，节点和地标，可观程度和可观赏性是影响其发挥品牌载体重要性的要素；二是人为事件，体现为具有标志性的实践活动（如娱乐、艺术、体育）能展现城镇的组织能力，如乌镇戏剧节、世界互联网大会等；三是产业声誉和影响力，城镇通过与产业联结，本地居民和外来游客可以在一定程度上共享城镇的独特品质或名望；四是服务品质，包括城（镇）的公共服务水平，以及政府、企业、居民等主体的服务质量和声誉。基于这四方面可知，我国特色小镇基因构成包括产业品牌基因、文化品牌基因、环境品牌基因、服务品牌基因，其中，每个高层次品牌基因下包含了很多次级因子。以文化品牌基因为例，可以细分为传统建筑因子、名人文化、水乡文化，以及现代文化、国际文化等因子。

从基因的结构层次来看，特色小镇品牌基因系一个宏观的概念基因，对消费者和研究者来说，属整体性对象；产业品牌基因、文化品牌基因、环境品牌基因、服务品牌基因等，为特色小镇品牌的结构层次基因，是对宏观的整体性基因的进一步细化，它们更为直接地面对文化旅游和其他相关产业的消费者。更微观层面——每个品牌基因的因子是品牌的基因层，正是由于这些具体因子的存在才使得主体——特色小镇形成品牌，产生对游客等消费者的凝聚力和吸引力。品牌基因携带特色小镇的核心内容要素，也是这些特色小镇传承与发展的内在因素。

上述四种基因构成了特色小镇发展的基因结构。在特色小镇发展过程中，这些基因互相协作，互相作用，共同促进特色小镇的品牌建设，打造特色小镇的"特色"品牌。图1为特色小镇品牌基因的框架图：

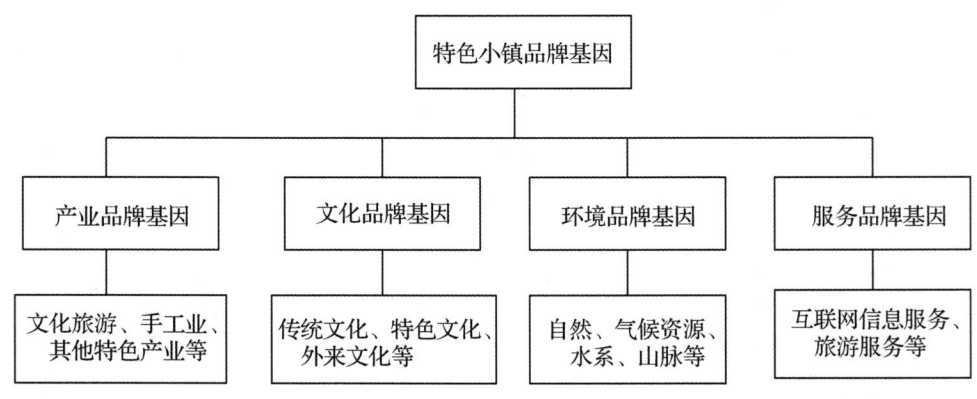

图1　特色小镇品牌基因的框架图

(二)乌镇"品牌基因"构成要素分析

1. 产业品牌基因

乌镇依托江南水乡古镇为发展基础,在区域内保留传统古建筑,尽量复原原有木制古建筑的水乡特色风貌,以河流、古村、古镇、古桥、古道、游船等物质文化遗产和非物质文化表演为资源特色,形成"小桥、流水、人家"的江南文化意象;该镇迁移出传统手工业,比如,将竹编、洗染等传统工艺生产迁至镇郊区的农家小院内,不占据城镇主街区公共空间;在镇域主街区着力发展文化旅游、休闲商务、酒店住宿和"互联网+"(如"微医云"互联网医院,腾讯众创空间)等新兴服务产业,全力围绕东栅、西栅、乌村等主要旅游资源区进行重点开发利用。乌镇按照省级特色小镇的建设要求,结合自身特色进行整体规划,着力建设成为集文化观光、休闲娱乐、高端商务为一体的新型休闲商务度假小镇,形成产业品牌优势。

2. 文化品牌基因

乌镇为典型的江南水乡之地,人杰地灵、人才辈出。该镇具有1300多年的历史,保存有修真观古戏台、逢源双桥、老街长弄、宏源泰染坊等历史古迹。乌镇拥有丰富多彩的传统习俗,包括贺岁拜年、元宵走桥、立夏称人、端午吃粽等。乌镇人才辈出,从乌镇走出来的名人大家包括一千多年前中国最早的诗文总集编选者昭明太子、中国最早的镇志编撰者沈平、新闻学前辈严独鹤、现代著名作家茅盾、当代文学家木心等,形成了深厚的名人文化底蕴,乌镇依托名人文化资源开发了多样化的旅游产业,比如,保留并重新修缮的茅盾故居吸引了大量游客,形成了乌镇最大的名人文化空间意象。2011年,木心美术馆新建落成,成为乌镇新型时尚的文化地标,吸引了众多喜欢木心文学、追求"时尚""小资"的中青年群体前来参观。"木心美术馆让乌镇从'观光小镇'转型为'度假小镇',最终化身为'文化小镇'的重要一环,也是构筑乌镇有别于其他古镇的差异性、形成'竞争壁垒'的核心元素之一。"①

2013年,该镇力推的乌镇戏剧节将乌镇传统的水乡名人文化与现代文化、国际文化相融合,将消费服务对象定位于中国迅速崛起的年轻的中产消费层,打造成一场场国际性的现代戏剧艺术狂欢节。乌镇戏剧节将本身先锋的戏剧艺术与

---

① 陈向宏:《在木心美术馆开馆典礼上的发言》,浙江乌镇,2015年11月15日。

乌镇传统的水乡文化相结合，成功为传统旅游小镇开辟出新的发展道路，形成一种新的"乌镇文化"。

3. 环境品牌基因

乌镇古建筑资源十分丰富，古镇风貌完好。在该镇总体开发过程中，乌镇开发设计师陈向宏率领团队对镇街区环境空间做了些许整治，拆掉了部分老工厂，使街区不至于过分拥挤；重新梳理古镇水系，把曾经填埋的河道重新疏通，让水乡的水重新流动起来；重邀传统工艺作坊回街区，让手艺人在景区内展演手艺。由此，乌镇形成了较为"原生态"的水乡古镇文化生态环境。

与其他江南古镇不同的是，乌镇拥有多样化的开发模式。乌镇主要旅游资源位于东栅，被定位为观光型景区，主要业态为博物馆、展览馆和手工艺品，开发模式为老房整治，并注重传统文化、名人文化的留存与展示。东栅景区开发过程中，坚持"原生态"理念，不开发商业酒店，不影响当地原住民的生活，进一步保护古镇原生态环境。西栅开发模式主要从观光景点向度假休闲中心转型，主要业态为休闲娱乐、住宿餐饮和会议会展，开发模式为全新开拓新空间，复原历史街区生态、打造新型社区式景区、完善现代式基础设施与公共文化服务。西栅内修建的客栈尽量与乌镇古建筑融为一体，模仿古建筑的风格，营造古镇传统文化氛围。乌村为距乌镇五百米的村落，开发时间较晚，主要定位为休闲度假型村落，开发模式是传统村落向高端住宿服务转型。2015年乌村建成，至此，笔者认为乌村与乌镇形成一体化的休闲度假场所。

4. 服务品牌基因

乌镇拥有大量的旅游文化资源，并得到合理开发利用，由此带来了文化旅游产业蓬勃发展；同时，受众对乌镇相应的旅游文化服务需求越来越多，在文化旅游产业的带动下，相关的文化、信息、酒店服务业同时发展起来。一般而言，文化旅游发展方式主要是基于本地资源，从交通、住宿、餐饮、购物等软硬件设施方面提供综合服务，这些服务同乌镇文化资源、风俗习惯相结合，形成了别具特色的"乌镇故事"和"乌镇服务"。旅游文化服务品牌的打造为其他延伸产业的形成产生了直接影响，发展文化旅游业需要提供交通、游览、住宿、餐饮、购物、文娱、信息等环节的综合性服务，由此带动了文化娱乐和互联网信息产业等相关产业的发展。

2014年，世界首届互联网大会在乌镇举办后，乌镇与"互联网＋"产业接轨，成为永久性世界互联网大会地址。互联网信息服务为乌镇的特色品牌建设带来了新的活力。比如，2014年乌镇景区共接待游客692.35万人次，同比增长21.7%；实现门票收入4.78亿元，同比增长28%；首届世界互联网大会三天内给乌镇带来了9亿元的经济收入，占乌镇服务业全年营业收入31%。[①]目前，乌镇已转型成为"传统＋现代＋国际化"的新型特色小镇。

（三）乌镇"品牌基因"的文化特征及相互关系

如今，"文化横扫社会领域，极速扩张着自己的地盘。可以说，我们社会生活中的一切，从经济价值和国家权力，到各种实践再到自我的心理结构，都已经在某种意义上被纳入到'文化'的范畴"[②]，日常社会实践的"文化化"和"美学化"成为人们社会生活的常态。因此，品牌的核心文化价值为品牌形成的关键和命脉。乌镇品牌的核心基因是它的文化品牌基因，包括文化旅游产业和特色文化产业。乌镇和普通旅游小镇的最大差别便在于它独特的江南水乡文化，它的文化特殊性在于传统与现代结合，古朴与时尚结合，国内与国际相结合。传统文化是乌镇的立足根基，传统的街道和房屋建筑、历史悠久的民俗文化活动形成乌镇传统文化的代表；现代化的乌镇戏剧节和名人文化则为典型的现当代文化代表，现当代文化是乌镇未来发展的契机；同时，不仅名人文化渗透有国际文化元素，如作为海外归来的小资作家、艺术家木心拥有国际文化背景，而且乌镇戏剧节和世界互联网大会本身亦具有国际文化因子，比如，乌镇戏剧节的艺术总监赖声川先生来自台湾地区，深受欧美文化熏陶，他所执导的乌镇戏剧节能够确保每一场演出与国际文化接轨。乌镇戏剧节期间，来自美国、欧洲、俄罗斯、日本、韩国以及东南亚地区的异域戏剧轮番表演。在乌镇，这三种文化和谐共处，交融一体，创建出一种新型的乌镇"特色"戏剧文化。

文化品牌基因为乌镇整个品牌的塑造提供了文化资源。乌镇特色产业品牌建立在文化根基之上：传统建筑、水乡文化和民俗文化使乌镇得以发展出江南水乡文化小镇旅游产业，依托古建筑资源特色，迁移传统手工业，发展文化旅游、休闲商务旅游、名人文化旅游等。现代文化、时尚文化和国际文化融合而成的乌镇

---

① 桐乡政府：《2014年度乌镇镇政府工作报告》，http://g2g.tx.gov.cn/art/2015/6/12/art_99_48066.html. 2015-06-12.

② Jameson, Fredric. Postmodernism, or the cultural logic of late capitalism, *New Left Review*, 1984, p. 146.

戏剧节让乌镇开辟出新的国际艺术表演产业。同时，与戏剧艺术产业相关联的特色产业品牌也逐渐得到开发。产业品牌的发展壮大促进了服务品牌的升级换代，交通、餐饮、酒店住宿、"互联网+"等一系列服务产业整体发展。难能可贵的是，乌镇在品牌建设过程中并没有以生态破坏为代价，反而积极修复和保护生态环境，气候、水系、环境等自然生态资源生成的环境品牌为乌镇旅游特色产业的发展提供基础性资源，而产业品牌、服务品牌的发展壮大反过来促进了环境生态品牌发展，为小镇吸引更多的资金、技术和人力资源，这四种品牌基因互相促进，互相依赖，协同作用，形成乌镇独特的品牌优势，有力促进了乌镇经济、社会、文化、生态的高质量发展和乌镇传统产业转型升级。

三、乌镇戏剧节的文化品牌基因分析

与机械复制技术摧毁了艺术作品的本真"灵韵"不同，特色小镇的地方特色文化具有纯然的"灵韵"和本真特色，在新媒体时代，其文化表达和传播形态创新更容易形成文化品牌，从而促进个体与有意义的地方（特色小镇）产生情感和象征联系，形成地方依恋和地方认同。地方依恋是功能性的，与地方提供的特定物质设施或实体功能有关[1]，后者属于精神性的，即"我相信我是地方的组成部分"的自我认同和归属感。[2]文化品牌基因是乌镇的核心品牌基因，是乌镇发展的精髓。乌镇开发领军人陈向宏曾提到"文化特征是一个古镇最大的个性"[3]。在乌镇开发过程中，陈向宏力图基于传统文化资源的保护性开发，把乌镇打造成为一个艺术文化小镇，让文化特色成为乌镇最亮眼的名片，避免江南小镇之间的同质化竞争。乌镇文化品牌因子中，传统与现代、国际与时尚相融合，同时包含传统文化因子、现当代文化因子和国际文化因子。在乌镇的现代化建设中，起到关键性作用并将乌镇推向知名文化小镇的关键因素为乌镇戏剧节和世界互联网大会，它们将乌镇传统文化与现代文化、国际文化紧密融合，为受众带来地方依恋和地方认同，由此推动乌镇经济社会的高质量发展。

---

[1] Lewicka M. Place attachment: How far have we come in the last 40 years? *Journal of environmental psychology*, 2011, 31(3), pp. 207—230.
[2] Williams D R, Vaske J J. The Measurement of Place Attachment: Validity and Generalizability of a Psychometric Approach. *Forest Science*, 2003, 49(6), pp. 830—840.
[3] 陈向宏：《我是如何操盘乌镇的》，载《公关世界》，2017年第7期。

(一)文化品牌建设：以乌镇戏剧节为中心

乌镇戏剧节是乌镇文化品牌基因中一个较新的基因，但对生成乌镇文化品牌基因的意义重大。基于乌镇的传统建筑、水系和民俗等文化底蕴，年轻人对先锋艺术和时尚元素的追求，小镇居民和外来游客对日常文化活动的消费需求，2013年，乌镇正式创办了乌镇戏剧节，陈向宏、黄磊、赖声川、孟京辉为共同发起人。乌镇戏剧节以拥有1300年历史名镇——乌镇为舞台，共邀全球戏剧爱好者和艺术爱好者来到乌镇感受古镇传统文化生态和现当代戏剧文化的碰撞与交辉。至2018年，乌镇已办了六届戏剧节，戏剧节由特邀剧目、青年竞演、古镇嘉年华、小镇对话（包括论坛、峰会、工作坊、朗读会、展览）等单元构成。

从第一届戏剧节开始，国内外各种剧目以多样化的表达形态在乌镇上演。2018年，共有来自17个国家和地区的29部特邀剧目集中在11天奉上109场演出。从表演空间场地来看，乌镇大剧院联合十几个大小功能各异的室内剧场和若干个户外剧场，共同组成了独特的表演文化空间，这样的多功能、多层次的戏剧文化空间明显具有集群规模效应。此外，表演空间的多样性和灵活性使受众在西栅景区游览时随处可见戏剧表演，表演活动得以深入受众的日常生活中，有力提升了戏剧文化的受众亲近度。乌镇戏剧节期间，乌镇的人流量显著提高，旅游经济收益良好。据统计，2016年戏剧节期间，核心戏剧演出及活动参与人次超过35000人次；开票8分钟，票房达到100万元。在2016年乌镇戏剧节举行期间，西栅客流量达到27万人次，远远超过同期西塘、周庄、同里古镇等其他江南小镇。[①]如今，乌镇戏剧节已成为乌镇的新文化名片，吸引着芸芸受众来乌镇感受江南小镇的文化艺术风情。

(二)乌镇戏剧节中的传统文化基因

乌镇戏剧节自创立之初便紧紧依托于古镇的传统文化生态，将古镇文化资源和戏剧节进行无缝对接，使得戏剧节与乌镇文化生态环境形成不可分割的整体。乌镇戏剧节中的传统文化因子体现在它与古镇传统建筑、水系、文脉等文化空间的自然结合，将乌镇的传统文化与现代戏剧融为一体。以乌镇大剧院为例，它紧密依托传统古镇建筑的低矮风格，将大容量的剧院构筑成与传统民居相似的建筑风格。为了减少对景区空间的负面影响，设计师姚仁喜及其团队运用斜墙斜屋面

---

① 王宇：《乌镇戏剧节：制造一个戏剧"场"》，http://www.21jingji.com/2016/10-29/5OMDEzODFfMTM5ODA5OQ.html. 2016-10-29.

并采用当地原料,"使剧院与传统古镇建筑外立面风格相协调,体现出现代和古朴、人工和自然的和谐。"①此外,剧院整体呈现"并蒂莲"的文化空间意象,更使剧院与古镇建筑文化空间完美融合。除乌镇大剧院以外,"水上戏台"国乐剧院、沈家戏院等等其他小型的剧场均依托古镇原有传统建筑,在相互融合的过程中还形成了自身的特色——传统与现代、时尚空间相交织。传统和现代建筑空间的融合寓意着乌镇戏剧节的文化活动空间在传统和现代文化之间的巧妙链接。

此外,乌镇戏剧节使乌镇原有的传统戏剧文化活动重获生机与活力。它的举办为传统越剧提供了新的发展舞台。在传统戏剧文化日益衰微的当下,只有新的平台空间和现代、国际、时尚等新兴力量的加入,可以促进传统民俗文化振兴。乌镇戏剧节吸引了该镇年轻人回乡,越剧团因而有了年轻面孔。与此同时,戏剧节的亲民化、大众化舞台和嘉年华形态使传统戏剧有机会在戏剧节的文化氛围中上演,带动了年轻受众群体走进剧院,认知和体验传统戏剧文化魅力。在乌镇戏剧节上演的其他现代和时尚剧目中,演员与观众的互动,让受众不自觉地加入到当地文化实践活动中,从而盘活古镇的传统文化资源,以戏剧为代表的乌镇文化和民俗活动得以与时俱进,青春活力长驻。

(三)乌镇戏剧节中的现代文化基因

乌镇戏剧节在构想时即把消费对象定位于当下的年轻主力群体,融入现代性、时尚性文化元素,迎合年轻人的文化消费需求。鲍德里亚在其《消费社会》一书中提出,"消费者进行消费的原因是消费背后的符码意义。"②乌镇戏剧节为让戏剧文化的符码意义充满张力,邀请全球各地的剧团前来演出,剧目多样化、剧种新颖,体现出新兴、先锋、前卫的价值追求。乌镇上演的戏剧与传统戏剧不同,它具有较高的戏剧艺术特色,表现手法夸张、吊诡。孟京辉对此曾谈到,"乌镇戏剧节和我们传统的东西是一种反差,反差在音乐上叫和声,不一样的调子才能优美。一方面有古典的,一方面有当代的,当代的角度是世界的。"③乌镇戏剧节文化现象充分体现了现代和传统文化的有机结合,体现了年轻人的先锋、时尚、前卫的艺术文化追求,因而吸引了大量年轻消费群体。年轻人能够在戏剧节中获得现实与时尚交织的文化体验,达致文化认同;同时,他们通过戏剧节的

---

① 姚仁喜:《乌镇剧院》,载《城市建筑》,2013年第23期。
② [法]让·鲍德里亚:《消费社会》,刘成富,全志钢译,南京大学出版社,2014年版,第9页。
③ 木叶:《乌镇戏剧节"怪"好看的》,载《上海戏剧》,2015年第11期。

文化平空间进行社交活动,获得群体身份认同。第二届戏剧节举办时,80%的游客都是冲着戏剧节文化活动来乌镇游玩,其中有专业人士,但多数为文艺爱好者,他们戏称"进了乌镇,都是戏剧人"①。2013年以来,"乌镇国际戏剧节"持续举办,乌镇借助视觉艺术的力量探索传统江南古镇的现代化发展,探索江南特色文化的转型升级。

乌镇戏剧节是一种文化创意产业视域下的艺术活动新探索。"乌镇借助戏剧节开始触摸当代思维中最为活跃的部分,希望通过引入文艺活动来保持江南古镇的鲜活状态。"②乌镇戏剧节立足于本土传统文化资源和文化空间,力图打造一个新型的"文化乌镇"品牌,并在国际上形成一定的品牌知名度。乌镇戏剧节以戏剧艺术为媒,借助年轻、狂热、追求时尚的力量带动江南传统古镇转型发展。乌镇通过戏剧节平台,汇聚各种各样的现代文化活动和文化资本、文化科技,其中,世界互联网大会的入驻,使得科技与文化、艺术在乌镇美丽相遇,生成了"江南古镇奇迹"。

(四)乌镇戏剧节中的国际文化因素

除本土传统文化基因和现代文化基因之外,乌镇戏剧节与国内其他江南特色小镇的显著不同是,乌镇戏剧节国际化程度较高。目前,乌镇戏剧节已邀请了来自全球17个国家的剧团上演百余场戏剧,将戏剧节打造成一个国际化的艺术大舞台。2018年乌镇戏剧节开幕当天,日本戏剧大师铃木忠志的《北国之春》、德国塔利亚剧院的《黑暗中的舞者》和澳大利亚现实题材作品《沙漠傍晚六点二十九分》集体亮相,为观众展演国际化高水准的戏剧艺术盛宴。来自异域不同风格和特色的戏剧将他们对戏剧艺术的思考呈现在乌镇戏剧节的舞台空间中。这些海外剧团在乌镇大剧院的演出,为江南古镇特色文化注入了国际文化元素。事实上,这只是乌镇戏剧节与"国际文化因子"相融合的一个组成部分。在剧院之外,来自英国、德国、法国和意大利等国百余组艺术团体还在乌镇木屋、石桥、巷陌甚至摇橹船等江南水乡空间中展演1800多场,将乌镇江南水乡空间整体打造成了一个国际化的艺术乐园。通过国际化戏剧平台,整个乌镇乃至江南特色小镇的空间文化意象在国际上的知名度大大提高。

与其他西方国家特色小镇举办的国际艺术节庆活动不同,乌镇戏剧节主要面

---

① 陈向宏:《我是如何操盘乌镇的》,载《公关世界》,2017年第7期。
② 冯博一:《乌托邦,而且异托邦》,载《世界美术》,2016年第2期。

向我国文化消费市场主力人群——年轻消费者,而对异域国家消费群体尚缺乏足够的吸引力,在国际化程度上还略逊一筹。比如,基于小城镇的"度假属性",法国阿维尼翁戏剧节选择在法国南部小城阿维尼翁举办,远离大城市的喧嚣,为游客及乡村农民的休闲娱乐消费"雪中送炭"。事实上,自阿维尼翁戏剧节创办以来,阿维尼翁成为世界各地都市人群娱乐休闲的好去处,人们在度假娱乐的同时可以观赏到海量的戏剧艺术演出。阿维尼翁戏剧节拥有当地观众基础,又吸引了世界各地的观众前来度假,具有辐射特色小镇经济社会和文化娱乐产业发展的引领作用。因此,乌镇戏剧节未来发展中,要注意国际化观众接受度的吸引力,打造成为国际化程度更高、引领作用更大的全球戏剧文化品牌。

作为品牌基因中的核心要素,乌镇文化品牌基因由传统文化因子与现代文化因子、国际文化因子有机结合。总体上,乌镇的文化品牌建设,打造乌镇戏剧节,实现了乌镇文化资源的盘活,突出自身的文化特色。在乌镇文化品牌建设过程中,立足传统文化根基,发扬传统名人文化、水乡文化的优势特点,并将传统文化的特色融入现当代文化中,形成独具一格的乌镇"特色文化"。作为连接传统和现代、国际和时尚文化的桥梁,乌镇戏剧节兼具眼前和长远、局部和全局利益的整体效果,乌镇戏剧节的节庆文化活动,将科技与文化相融合,为乌镇互联网科技产业的发展带来机遇。乌镇文化品牌融合传统与现代文化特色,找准了未来发展方向,是一个成功的特色小镇文化品牌建设案例。

四、品牌基因理论视角的特色小镇文化品牌建设

鲍德里亚声称:"人类社会与经济的发展已经步入一个全新的阶段,经济生产领域已经与意识形态或文化领域融为一体;文化的产品、影像、表征,乃至感觉与心理结构都变成了经济世界的组成部分。"[1]文化与经济社会紧密融合,成就了文化品牌基因占据特色小镇品牌建构的核心地位。由于前述四个品牌基因互相影响、相互依存、循环共生的关系,当下,对我国特色小镇的文化品牌建设必须从产业、文化、环境、服务四个方面对其"品牌基因"进行整体分析、规划设计与合理开发利用。其中,重点关注文化品牌基因,深入挖掘出特色小镇真正的"特色文化",分析如何基于其"特色文化"建设和塑造特色小镇品牌。

---

[1] Connor, Steven. *Postmodernist Culture: An Introduction to Theories of the Contemporary*, Oxford: Blackwell, 1989, p. 51.

特色小镇文化品牌和文化感的创造来自于文化活态实践。"这种实践包括电影、戏剧、音乐、文学等文化活动在内,但更多的是日常生活的文化实践。"①在乌镇文化品牌建设中,乌镇戏剧节为其最重要的日常活态文化实践,它的舞台空间和表演场景使"观众将某种自我附加在表演出来的角色上……形成一种戏剧性的效果,一种从被呈现的场景中渗透出来的效果"②,这种效果让人们在观看中进行角色代入和反思,在滑稽、戏谑、夸张的表演表征背后起到"文化化人"的作用。总结乌镇文化品牌建设的经验,本文聚焦于乌镇戏剧节的发展经验,为特色小镇文化品牌建设提出了以下建议:

第一,盘活传统文化资源,挖掘"特色文化"资源。文化资源是特色小镇发展的基础,挖掘本地特色的文化要素、文化符号及其精神价值,创新其表达方式和传播形态,有利于小镇文化品牌的塑造和对外传播。传统文化资源包含历史遗址、传统建筑、民风民俗、传统节庆活动等有形的遗产和无形的资产。盘活传统文化资源需要我们在开发特色小镇的过程中,既要保留或复原传统文化资源的基本形态,又要发掘其中可以与现代、时尚或国际接轨的因子,做到传统与现代、古朴与时尚、国内与国际相结合,结合本镇自然环境和文化空间形态,三方面的结合既可以分区布局,又可以交叉布局。乌镇戏剧节正是将传统与现代、特色与时尚、国际相结合,既盘活了传统文化资源,又促进了新型特色小镇文化的发展。

第二,着眼大局和本地特色文化实际,打造文化与资本、社会融合发展的文化活动平台。总结乌镇戏剧节的发展经验,不仅要关注特色小镇文化艺术活动本身的设计运作,更要从大局着眼,放在全球和国内经济、文化、社会、生态角度来审视和运作,从文化艺术活动的设计、场景和空间建构,活动内容与硬件设施的结合,以及资本与艺术、节庆与社会的关系等方面进行考察。乌镇戏剧节远远超越一般特色小镇的文化艺术活动,而成为一个文化艺术与资本、节庆活动与社会的关系的综合性融合平台。借由国际性的乌镇戏剧节平台,乌镇进入国际化艺术舞台空间,吸引了大量人才、资金、科技的入驻。如今提起乌镇,人们不只是想到一个传统的江南旅游特色古镇,而是能够想象到国际艺术文化节、世界互联

---

① Agnew J. *Place and Politics: The Geographical Mediation of State and Society*. Winchester MA: Allen and Unwin, 1987, p. 133.
② [美]欧文·戈夫曼:《日常生活中的自我呈现》,冯钢译,北京大学出版社,2008年版,第215页。

网大会、木心美术馆等一系列文化意象,乌镇的江南古镇风貌与这些现代、时尚的文化活动融为一体,大大扩展了人们的文化想象空间。因此,在特色小镇文化品牌建设过程中,若能打造一两个综合性的文化艺术平台,通过文化艺术活动或民俗节庆活动,对其文化品牌建设将有巨大的促进作用。

第三,挖掘特色小镇文化资源优势,以文化品牌塑造为核心理念,带动产业品牌、环境品牌、服务品牌协调发展。在很大程度上,受众的消费选择不是偶然的行为,从文化和社会角度来看,"它是受控制的,而且反映了它所处的文化模式。不是什么财富都要生产和消费的,它必须在价值体系和生活方式中具有某种意义","经济的目的并不是为了个体而最大限度地生产,最大限度地生产是与社会化的价值体系联系在一起的"[1],即与文化价值和社会生活方式联系在一起。由此可见,文化品牌基因是特色小镇品牌建设的"牛鼻子",它对产业、环境、服务品牌基因有明显的带动和提升作用。把文化品牌塑造放在关键位置,就会在价值理念和发展实践中注重塑造特色小镇的生态环境、文化资源、特色产业品牌,以及相关联的服务品牌。因此,在特色小镇文化品牌建设过程中,需要注意各个品牌基因之间的联动关系,充分发挥文化品牌的核心作用。充分挖掘和科学利用特色文化资源,保存和丰富特色小镇文化底蕴,凸显小镇品牌中的文化特色,推进文化品牌建设与环境、产业、服务品牌建设协同发展。

第四,以政府主体为元主体,多元社会主体协商共建共享小镇特色品牌。特色小镇文化品牌的建设离不开当地政府、企业、居民和其他社会主体的协同共建。特色小镇在建设文化品牌的过程中,应该搭建或优化"政府(元主体)+企业(核心主体)+社会组织+居民"的主体建设和治理结构。对于政府主体而言,首先,树立特色小镇文化品牌建设意识,出台相关政策法规,为特色小镇文化品牌建设提供政策和服务保障;其次,政府主体不能大包大揽,管得过宽,要放宽市场资金条件,让社会资本进入,使得小镇特色文化更好地和资本相结合;再次,政府应完善特色小镇的公共服务体系,打造良好的文化服务环境,提供完善的社会保障体系。总之,要优化"政府主体引领+企业主体主导+小镇居民参与配合"的建设主体结构,像乌镇那样,充分发挥文化旅游公司、文化企业的主体作用,同时推动小镇居民充分参与特色小镇文化品牌的建设,并为企业提供人力资本和

---

[1] [法]让·鲍德里亚:《消费社会》,刘成富、全志钢译,南京大学出版社,2008年版,第50页。

文化资源，由此形成一个良好的多元主体互动协作、共建共享的文化品牌建设氛围。

结　语

当前，全国各地特色小镇蓬勃发展。特色小镇建设为我国城镇现代化建设开辟新路径。比如，更新政府管理观念和服务运作系统，调整城镇产业结构，吸引外来资本和人才，推动科技创新，维护城镇良好生态，打造城镇特色文化，等等。在特色小镇品牌建设过程中，如何更好地打造特色文化品牌，避免特色小镇陷入同质化竞争的发展困境，具有较高探讨价值和实践意义。

文化品牌基因是特色小镇品牌基因构成中的核心基因，文化品牌是当下江南特色小镇品牌建设中至为重要的一环。本文以乌镇为例，运用品牌基因理论分析江南特色小镇的文化品牌建设问题，总结乌镇文化品牌建设的先进经验，对探索我国特色小镇尤其是江南传统古镇、村落的文化品牌建设，促进其高质量发展具有积极的作用。本文在分析特色小镇品牌基因基本构架后，对乌镇文化品牌基因进行深入剖析，分析其中包含的传统与现代、时尚与国际文化因子，并基于此分析乌镇文化品牌建设的路径。总的来看，乌镇文化品牌建设的成功经验在于，政府主体、企业主体和居民参与主体的共建共享。乌镇戏剧节将乌镇的传统特色文化和现代文化资源盘活，并与国际戏剧文化元素和符号相勾连，体现了传统、现代、国际化三位一体的文化格局。我国各地特色小镇的文化品牌建设可以借鉴乌镇的先进经验，结合本镇文化资源的特色优势，在文化品牌建设实践中不断开拓创新，形成自己的特色模式，建设自己的特色文化品牌。

（作者：江凌，上海交通大学媒体与传播学院副教授，上海市高校智库管理与研究中心研究员；吴馨怡，上海交通大学媒体与传播学院硕士研究生）

新媒体公共艺术的城市空间介入研究
——以社交行为触发为视角

彭 伟

公共空间、艺术创作和公众参与是公共艺术的三大要素,其中公众参与是核心要素。当新媒体公共艺术出现在公共空间中时,丰富多样的新媒体交互手段和震撼夺目的声光影像轻易便形成了对公众的感官吸引,但作为公共艺术,其价值使命最终仍是通过艺术创作触发公众的主动参与和交流,而非单向的吸引与欣赏。本文也正是由此视角出发,尝试探讨新媒体公共艺术与公众社交行为触发的相关问题。

一、当代城市公共空间社交与新媒体艺术介入

城市公共空间是否能够实现其在公共生活中的功能,成为真正意义上的"公共空间"而非一般意义上的"开放空间",最重要的评估指标就是公众对该空间进入和使用情况。正如刘易斯·芒福德所言,密集的社会互动是城市生活的生命力。① 城市公共空间的价值也正是源于社会活动,而非空间本身。集体事件、共同记忆、人文景观和自然环境都是公共空间吸引公众的要素,这些原因也构成了公众在公共空间中开展活动的背景和原因。人在开放空间中的活动通常可以分为三类:必要活动、可选活动和社交活动,而公共空间是可以将这三种活动融于一体的空间,尤其具有将前两种活动"社交化"的特性。人们在街头观看艺人的表演,在广场的纪念碑或雕塑前驻足,被共同关心的节日活动吸引,或是偶遇某一特定主题事件时,都会触发社交活动。这些社交活动通常属于被动接触的范畴,比如仅仅是看到或听到他人对共同经历事件的表达,也同样在某种意义上完成了

---

① [美]戈特迪纳、巴德:《城市研究核心概念》,邵文实译,江苏教育出版社,2013年版,第10页。

公共空间社交。对于当代公众来说，即使是这种程度的被动接触，同样是非常缺乏和具有吸引力的。

当代城市中用来为公众展开对话、阐述观点的特定空间已越来越少，人们日益习惯于在网络虚拟空间中表达自我，当代人这种对互联网和新媒体社交的依恋，一度引发人们关于物理公共空间正逐渐丧失其公共性的担忧。学界也认为公共空间的公共性在这一变化过程中开始贬值，公众逐渐失去与他人分享生命体验的感受，公共空间与城市文化、共同记忆的关联构建更无从谈起。然而这个问题的成因是非常复杂的，并不能简单归结为网络虚拟空间的侵蚀和替代，更不能将公共空间和互联网等新媒体手段对立起来。事实上，全球的社会学家、艺术家、建筑师、城市规划师，甚至是科学家都在各自的领域着手探索解决这一局面的可能路径。

他们从各自的角度开展着公共空间的修复活动，有些人致力于空间本身的改造，比如用绿植和水流等自然力量让人们慢下来，与他人一同体验特定空间环境；有些人则利用艺术构建或装置来吸引公众进入与使用公共空间。无论是自然或是艺术元素，其目标都是对人的吸引，只是前者关注感知和敏感度，而后者则聚焦于交互和反馈。由此可见，吸引公众使用是激活公共空间的起点，引发人与人之间的社交行为则是公共空间修复和改造的目的。所以，当新媒体携艺术之力重返物理空间，将自然、技术、艺术等要素结合起来，无疑将成为解决这一问题的积极探索和尝试。

新媒体艺术自身的实验性为公共空间的优化提供了有效的实验平台，影像、表演、交互、网络等手段，让虚拟和物理要素在异质时空中相互作用，回应了当代人在公共空间中实现交流和表达的诉求。事实上，从20世纪六七十年代开始，西方新媒体艺术介入城市公共空间的探索已经开始，而今，新媒体艺术与公共空间的结合，更是成为激活城市公共空间，实现其公共性价值的新举措和发展趋势。

二、新媒体公共艺术的社交行为触发要素

于公众而言，从"吸引"到"参与"，再从"交互"到"对话"过程，既是新媒体公共艺术有效介入公共空间的路径，也成为其触发公众社交行为的四个基本要素。

（一）吸引

新媒体公共艺术对于公众的吸引可以从几个方面来理解。首先，声光影像赋

予了新媒体手段在感官刺激上的先天优势，主动展示远比等待发现更能引起公众的关注。而不断涌现的新技术，更使得新媒体公共艺术的自我展示拥有更多的可能性。但值得注意的是，一味依赖感官刺激产生的吸引，难免有产生审美疲劳的可能，今天人们在面对开放空间中扑面而来的精美商业影像时，往往很难再有新鲜的体验。因此，除了感官吸引，主题的吸引也是非常重要的方面。2019年初，巴塞罗那的新媒体设计工作室"播放模式"（Playmodes）就将电子音乐、动态影像、灯光与位于西班牙曼雷萨的一座14世纪哥特式大教堂融于一体，创作了名为《奇迹之光》（*Light Miracle*）[①]的开放空间新媒体艺术作品。数千人在熟悉的主题空间中，体会到了完全不同的感官体验，而哥特式教堂同样也为新媒体表现注入了宗教主题与时间力量。事实上观念先行的当代艺术往往更注重聚焦当代社会问题，新媒体艺术作为当代艺术的重要组成，其实积累了很多形式和观念的实验成果，而当新媒体艺术进入公共空间，这些实验成果也得到了普适于大众的机会，成为吸引公众的内在力量。

（二）参与

尽管让观众参与艺术品创作并不是一个新的概念，甚至公共艺术的核心要素之一就是公众参与，但直接在街头利用新媒体手段将随机观众转化为创作者，无疑为公共空间增加了新的品质和吸引力。无论是激浪派运动还是概念艺术，又或是约瑟夫博伊斯的"社会雕塑"实验，都是当代艺术关注当代主题，关注参与和过程的探索、尝试。只是这些实验成果大多陈列在美术馆里，或是出现在理论书籍里。而新媒体公共艺术就发生在街头，其创作在邀请普通观众参与的同时，鼓励观众表达其存在感和情感。比如，由贾米·普伦萨（Jaume Plensa）创作的芝加哥千禧公园里的皇冠喷泉[②]，以公民自身的影像与喷泉结合，每天吸引着成千上万的人前来。而拉斐尔·洛扎诺-汉默（Rafael Lozano-Hemmer）的"身体电影"（Body Movies）[③]系列作品，则利用光影设备将观众的影子大小不同的投射到广场或建筑表面，而近百名观众可以同时带着不同的情感和身体语言参与其中，成为作品的重要组成部分。"身体电影"曾在荷兰、西班牙、加拿大等不同国家的不同城市开展，用新媒体艺术方式激活了当地的公共空间。这些新媒体广告艺术项目可能

---

① http://www.playmodes.com/home/lux-mundi/.
② https://en.wikipedia.org/wiki/Crown_Fountain.
③ http://www.lozano-hemmer.com/body_movies.php.

表现形式各有不同，但有一点相同，那就是邀请公众参与到艺术作品的创作当中，将路人从被动观察者变为积极活跃的参与者。

由此角度来看，与传统的雕塑纪念碑等公共艺术作品不同，新媒体公共艺术的核心内容并非展示，也不在于采用了何种新的技术媒材，而是一种公共空间中的公众关注和参与行为。

（三）交互

互动性是数字媒体的必要条件，也是数字艺术的必然特征。关于交互性如何运作，如何与人交往，以及最终如何达成公共空间与社会关系，都是其中至关重要的问题。这种互动涉及人与人、人与机器之间的信息交换，且这些交换应该形成循环的系统，循环的过程就是一次次对话，对话的创造力和多循环的实现则同时激活着空间和空间中的人。通过新媒体手段让人与人之间形成短暂交流，并体验共存感和群体相互作用，其特点是同时在空间和社会维度上的对话和接近。

2012年，Bjarke Ingels集团（BIG）与时代广场联盟合作，在纽约时代广场上创作了一件名为"大爱纽约"（BIG love NYC）①的交互装置艺术作品。该作品由400根透明的LED发光丙烯酸管组成，中间有一个发光的心脏图形，当人们通过触摸传感器将能量转换成光，则心形图案则会发光并跳动，人越多光和跳动就越强。这件作品不但成功吸引了公众的参与，更用爱的主题，为城市公共空间中的所有人营造了积极的社交情感语境。近年来，由于智能自适应系统的发展，交互的方式变得更为负责也更具吸引力。具有嵌入式控制器的传感设备和程序协作，能够随时间推移在空间中不断学习，以优化和发展自身行为，这样人和机器交互的体验也形成新的体验。新媒体带来的全新可能，进一步丰富了公共空间中实现交互的内涵和外延。

（四）对话

无论是日常行为还是偶发事件，产生交互的起点和形式都是某种意义上的对话。比如，当观众在观看街头表演者的表演时，会共同分享快乐并开始就表演者的表现进行交谈，而表演者的精彩技艺就成为吸引人们留在空间并进行社交活动的原因。而新媒体公共艺术则以更为复杂的跨媒介、事件化、交互性能力，成为公众在公共空间中进行社交活动的"触发器"。最终，越来越多的人将出现在公共

---

① https://www.designboom.com/design/big-architects-valentines-day-sculpture-in-times-square/.

空间中，在不同的活动水平上参与创作，而并非只是简单的观赏，并创造出一个生动的社交场面。当新媒体艺术创作出现在公共空间中，很容易吸引人们与其进行交互，并形成许多后续的社交活动。与艺术装置互动的人成为公共空间中的表演者，或者说是艺术创作的组成部分，而其他人倾向于加入或观察这些"表演者"，分享他们观看或参与的体验。新媒体的媒介灵活性甚至可以进一步提升公众的参与维度，不同的装置类型和交互模式不仅提供人与影像或装置的互动，也允许观众通过手机等私人移动端设备完成多点互动，共同营造一种相应环境和互动景观。这也是新媒体公共艺术区别于传统公共艺术的独到之处。

从吸引到参与再到交互，并最终形成交互对话，触发社交活动，对于新媒体公共艺术来说，公众的行为回应才是成功介入的标志，而非技术、艺术或空间自身的凸显。

三、新媒体公共艺术的社交行为触发策略

当触发公众的社交行为成为创作目标时，艺术家显然正面回应了公共艺术价值实现的根本诉求——"从参与到对话"。而寻找社交行为触发可能的过程，同样是地点、主题、形态等各种因素条件共同参与下形成的规则与路径。

（一）因地置艺

新媒体公共艺术往往能轻易吸引受众的关注，而是否能真正实现交互和触发人与人之间在公共空间中的社交活动，则需要满足几个条件。首先，必须选择合适的地点。地点重要性的意义在于，面对不同类型的空间，新媒体公共艺术的类型是否能够找到有效介入的一般规律。比如，以空间激活、触发公众参与社交活动为目标，在广场、街道、机场、车站、建筑立面等不同空间位置，新媒体装置的设置一定有差异化的要求，同时也必然有某种规律。

一方面，新媒体公共艺术的空间优化效能取决于其所在空间的社会氛围、受众类型、文化背景等因素的影响，受众对于新形式的接受度与敏感度就决定了关注和参与度。另一方面，有些公共空间本身就有许多如巨幕、发光建筑表面等设施设备，又或是雕塑、纪念碑等地标性构建，有些地方则可能同时有表演、展示等主题活动进行，新媒体公共艺术创作要充分利用这些不同空间中的差异要素。有时，即便是相同的新媒体装置放置在不同的公共空间，都有可能产生多样化和不可预测的社会行为。2019年农历春节期间，故宫博物院就在乾清宫东庑利用

数字投影、虚拟现实、体感交互等形式，让神秘而古老的紫禁城焕发出新的生机。冰嬉乐园、门神佑福、花开岁朝、戏幕画阁、赏灯观焰、纳福迎祥六个主题创作，通过新媒体技术把京剧、书法、绘画、春节习俗等元素与故宫结合起来，让公众在主题空间中感受传统文化与现代科技带来的碰撞之美。可以试想，同样的形式与内容如果在其他空间中展示，而不是在故宫，观众的体验必然也将大不相同。

虽然新媒体艺术的公共空间介入，有利于公众之间的相互交往，但若要顺利实现这一目标，仍有一些先决条件和因素应当被充分考虑。比如，特定区域的空间特征、社会氛围，观众的类型和文化背景，空间装置的位置，装置的交互耐受性，装置与地点的空间融合度等等，都会成为影响新媒体公共艺术产生效能的重要环节。

(二)宁小勿大

早期的新媒体公共艺术作品，往往是体量巨大的，且在一段时期内呈现出不断扩大的趋势。这里面有开放空间自身的空间包容因素，但更重要的是大型作品更易于第一时间引起公众的关注，公众的震撼体验给了创作者积极的正反馈。然而随着作品体量的不断增大，问题也随之而来，艺术家们需要不断地创作更庞大而炫目的作品，来保证公众视听感官的新鲜感和敏感度。这种通过强化感官刺激的创作方式，显然不是长久之计。更重要的是，大规模的景点式新媒体公共艺术作品虽然花费大量成本，视觉形式和技术运用充分，但实际上对于触发公众交流的效能未必更大。人们往往在导览者的带领下对装置进行观察，而非探索式的参与交互，从某种意义上反而弱化了触发社交行为的可能性。因此，许多艺术家开始探索以更具交互和参与性的小规模新媒体艺术创作进入公共空间。

《雨室》(Rain Room)①是英国著名艺术团体"兰登国际"(Random International)的重要作品，艺术家们通过3D追踪摄像头和电磁水阀管理系统在小小的空间内制造出下雨的效果。有趣的是，"雨水"会根据观众的移动而局部停止，行走其间的观众身上不会被淋湿。下雨是人们再熟悉不过的一种自然现象，但在某一个空间里体验这种特别的"雨中漫步"，无疑是人与自然日常的奇妙关联。这件作品在全世界各地的公共空间中都有过展出，在我国的上海、北京等地也曾吸引了大

---

① https://www.lacma.org/art/exhibition/rain-room.

批观众。从"兰登国际"的其他作品中我们同样不难看出,艺术家们希望通过气球、镜子、玻璃、水等最简单的道具与方式,让人们在日益机械化的世界中找到内心的"诗与远方",而在这种简单与日常的情景中,人们也更能够获得沟通与交流的共鸣。一方面,从触发社交行为的角度来看,专注小规模的媒体和互动艺术干预,专注创建和激励参与和交往的项目,将更好地适应城市更新的目标。尽管可能规模有限,但这些项目既比传统公共艺术具有更多交互可能,又能长期更具可持续的方式激活公共空间。这些项目提供了共享经验和记忆的可能,有能力为公共空间增添新的价值,并有效地提升公众对于城市社区的认同感。另一方面,"小"意味着创作要求和创作门槛的降低,艺术家的创作便捷性和积极性也将获得提升,更重要的是,公众直接参与创作的可能性,以及公众将会在公共空间中接触新媒体公共艺术的概率,都将得到极大的提升。

(三)去永固性

雕塑、纪念碑等传统公共艺术品有着恒久、永固的审美特性,这也是它们能够历经岁月成为艺术经典的原因所在,但这种永固性却不应成为新媒体公共艺术创作的目标。夏尔·皮埃尔·波德莱尔(Charles Pierre Baudelaire)曾提出,"现代性就是过渡、短暂、偶然,就是艺术的一半,另一半是永恒和不变。"①新媒体公共艺术的媒介灵活性,是其杂糅、流变和偶发的现当代艺术特性所决定的,只有在其介入公共空间的过程中发挥媒介灵活优势,才能与传统经典形成反差,并最终获得公共空间激活和优化的全新可能。首先,在具体的实施过程中可见,新媒体公共艺术不仅在视觉效果上能够吸引受众,更重要的是其介入有不可预期性,这对于公众来说更有个性化和智力上的挑战性,也成为不断吸引公众参与的优势所在。其次,全球有许多城市都举办了新媒体和互动艺术节,面对这种阶段性的主题创作,观众明显带着期望而来,参与互动的主动性更高,对他们发现的各种情况持更开放的态度。这些活动大多是暂时性的,但却会循环出现在不同的地点,吸引在地的居民和游客,尤其是让在地居民对已经熟知的空间产生新的认识,发现他们不曾发现的空间特殊品质。再次,新媒体让原有空间与公众之间的关系产生新的连接,创造出了新的城市记忆,一种具有自我参与叙述的共同记忆。2019年1月,在陕西西安碑林区的一座兵马俑影像互动装置在网络上引起

---

① [法]波德莱尔:《波德莱尔美学论文选》,郭宏安译,人民文学出版社,1987年版,第485页。

了热议。公众可以通过扫描将自己的面部影像投射在兵马俑雕像的脸上，虽然看起来有些突兀，但网友们还是被这件作品所吸引，纷纷表达了希望参与尝试的愿望。其实，早在 20 世纪七八十年代，美国艺术家托尼·奥斯勒（Tony Oursler）就开始进行这种形式的创作实验，他把人的面部五官以投影的方式投射在雕塑、建筑、纪念碑和树木之上，用影像打破了客观物体的静态、固化状态，虽然在当时看起来十分诡异，却成为开放空间中视觉艺术虚实结合创作表达的重要探索。在这个过程中，新媒体艺术的干预不但影响了公众对于公共空间的感知和态度，同时唤起了关于市民身份的思考，如果善加利用，这其实与纪念碑凝结共同记忆的功能不谋而合。

总之，随着新媒体公共艺术节和新媒体公共艺术创作越来越多地出现在公共空间之中，公众对新形式的敏感度也逐渐降低，形式吸引必然不是新媒体公共艺术发展的方向。因此，只有允许、吸引公众参与互动，触发公众之间的社交行为，才能真正有效地实现艺术干预。

新媒体介入公共空间不仅是一种利用新技术的环境美化行为，而且是利用艺术干预力量激活公共空间的公共效能，促进公众参与，有效提升城市社区认同。尽管新媒体公共艺术有这种潜力，但是真正实现有效干预，吸引、参与、交互和对话等诸要素缺一不可。而无论是地点选择、规模控制或媒介融合策略，都应将有效触发公众社交行为作为目标和评价依据，才能从真正意义上让艺术介入对城市公共空间实现"公共性"产生作用。

（作者：彭伟，常州工学院艺术与设计学院副教授，博士）

城 与 乡

生命经验、作者表述与社会驱动
——近三十年来中国电影处女作解读[①]

孟　君　蒋露遥

近三十年来，中国电影有一个颇为显著的现象，即青年导演的处女作往往与其个人生命经验紧密相连，作品、作者与当下的社会生活叠影在电影创作中。从1993年开始，王小帅的《冬春的日子》、管虎的《头发乱了》、姜文的《阳光灿烂的日子》、娄烨的《周末情人》、章明的《巫山云雨》和贾樟柯的《小武》等处女作从不同的维度以不同的方式书写导演个人的生命经验，表现了第六代导演真切的成长记忆与生命感受，具有强烈的作者意识与个人风格，也展露了彼时中国社会的种种。新世纪以后，这种个人生命经验的书写也延续到新生代导演的处女作中，在马俪文的《世界上最疼我的那个人去了》、徐静蕾的《我和爸爸》、万玛才旦的《静静的嘛呢石》、张猛的《耳朵大有福》、王一淳的《黑处有什么》、毕赣的《路边野餐》和张大磊的《八月》等处女作中，无论是主题的私体化还是镜语的主观性都强烈渗透着导演个体生命经验的表述。

这种"共性特征"从20世纪90年代至今在导演处女作中持续地存在，这种跨越时空、普遍存在的共性与此前第五代导演偏重隐喻和象征的宏大话语相比存在明显差异，这一现象需要从电影史、电影美学和电影社会学的角度加以分析。导演处女作与个人生命经验的结合并非一种偶然，而是在社会转型背景下社会思潮变迁与电影创作以及个人际遇产生的种种复杂关联而导致的必然结果。导演处女

[①] 本文系国家社科基金艺术学一般项目"中国电影与小城镇问题研究"（项目编号17BC040）、湖北文学理论与批评研究中心、武汉大学中国文艺评论基地研究成果。

作中个人生命经验的表述既是一种个体维度上的主观感受书写，它饱满而真切地描绘了导演的记忆与感受，同时这种表述又是一种社会维度上的现实勾勒，反映了导演个体生命经验与社会文化语境之间的复杂关联，从而表现出社会思潮变迁对个体产生的种种影响，而这种影响又反过来呈现在导演的处女作中。

上述现象不仅反映了导演在处女作中能忠于自己真切的个人体验，还能通过个体表达指涉当代社会变迁。本文以近三十年来的导演处女作为研究对象，试图在廓清导演处女作共性特征的基础上，分析不同年龄、性别和身份的导演共同在处女作中执着于书写个人生命经验的作者归因和社会根源。

一、生命经验：成长主题与梦境意象的个体记忆

对青年导演而言，最关乎个体生命经验的是青春期充满疼痛和蜕变的成长体验，因此导演处女作的明显特征就是聚焦成长主题的书写。近三十年来的导演处女作中，不论是成长于60年代和70年代的第六代导演，还是成长于80年代和90年代的新生代导演，他们都普遍表现出对成长过程中个人记忆的迷恋。与集体记忆或民族记忆的唤询不同，处女作表现的是一种独特的个人化的记忆，导演通过电影讲述自我的成长体验及其对个体和代际集体产生的影响，由此在影片中产生一种颇具张力的冲突，即从场景真实和心理真实两个维度去建构一种主观性的表述。

导演处女作对个人成长记忆的表达首先呈现在独特的时空关联中，德国学者扬·阿斯曼认为："回忆形象需要一个特定的空间使其被物质化，需要一个特定的时间使其被现时化，所以回忆形象在空间和时间上总是具体的。"① 大量电影处女作显示，这种独特的时空关联表现为导演对场景真实的建构，即促使电影中叙事对象的活动场景仿真于导演的真实成长环境。如《阳光灿烂的日子》中70年代的北京军队大院，马小军及其小伙伴们整日过着无忧无虑、横冲直撞的日子，这正是姜文和原小说作者王朔的成长环境；《长大成人》中70年代中期到90年代初期的北京，周青一代人在彷徨和寻找中由少年成长为青年，正如路学长谈及《长大成人》与自己的个人经历之间关系时说："《长大成人》有些情绪的东西，对生活的感悟，实际上是我本人的。不敢说是能代表多么大的一个层面，至少是我身边

---

① ［德］扬·阿斯曼：《文化记忆》，金寿福、黄晓晨译，北京大学出版社，2015年版，第31页。

范围之内、同龄人的感受，确实是非常直接的感受。"①《周末情人》中 90 年代的上海，一系列主观镜头对上海阁楼、街道、路标的展现中，电影捕捉的是娄烨对上海这座城市的生活记忆；《头发乱了》中 90 年代初的北京，随处可见拆迁改变的痕迹，电影不断通过主人公的旁白对旧时的北京和生长的胡同进行描述和回忆，导演以此表达对过去生活记忆的怀念以及对现时的迷茫；《八月》中张大磊 90 年代所在的小城电影制片厂，电影以小雷的视角展现了 90 年代的生活与记忆，这是张大磊对 90 年代记忆中生活流的迷恋；还有诸如《路边野餐》中毕赣的家乡凯里和荡麦，《黑处有什么》中王一淳曾经生活过的河南中原飞机制造厂家属区等。从上述大量的真实场景可见处女作普遍具有强烈的自传色彩，电影所展现的时代背景和人物经历都是与导演本人的真实经历相关的个人生活经验，场景的真实化因其普遍性而成为一种不无自觉的文化表述策略。

不同于第四代和第五代导演偏爱讲述历史和民族寓言的宏大叙事，自 90 年代开始青年导演在其处女作中采用追溯个体成长记忆的个人叙事。贾樟柯说："如果说电影是一种记忆方法，在我们的银幕上却几乎全是关于官方的书写。往往总有人忽略世俗生活，轻视日常经验，而在历史的向度上操作一种传奇。这两者都是我敬而远之的东西，我想讲深埋在过往时间中的感受，那些寄挂着莫名冲动而又无处可去的个人体验。"②可见，深埋在时间中的记忆与情感是导演们的叙述动机，这种情感宣泄的强烈欲望使得他们个人记忆的呈现是充满情怀的私体验，它不仅是与独特时空相关联的外部真实，还是作者基于自己真切的心理感受而呈现的心理真实。为了呈现心理真实，导演们普遍地将记忆的表达与梦的呈现相结合，因而影片中梦与记忆常常交织在一起。

梦境的呈现大致存在两种方式：一种是从宏观角度将电影整体呈现为一种梦境，用抽象的梦境感表现记忆的质感，以诗意的方式表达生命记忆中的美好与孤独；另一种是从微观角度塑造人物的梦，以梦书写人物的欲望，并以此呈现个人成长中的种种体验，流露出作者成长记忆中的情怀以及这种美好消逝的失落感。与梦的两种呈现相对应，梦作为重要的意象具有两层象征意义。

一种象征是梦象征着现实，具体而言是指梦与现实的间离指向因时间流逝、空间置换而产生的记忆上的距离感。导演在当下书写过去，由于时间和空间的距

---

① 程青松、黄鸥：《我的摄影机不撒谎》，中国友谊出版公司，2002 年版，第 204 页。
② 贾樟柯：《贾想 1996—2008：贾樟柯电影手记》，北京大学出版社，2009 年版，第 100 页。

离导致记忆发生重构和变形，变成熟悉而又遥远的复杂感觉，作者以梦境塑造记忆更能展现记忆的质感。由此作者更倾向于呈现关于生命记忆的心理感受，基于此梦的呈现并不会由于与现实的间离而弱化个人生命经验的力量，它指向的是一种心理真实感。张大磊对此解释说："在国外上大学时，距离让我对家庭生活有了一种旁观的认识。日子是很琐碎的，我不认为电影一定要讲一个故事或主题，它可以像日记一样，只是对一段日子的回顾。这部电影其实就像我的一场白日梦。过去的经历，包括大家从影片中看到的每一个人、每一个场景，对我来说可能是真实的，但是我又摸不准——熟悉，但又离我很遥远。"①

在《八月》中，张大磊用梦境呈现距离遥远的记忆，并以此表现记忆萦绕在心里的一种熟悉而又遥远的情绪。整部电影都呈现出一种梦境的感觉，这首先表现在影片的视觉风格上，电影采用了黑白影像，与彩色影像构建的具象世界不同，黑白影像具有抽象的特征。影片开始并未交代具体的时间与地点，但通过开篇的五处场景呈现出一个记忆中的时空：

1. 固定的镜头定格在工厂家属院和街道上。
2. 镜头随着叫卖声切换到穿梭在小胡同中的叫卖的人。
3. 固定镜头停在一排工厂家属院的窗户外。
4. 随后镜头从窗外切入家中，小雷一家三口在吃饭闲聊，十分悠闲。
5. 固定镜头位于厨房前，一家三口进进出出，聊天的声音和洗洗刷刷的声音充斥着厨房。

这五处场景由外到内展现了90年代小城日常生活的风貌，老式破败的工厂家属院、街道、胡同、家里的布局以及具体可感的声音等等写实又充满时代气息的符号使得影片怀旧的记忆特质扑面而来。但是，导演在呈现大量写实的物象时，又把物象的色彩抽离，转换成层次丰富的黑白色，同时隐去具体的时间、地点、人物身份等，让这些细节随着影片中生活的流动而逐渐表露。可见，作者用大量丰富写实的意象让人触摸到90年代日常生活的质感，但又用黑白影像和细节的模糊传达出一种朦胧感和疏离感，这种场景真实和心理真实兼备的处理便塑造出一种亦真亦幻的梦境感。事实上，这样的梦境感贯穿在小雷/张大磊的全部记忆中，也普遍呈现在《长大成人》、《阳光灿烂的日子》、《路边野餐》和《黑处有

---

① 张大磊、李春：《"这部电影其实就像我的一场白日梦"——〈八月〉导演张大磊访谈》，载《当代电影》，2017年第5期。

什么》等影片中。

另一种象征是梦象征着人的欲望,电影的本质就是梦。弗洛伊德在《梦的解析》中对大量的梦例进行收集并分析指出:"梦是完全有效的精神现象——是欲望的满足。它们可以被插入到一条可以理解的清醒的精神活动链之中;它们是由高度错综复杂的心灵活动所构成的产物。"[①]在《阳光灿烂的日子》中,导演以梦的方式虚构马小军的英雄事迹以及他和米兰的亲密关系,以此反映马小军的少年欲望以及这种欲望在现实中难以企及的失落。譬如,成年马小军在进行回忆时常常将梦和现实相混合,在马小军与米兰关系越来越近时,旁白却突然说道:"慢着,事实和幻觉又搅和到了一块儿,可能她根本就没有当我的面睡过觉,可能她根本就没有那样凝视过我,那么她锥子般锐利的目光和熟睡的样子又是怎么跑到我头脑中来的呢?"再如,在马小军和刘忆苦生日那天,马小军拿酒瓶扎刘忆苦,然而对方却若无其事,这时旁白再出来揭晓:"千万别相信这个,我从来没有这样勇敢、壮烈过,我不断发誓要老老实实讲故事,可是说真话的愿望有多么强烈,受到的干扰就有多大。"导演告诉观众,马小军与米兰的相识过程以及那些勇敢壮烈的举动只不过是他的个人梦境,这种梦境反映了少年马小军内心成为英雄和赢得美女的强烈欲望,同时也反映了成年马小军对少年时代的遗憾和失落的难以释怀,马小军/姜文通过梦境弥补了现实的遗憾。

梦的呈现与叙述贯穿在个人记忆的书写中,不论是以抽象的梦境塑造记忆的质感,还是塑造人物内心的梦,都表现了作者对过往生命记忆的眷恋、追寻、难以释怀。前者表现过往记忆与导演的距离感,而正是因为这种距离感,记忆产生了重构和变形,因而青春的遗憾被改写;后者折射出导演的种种情结,如姜文的少年情结,路学长的英雄情结,张大磊对于父辈的情结等。导演丰富而隐秘的心理被转化为电影梦境的叙述,个人生命经验由此产生出超越个人的属于电影的力量。

青年导演通过成长主题的书写和梦境意象的塑造完成了对自我生命经验的表达与探索,如此普遍性地存在于大量处女作中的个体记忆表明,相较于90年代之前青年导演更忠于自己真切的个人体验,这标志着他们主体性的确立和作者性的追求。不同代际导演群体创作的差异性体现了这种个体生命经验表述的独特价

---

① [奥]西格蒙德·弗洛伊德:《梦的解析》,孙名之、顾凯华、冯华英译,国际文化出版公司,2013年版,第86页。

值。譬如"文革"岁月在第五代导演的表达中是痛苦的、反省的，但在姜文的表达中，那是一段阳光灿烂的日子，少年热情洋溢，内心燃烧着浓烈的英雄梦和爱欲，而这一时间段在更年轻的新生代导演中则是叙事盲区。又如在第五代导演的《有话好好说》和《背靠背脸对脸》中，90年代是审视和解剖的对象，但在第六代导演的叙述中，90年代是迷茫的、焦虑的，青年们在面临巨大变革之时无所适从，再到新生代导演张大磊的叙述中，90年代的日常生活状态本身就是一种诗意，是美好而梦幻的生活流。因此，个体生命经验的表达不是个人的、偶然的碎片式絮语，而是一种十分具有文化策略意义的作者表述，导演们通过展现与官方记忆模式相区别的个人记忆来张扬主体性和标识导演作者身份。

二、作者表述：身份意识与叙事策略的主观同构

导演在处女作中选择以记忆的方式承载不可复制的个人生命经验，这种表述既是导演成年后的心理自疗，抒发了无处隐藏的情感；又是一种标识自我的文化策略，以确立独特的电影作者身份。因此，对于导演来说，处女作不仅具有重要的个体表达意义，还具有重要的集体文化价值，大量处女作形成共同性的特征不是一种偶发现象，而是混杂着个体偶然性和集体必然性的作者群体意志。从这个意义上，本文所分析的处女作都是彰显作者自觉的作者表述，这些导演的美学取向和艺术追求表明他们具有明确而强烈的作者身份意识，作者表述体现在他们始终贴合个体生命经验的叙事策略。

自90年代以来，青年导演创作的共性表现在他们对自我生命经验的表述总是或直接或间接地反映在其处女作中。譬如，贾樟柯的处女作《小武》就是以自己身边多年的朋友为原型进行创作，小武是生活在中国小县城中的社会边缘人，处于精神和物质的双重匮乏中，当小城的传统生活在现代化转型中发生裂变，小武也在变动的社会环境中遭受着精神和生活的桎梏。再如，徐峥《泰囧》的主角徐朗是事业成功却遭遇危机的中年人，徐朗人到中年在事业遭遇同学的竞争时妻子向他提出离婚，事业家庭的双重危机下他前往泰国以挽救事业上的危机，已然成功的中产阶级徐朗因生活中的危机引发了内心的焦虑和缺失。事实上，这些人物都与作者的个人生命经验相关联。贾樟柯出生于山西省汾阳县，他坦承这种成长背景影响了"他作为一个人的存在方式：他的人际关系、他的价值取向、他对事物

的各种判断"①。这种影响通过小城社会边缘人物传递出来，从他们漂泊压抑的生存状态表现出作者个人化的生命经验。与之相似，徐峥在最初执导电影时就已经是一名知名演员，与电影中的叙事对象一样，都是事业成功的中年人形象，徐朗一心追逐利益忽视家庭亲情，反映了人到中年的中产阶级内心的焦虑和迷茫，这既是作者对叙事对象心理和情感的深度挖掘，也是作者作为中年中产阶级的自我书写。

又如娄烨在处女作中书写的城市青年漂浮的生活与体验。《周末情人》以李欣、阿西、拉拉三人的爱情纠葛为主线讲述了一代青年在城市的迷茫、脆弱与浪漫，1993年拍摄《周末情人》时娄烨是28岁，刚开始获得拍摄的机会，电影中的叙事对象也是与自己一样的青年。正如他自己所说的那样，"60年代中后期出生的一拨人的生活状态和他们的爱情，他们是在改革开放中成长起来的一代，他们知道'文革'，听过样板戏……他们有他们的毛病、缺点，但同时又有着他们的热情、真诚和梦想，实际上特别简单，没有什么不能理解的。"②可见，处女作完全贴合作者主体，通过表现青年人的孤独与迷茫进而书写自己关于青春记忆的理解和感受。

导演之所以采取个体生命经验叙述的策略，源于作者的内在心理驱动。姜文曾感叹："怎么说呢，好像是心理治疗，把心里的事儿倒腾出来，不单单是有叙述的愿望，是整理出来，在某种状态下表达它。也许我还回去倒腾，往里挖。不然我心里越积越多，我得往外掏。"③路学长也说："我想每一个导演在拍自己的第一部影片的时候都不需要准备太久，很多都是憋了好几年、积蓄了很长时间的东西，稀里哗啦一下子就冒出来了。"④由此可见，作者在进行处女作电影创作时有一种急于表达的欲望，并形成了这样一种心理驱动力，它既是作者抒发情怀的个人方法，又是作者进行自我表达的集体策略。正如姜文所说的那样，"导演要拍什么东西、怎么去拍，都是和他心里的'结'有关系。"⑤深埋在时间中的生命记忆萦绕在作者的心中，成为内心的结，贾樟柯的汾阳生活经验"常常让他感到不安，"使得"曾经粗糙的内心开始有了表达的欲望"，《小武》便是这种私密生活经验

---

① 贾樟柯：《贾想1996—2008：贾樟柯电影手记》，北京大学出版社，2009年版，第46页。
② 程青松、黄鸥：《我的摄影机不撒谎》，中国友谊出版公司，2002年版，第270页。
③ 同上书，第73页。
④ 同上书，第200页。
⑤ 同上书，第73页。

的展现;娄烨拍摄《周末情人》时说:"选景的所有地方都是我以前玩过的,那是我对上海的感觉。"①他用主观镜头展现上海的公寓、街道、台球室、路标等,以呈现他记忆中的上海。而路学长的《长大成人》更是反映"我们这一代人是如何成长起来的"心灵故事,是一部自然流露的反映成长感受的作品。因此,导演在其处女作中对记忆的迷恋以及个人生命经验的表述是内心情怀的强烈抒发,是姜文所说的"心理治疗"。

上述分析表明,承载着个体生命经验的作者表述具有明显的作者归因,相较于之前,近三十年来青年导演具有强烈的身份意识,这促使他们集体选择忠实于个人、强调心理主观表现的叙事策略,尤其是观照导演们此后的创作变化,处女作中展现了其后作品所不具有的独特而珍贵的生命记忆和真切感受,导演们对个人经验的自我表达更趋近电影的艺术本质。

三、社会驱动:切近现实和美学风格的创作转向

尽管处女作是切近个体生命经验的表达,是导演自主选择的凸显作者身份意识的叙事策略,但是作为一个普遍而持续的创作现象,处女作不只是导演主体心理的个人外化,而是关于社会变动的集体感受,1990年开始的当代中国社会大转型是近三十年来导演处女作从历史、民族和政治话语转向个体、自我和心理表述的真正驱动力。

在创作主体方面,巨大的社会转型促使电影导演从宏大历史转向个人经验。回首第五代导演的处女作,张军钊的《一个和八个》、陈凯歌的《黄土地》、张艺谋的《红高粱》和田壮壮的《红象》等在体制内创作,用鲜明的造型、浓烈的色彩对民族历史和文化进行反思和批判,他们的处女作宏观、抽象、隐晦,并抽离具体现实。与此不同,以1990年的《妈妈》为标志,第六代导演的处女作成为处于地下状态的独立电影,出于身份意识的危机或艺术观念上的挑战,他们的关注点从抽空的历史转向基于现实的个人生命经验。新世纪以来,这种创作趋势也延续到了新生代导演的处女作创作中。1990年前后发生的变化表面上是代际更迭的需要,但鉴于新世纪再次发生代际更迭时并未发生断裂式的转变,可见真正的原因并非新生群体的出现,而是90年代中国社会整体转型的结果,是80年代文化热潮冷

---

① 程青松、黄鸥:《我的摄影机不撒谎》,中国友谊出版公司,2002年版,第253页。

却和90年代市场经济上行在电影创作、电影教育和电影生态中的影响。

在创作内容方面，急剧的社会变迁促使主观个体表达和客观社会现实相结合。与第五代导演处女作中宏大的视角、抽离的现实不一样，第六代导演的处女作书写了极其主观化的个体生命经验，同时由于生命经验与社会语境不可剥离，从而使得主观书写实际上倚赖于客观社会现实的影响。自90年代初开始，中国的城市化进程进入全面推进阶段，包括城市在内的整个社会结构产生急剧的变化。城市化进程伴随着城市现代化、都市文化崛起、社会关系变化和中国人口的大迁移等问题，社会变迁的这些结果全面反映在导演的处女作中。小武的失意人生，冬和春的迷茫爱情，周青寻找朱赫莱的艰难，以及《周末情人》中青年在城市中的游荡生活等，都展现了城市化进程这一社会现实对不同个体的生活际遇产生的影响。不论是在汾阳、北京还是上海，也不论是小偷、画家还是都市青年的生活，差异化的主观表达都指涉着共同的社会现实变化。创作内容的这一特性在新生代导演的处女作中也得到展现，《八月》《老兽》等影片都是通过个体记忆经验指涉社会现实，发生在具体历史时刻的工人下岗潮、经济危机是作者个人体验的必要语境，由此形成了社会现实和主观表达相结合的电影文本。不同的主观表达背后具有共同的现实指涉，这表明导演处女作中主观化、现实化的特点不仅仅源于导演的个人选择，其根源是社会现实的驱动。当代社会转型不可阻挡地塑造着个体的生命经验，全面思想解放、商品经济繁荣、消费主义盛行、大众文化兴起等精神和物质上的变迁，使得个体生命轨迹无法避免地涌入社会转型的浪潮中，创作者在其处女作中对个体记忆的迷恋展现皆是缘于身处急剧的社会变迁中引发的失落、迷茫和焦虑。可见，导演的主观表达并非只是单纯的自恋絮语，它具有深刻的社会现实根源。

在创作风格方面，大量丛生的社会问题促使电影导演由具有主观性、象征性和寓意性的美学风格转向写实主义和形式主义的美学风格。第五代导演处女作具有较为鲜明的、共性的美学风格，其色彩、造型和构图等视觉元素与宏大主题构成具有主观性、象征性和寓意性的互指关系，对中国的历史和现实进行深刻批判和反思。第六代导演处女作则集体转向写实主义和形式主义的美学风格。《小武》是写实主义风格的代表性作品，导演通过主观镜头、摇晃镜头、长镜头和反常规镜头等先锋手法表现客观现实和人物心理之间的联系。近三十年来导演处女作在电影美学上有一种明显接近巴赞现实主义美学特征的倾向，导演们采用非职业演员、手持拍摄等方法复现社会现实，以此竭力反映当下社会的真实现状，他们具有自觉用影像记录社会变迁的使命感。《巫山云雨》是形式主义风格的代表性作品，它用另一种方式表现了客观现实和人物心理之间的联系，古老江城原始丰沛的生命力、即将消失的县城和不可阻挡的现代化工程在章明的现代性镜语中获得奇妙的统一，这种形式主义的美学风格在《长江图》和《路边野餐》中得到延续。

贾樟柯在说明他为何拍摄《小武》时说："社会的转型正在给这个小县城里的基层人民生活带来各种深刻的具体的影响，使我看到了一种就当下状况进行深度写作的可能。我的创作神经一下子兴奋起来！"①贾樟柯不断深化的艺术自觉表明，正是社会变迁促使了电影风格的写实主义转向，形式主义风格的转向是这种艺术自觉的另一种表现形式。《小武》中处于拆迁过程中的小城镇、《安阳婴儿》中底层人物生活景象、《巫山云雨》中即将淹没的巫山县城、《制服》中小人物对体制内身份和权力的迷恋等都以写实主义或形式主义方法展现，反映的皆是社会转型进程中产生的物质、文化、心理问题，导演对社会现实问题的集体书写彰显出社会转型对他们的深刻影响。青年导演亲历了近三十年来的社会变迁，身处其中、感同身受的直觉驱动着他们避开历史的宏大主题转而关注当下现实的微观世界，由此形成了写实主义和形式主义并行的创作风格转向。

创作主体、创作内容和创作风格的上述转变表明，1990年后导演处女作在创作上开始切近社会现实，共同勾勒了一幅社会转型时期的集体镜像。这一创作转向不仅源于导演个人的身份策略和美学选择，更重要的是源于深刻的社会驱动。导演处女作在基于个体生命经验的作者表述之外，还集体审视社会变迁后的惊人景观和社会进程中的种种问题，建设与破坏并存的巨大社会转型是创作者聚焦社会现实并转变美学风格的直接驱动力。

结　语

通过对近三十年来中国电影处女作的分析，本文发现，这些处女作具有以下共同特征：创作者忠于自我生命经验，并以个人主观视角读解浸入他们生命历程、形塑他们艺术观念的社会变迁，从而能深刻地解释当代社会转型所带来的深刻影响。不同年龄、性别和身份的导演共同在处女作中执着于书写个人生命经

---

① 贾樟柯：《贾想1996—2008：贾樟柯电影手记》，北京大学出版社，2009年版，第53页。

验，有其作者归因和社会根源。导演们具有作者身份的自觉意识，这使得中国电影在代际更迭和生态重构方面凸显出叛逆和革新，这样的特征在近三十年的中国电影创作中不断深化，已产生了明显的效果。处女作在创作上的诸多特征都指向其社会根源，中国电影不断深入的现实关注和当下现实题材电影的热潮是对90年代以来的承接。个体与社会之间复杂的关联构成了处女作的上述作者归因和社会根源，这也是导演生命经验的个体表述具有集体书写的普遍性特征的原因。

历史地看，所有创作现象上的共性都是个人境遇与社会发展共同作用的结果，从20世纪20年代的社会片、30年代的左翼电影、40年代的商业电影和国防电影，到70年代的样板戏都是如此，创作者努力在自我表达与社会影响之间寻找契合点。审视当下，近年来中国电影市场激增、产业升级、工业美学盛行，表明处于动态发展过程中的社会变迁对电影创作的影响在不断加深。社会加重对个人钳制的结果是，导演的生命体验和作者表述被各种因素所包裹、扭曲甚至消灭。2019年元旦《地球最后的夜晚》的营销事件是一个重要的隐喻，它说明个人生命体验和作者表述在导演的后续作品中难以保持，事实上在当前许多新导演的处女作中也岌岌可危，这是值得警惕和反思的电影现象。

（作者：孟君，武汉大学艺术学院教授、博士生导师；蒋露遥，华中师范大学新闻传播学院硕士研究生）

文旅视线

论新中国成立 70 年中国红色旅游的发展

马桂芳

新中国 70 年旅游业的发展已经进入了大众化旅游的中高级阶段。其中，红色旅游作为一种爱国主义教育与旅游产业相结合的新兴旅游活动，依赖各个区域所拥有的博大精深的红色旅游资源蓬勃发展，在加快我国红色旅游资源开发步伐的同时，又作为不可再生的宝贵文化资源、政治资源，成为我国巩固主流意识形态、提升文化软实力的重要内容。众所周知，为新中国革命做出卓越贡献的很多区域红色旅游资源极其丰富，却多是地处偏远或少数民族聚居的欠发达地区。中共十九大报告提出要实施区域协调发展的战略，因此，立足红色资源，发展红色旅游，因地制宜创新区域协调发展机制，无疑是增强革命老区经济建设活力的最佳路径。

一、发展红色旅游的时代价值

1. 红色旅游的内涵与特征

(1) 红色旅游的内涵

就"红色"而言，最早可以追溯到苏联的"红军"，在革命历史的长河中渐渐升华才有了"红色"的特定内涵，如红色政权和红色根据地等。因此红色旅游，从广义上通常是指具有政治性、教育性的纪念地，体现教育、缅怀、纪念等功能的旅游活动。中共中央办公厅、国务院办公厅颁发的《2011—2015 年全国红色旅游发展规划纲要》指出："红色旅游，主要是指以中国共产党领导中国人民在革命和战争时期建树丰功伟绩所形成的纪念地、标志物为载体，以其所承载的革命历史、革命事迹和革命精神为内涵，组织接待旅游者开展缅怀学习、参观游览的主题性旅游活动。"

(2)红色旅游的特征

作为文化旅游的主要内容之一，红色旅游富含中国情怀和中华民族精神。在旅游目的地，它主要是依托革命战争时期的各类遗址、遗迹，向广大游客展现革命历史、回顾英雄事迹、弘扬爱国精神的专项文化旅游活动。红色旅游是马克思主义在中国的传播和实践的载体。它以革命精神为引领，以史为鉴，既铭记历史，又重温历史，把精神、文化的源泉转化成丰富的物质财富，在促进红色旅游目的地经济发展的同时，弘扬中华五千年文明历史和中国共产党的百年奋斗历史。由此可见，红色旅游因具有博大精深的历史、政治和文化内涵，其学习性、故事性、参与性特征十分突出。

2. 发展红色旅游的时代价值

红色旅游作为富含中国情怀和中华民族精神的旅游产品，集文化传承、政治教育、经济发展和生态保护价值为一体。

(1)文化传承价值

红色旅游作为一种特殊的文化旅游方式，在旅游产品的设计与营销中特别强调物质形态和非物质形态红色文化元素的再生产与传播，而革命精神则是红色文化的灵魂，中国特色社会主义的红色文化继承了古代儒家"民为邦本"的执政思想，发展了近代鸦片战争、洋务运动、辛亥革命和五四运动时期中华儿女自强不息、艰苦奋斗的精神，弘扬了中华民族不卑不亢、团结协作的民族精神。深入挖掘和丰富红色旅游的文化内涵，大力发展红色旅游，可以涤荡心灵，净化灵魂，传播先进的文化，树立正确的社会风气。如果没有中国革命精神，[①] 红色旅游就会断壁残垣、陈书旧布，失去其灵魂和核心。

作为上层建筑的红色旅游，在新中国成立及改革开放取得丰硕物质成果的今天，理所应当是人们追求高品质生活的精神世界享受。通过旅游，让更多游客感受博大精深的中国革命红色文化，在回顾历史的过程中自觉接受红色文化的洗礼，缩短旅游者与革命先烈之间的时空距离，让广大人民铭记红色精神是无数先烈留下的精神财富，是新中国社会主义文化建设的精神根基，是激励中国人民继续艰苦奋斗的动力源泉。以寓教于游、寓育于乐的形式，坚定民族文化自信，促

---

① 陈茂礼：《我国红色旅游资源开发的问题与对策研究——以马克思主义生态哲学为视角》，重庆师范大学硕士学位论文，2017年。

进中华民族先进文化的广泛传播。

(2) 政治教育价值

从政治视角透视，红色文化资源应该属于特殊的政治资源。中国共产党为了让中华民族屹立于世界东方，在革命和战争时期领导中国人民不畏艰难险阻、流血牺牲，构筑了今天伟大的红色精神堡垒，成为其在新中国执政的牢固根基，在物欲横流的今天，这无疑是最好的思想政治教育平台。可见，红色旅游肩负着新时代思想政治教育的重任，通过红色旅游，以承载革命战争时期红色历史、红色精神和红色事迹的物质或非物质遗迹为载体，引导大家树立艰苦朴素的工作作风，引导党员坚定信念、提高党性修养、筑牢拒腐防变的防线。

一方面，拥护中国共产党的领导。在红色旅游过程中，带领广大游客穿越历史时空，以故事、图片、音频资料、舞台演出等形式把中国共产党的艰苦奋斗史展现给大家，让更多的人民群众了解中国共产党的奋斗史，以及在奋斗过程产生的革命精神、英雄事迹、感人故事等精神财富，并以此之证明选择中国共产党和社会主义制度是正确的，从而加强中国共产党的领导；其次，帮助人们提高文化自信，坚定正确的政治立场，坚持党的领导，坚定社会主义发展的道路。

另一方面，弘扬爱国主义精神。我国现在有近五百个爱国主义教育基地，每一个基地都是中国共产党带领千千万万中国人民从一穷二白走向富裕文明的历史见证。大力发展红色旅游，通过红色文化的洗礼，激发广大老百姓，尤其是青少年的爱国热忱，增强民族认同感、民族自信心、民族凝聚力，激发每一位中国人为全面建设小康社会，实现中华民族伟大复兴的中国梦努力奋斗。

(3) 经济价值

我国的红色旅游景区大多分布在偏远地区。1949年特别是1978年以来，从大局出发，国家实施了非均衡发展战略，对老、少、边、穷地区的人、财、物投入有限，致使这些区域"高颜值"、低收益的现象较为突出，有些地区的经济水平甚至低于全国平均生活水平，为了2020年如期全面建成小康社会。《2016—2020年全国红色旅游发展规划纲要》特别重视通过发展红色旅游实现革命老区、西部民族地区的脱贫致富。提出科学开发红色旅游资源，大胆探索创新这些地区将资源优势转化为经济优势，彻底改变老、少、边、穷地区发展落后的局面，实现我国区域经济社会协调发展，建设和谐社会。

我们知道，红色旅游产业同样有着巨大的产业带动效应，会带动种植业、交通运输业、娱乐业和餐饮业的快速发展，吸纳劳动力，增加就业，改变当地的生产、生活环境，促进基础设施建设步伐的加快，提升老百姓的生活水平，实现"一业兴百业兴"的发展局面。例如，革命圣地西柏坡，近年来充分利用历史、人文等资源，以产业融合大力发展红色旅游，构建新的红色旅游模式，调整产业结构，吸纳就业人数近400多人，综合经济效益达7500多万元；又如革命老区瑞金，将红色资源与自然风景、气候、物产融为一体，仅2017年突破接待游客千万人次，实现红色旅游收入45.43亿元。无论是东部还是中西部地区，很多革命老区纷纷挖掘红色文化，丰富旅游文化内涵，创新文化产业，使革命老区社会效益与经济效益相得益彰。

（4）生态建设价值

我国多数的红色旅游景区生态资源独特，无论是山区丘陵地带的绿水青山，还是广袤的黄土高原，都是与红色资源融合在一起的巨大财富。红色旅游的健康发展既有利于实现红色旅游的经济价值和社会价值，更有利于实现目的地的生态文明建设。我们知道，生态文明建设倡导以人为本与生态发展的全面统一。红色旅游业的发展与红色文化产业、生态农业、特色手工业关联度极高，同属绿色产业范畴，生产中倡导理性对待"红""绿""古""黑"各色资源之间的关系，使红色资源、自然资源和人文资源相得益彰，强调最大限度保护目的地原生态文化环境，当地民众为最大的受益者，这无疑都是沿着生态旅游的本真轨迹而实现最佳经济效益，充分彰显了"人类中心主义和自然中心主义"原则。

实践表明，在大力发展红色旅游的过程中，各地政府纷纷出台政策，要求社会效益第一位，要依附前辈的革命遗产，将其与当地自然资源、人文资源有效融合，以人与自然和谐共生为支撑，协调人、自然、历史的关系，发展生态特色突出、生态文化厚重、生态生产方式和生活方式明晰的红色旅游产业。

二、新中国70年红色旅游的发展脉络

红色旅游的萌芽、发展与革命传统教育活动同步，主要发展脉络表现为以下几个时期：

1. 萌芽时期

1919年至1949年，新民主主义革命、战争时期到新中国成立，为红色旅游的萌芽阶段。主要的产品是革命历史、事迹和精神，载体以纪念地和标志物为

主。例如：瑞金、井冈山、遵义，以及延安的宝塔山、杨家岭、清凉山、王家坪等。新中国成立到改革开放之前的红色旅游与整体的旅游一样以接待为主，不同的是政治特色明显，整体功能定位凸显社会效益——爱国主义教育，没有经济效益可言。

2. 起步时期

随着市场经济的发展，旅游业如雨后春笋般在全国各地快速发展。为获取竞争优势，作为特色文化旅游之红色旅游面临着从政治接待向市场化发展的蜕变。20 世纪 80 年代中后期，中东部一些革命老区依赖红色旅游资源和前期开展革命传统教育的优势，率先揭开了红色旅游市场化经营的面纱，名副其实的"红色旅游"开始发展，且充分体现"吃住行游购娱"六要素。

3. 快速发展时期

20 世纪 90 年代中后期，随着我国经济的快速发展，旅游业成为服务行业的新增长点，红色旅游也迎来大发展时期。其中，重大事件性纪念活动给当时的红色旅游提供了广阔的发展机遇和空间，如纪念抗战胜利 50 周年、庆祝新中国成立 50 周年等。1998 年，江西省率先提出"红色摇篮，绿色家园"理念，标志着红色旅游正式产生。这一时期，红色旅游的基础设施建设投入加大，相关产品也不断丰富，物质和非物质产品层出不穷。

4. 市场化发展时期

21 世纪以来，随着假日经济的兴起，以及扶贫攻坚战略的实施和爱国主义情怀的助推，很多老、少、边、民族地区纷纷将红色旅游作为优势资源，以发展当地经济。2001 年，区域性的红色旅游协作组织在一些革命圣地、纪念地发起成立。2002 年，浙江嘉兴拉开红色旅游产品推介会、红色旅游论坛之帷幕，红色旅游被纳入旅游范畴，完成了从事业接待向旅游行业的蜕变。2003 年，彰显革命传统和基本国情的三大干部教育学院在上海、井冈山和延安分别开工建设。2004 年年底，"红色旅游"被正式提出。2005 年 12 月，中共中央办公厅、国务院办公厅印发《2004—2010 年全国红色旅游发展规划纲要》，提出加快红色旅游发展，使之成为爱国主义教育的重要阵地。爱国主义教育与旅游产业相结合的新兴旅游活动在这一年开始席卷全国。2006—2010 年中国的红色旅游步入快速发展时期。2011 年，红色旅游成为我国人民群众追求高层次精神文化享受的主要旅游项目。2012 年，赣南等原中央苏区的红色旅游在党和政府优惠政策支持下上升为国家战略。2016 年，党中央高度重视红色旅游的发展，于 12 月公布了《2016—2020 年全国红色旅游发展规划纲要》。文化部、教育部等 14 个部门共同出台了《全国红色旅游经典景区名录》。2016 年推进贯彻落实旅游"515"战略。2017 年，供给侧结构性改革，[①] 红色旅游作为重要的旅游供给产品，成为文化产品再生产的主流。2018 年，全域旅游年，红色旅游的热潮再一次席卷全国。

三、红色旅游发展的趋势

党的十九大以来，习近平总书记多次强调，要把理想信念的火种、红色传统的基因一代代传下去，让革命事业薪火相传、血脉永续。

红色旅游现在已经成为爱国主义传统教育、革命历史文化学习的主要形式和载体，并以其丰富的文化价值内涵，实现着对游客的接触性扩散。我国现在有 12 个"重点红色旅游景区"，30 条"红色旅游精品线路"和 100 个"红色旅游经典景区"。

1. 内容更加丰富。随着发展的升温，红色旅游的内容更加丰富，涵盖了革命战争时期的井冈山、长征、延安和西柏坡精神，社会主义建设创业时期的雷锋精神、铁人精神和焦裕禄精神，改革开放时期的九八抗洪、抗击"非典"和抗震救灾精神等，这些都已成为红色旅游传承红色基因、培育时代新人的重要内容。

2. 表现形式多样化。从游客思维出发，红色旅游产品差异化的诉求越来越强烈，为体现主基调产品的不同消费感受，声、光、电等现代元素，文学、歌舞、影视、实景剧等艺术手段均承载着红色旅游的产品供给。

3. 融合发展是主流。革命传统教育与旅游产业发展融合发展，区域间，尤其是西部地区"资源互享、优势互补、游客互送"空间融合发展，使红色资源效益最大化；文化产业、工业（强国）产业、农牧业（美丽乡村建设）等产业融合发展，进而实现以红色文化为内核、生态绿色为主导的多维度融合发展，实现社会效益、经济效益和生态效益的统一。

四、发展红色旅游的几点建议

红色旅游集政治、文化、经济、富民工程为一体，是我国实施西部大开发战

---

① 余建波：《基于价值链理论的瑞金红色旅游提升对策研究》，南昌大学硕士学位论文，2018 年。

略、扶贫攻坚战略的重点。全国现有17个省区，241个老、少、边区都在通过发展红色旅游实现资源的价值转换。同时也暴露出许多问题，如红色资源静态陈列成了主流，使红色旅游缺乏生气和吸引力；红色旅游资源开发中人与自然关系未能体现红色资源的原始本真，或过于强调自然中心消极开发无作为；传统经济增长方式下红色旅游产品定位偏差；各地红色旅游资源丰富，但景区较为分散。行政壁垒仍然存在，景区联动性差；旅游线路简单，产品形式单一，深度融合开发不够，缺乏可持续发展。

1. 以马克思主义生态哲学为指导，合理开发红色旅游资源

马克思主义生态哲学观强调人与自然的有机统一。中国化的马克思主义生态哲学同样倡导维护人与自然和谐共生。因此，合理开发红色旅游资源的核心在于正确处理人、自然和社会三者的关系，通过对人的感化与塑造，巩固我国主流意识形态，提升我国的文化软实力。

（1）发挥政府主导作用，凸显红色主题

红色旅游资源是弘扬中华民族优秀文化、加强爱国主义教育、培育和践行社会主义核心价值观的基石。作为政治产品，"红色"首先体现在对"人"的教育。因此，保护与开发红色旅游资源，应发挥政府的主导作用，与时俱进推进社会主义主流意识形态的构建。具体为：以红色文化、红色精神统一思想，加大对民间红色文物的收集、保护和传承；养护红色遗址遗迹；及时申请红色非物质文化类遗产的申遗工作。制定、完善红色旅游资源保护与开发的法律法规；全方位提炼、弘扬红色旅游鲜明的"红色"属性，使之与生态化、人文性相得益彰。如姚家山——武汉抗战第一村，红安天台山——中国第一将军县，中山舰博物馆——一代名舰、革命摇篮，领袖故里——湘赣闽红色旅游区，"两弹一星"精神承载地——青海海北西海原子城等。

（2）以"红色"文化为核心，建立高素质红色旅游人才队伍

红色文化是红色旅游业发展的生命线，红色旅游产品唯有保持其文化含量，才能经久不衰。因此，红色文化内涵"被看作是在红色旅游资源开发中决定旅游产品的品位、级别及其生命力的首要因素"。[①] 红色旅游从业人员作为红色文化和精神的生产者、传播者，很大程度上决定着红色旅游政治价值、文化价值、经

---

① 徐仁立：《中国红色旅游研究》，中国金融出版社，2010年版，第132页。

济价值、生态价值的实现程度。首先，需要组建一支深谙历史底蕴、精通红色理论的研究队伍，挖掘、整理红色资源。在此基础上，开发特色鲜明的红色文化产品及其体验项目。其次，培养全面了解中国革命发展史，熟知革命事迹的"红色"导游，以朴实的情感、严肃的语言，传播、弘扬红色文化，还原历史本真。如北京古北水镇，培养当地农民成为优秀的导游，其中有一位50岁左右的妇女告诉大家，是党把她从一个大字不识的农民培养成为导游，每每向游客讲述抗日战争历史时，她总是声情并茂，以自己质朴的语言、纯真的情感带游客穿越时空，缅怀英雄，铭记历史，坚信中国共产党的领导，让静穆的司马台长城因"红色"文化魅力四射。

2. 以可持续发展理念为支撑，实现红色旅游产业化发展

可持续发展理念的核心是关注有限的不可再生的自然环境如何实现长期价值。在新时代，我国很多地区的红色资源同样面临资源的有限性、不可再生性与价值长期性之间的矛盾。目前，很多区域的红色旅游发展相对粗放，提供的旅游产品多数只是对历史物质遗留的保护和展示，而红色旅游的时代价值在于从遗留中升华红色文化和精神，通过传播，使其在新时代社会主义建设过程中发挥政治、文化、经济、生态功能。因此，从可持续视角推动红色旅游的发展需要做到的是，发挥市场的作用，走市场化经营之路。市场是红色旅游产品价值实现的关键平台。尽管红色旅游社会效益为先，但在产业发展的过程中，红色旅游产品的核心竞争力依旧要在市场消费中被衡量。其中，经济效益理所当然是衡量尺度之一。所以，红色旅游产业化发展，要使其生命周期循环往复永不衰退，就必须以可持续发展观为指导，以先进文化为引领，以中国历史为脉络，以红色遗迹为基点，让广大游客从革命历史遗迹中科学认识社会主义建设，更加热爱中国共产党，唯有如此，红色旅游产业化发展才不会因产业化步伐过快使其灵魂被拉远，也才能够使承载历史精神的红色产品实现社会效益与经济效益的相得益彰、互促共进。

3. 与乡村旅游融合发展，延伸红色旅游价值链

《2016—2020年全国红色旅游发展规划纲要》提出：提质增效、精准扶贫、深化教育是红色旅游发展的主要目标。也就是说，要实现这些目标，必须走融合发展之路。在我国，红色旅游资源大多集中在农村，恰好乡村旅游和红色旅游是当前旅游产业新的增长点，二者融合联动发展，既有利于实现红色资源的效益最

大化,又有助于实现乡村文明复兴,进而推动乡村振兴战略的实施。

首先,以游客思维开发红色乡村旅游资源。游客是旅游的核心动力,红色旅游和乡村旅游的融合发展一定要注重一方面让游客置身优美古朴的乡村美景,另一方面,还要让游客参与到红色旅游体验中接受红色文化精神的洗礼,如重走长征路、角色扮演游戏等。乡村自然风景给予返璞归真,红色经典文化则坚定理想信念、涤荡灵魂,二者同时起到净化心灵之作用。

其次,以居民思维加强乡村建设,实现红色乡村资源有效供给。以目的地居民的生活、生产为出发点,以乡村的高质量发展为着力点搞好乡村建设。需要强调的是,一定要保持乡村的"乡村性",保留乡村的本真,这样才能在与红色旅游融合中还原历史的真正面貌,才能实现村中有景,景中有村,点面结合的全域化旅游,让游客在质朴的自然景色中穿越时空,畅游历史,不忘初心,接受革命的洗礼,在实现红色乡村资源有效供给的同时,延伸红色旅游价值链。当然,这项工作需要政府、企业、乡村居民、游客与行业协会等共同参与才能实现。

4. 加强智慧旅游建设,实现新媒体传播

贯彻发展全域旅游,旅游服务功能的完善应该放在首位。红色旅游作为一项政治工程更应如此。21世纪,旅游产业信息高速公路的畅通离不开智慧旅游、现代化游客服务中心、信息化网络平台的建设。只有完善这些基础设施,才能更好地通过新媒体实现红色文化、红色旅游目的地的广泛有效传播。就当前个性化高品质需求而言,新媒体可以为不同的消费群提供不同的产品和帮助。如手机,通过媒体程序定制:游客可以运用手机 App 实现地图、游乐、餐厅、线路、景点等自助选择与服务。红色旅游目的地则可以借助这些平台传播景区产品、项目及形象。如通过抖音、快手等微视传播,"红色婚纱摄影"、"红色歌曲"和"红色故事"等微影片,将红色旅游目的地的风土人情、人文地理等资源优势广而告之,让大家告诉大家,从而实现社会效益和经济效益双丰收。

(作者:马桂芳,中共青海省委党校经济学部教授)

苏州游漫笔

李 旭

一座城市，没去可想，去了可看，去后可思，才是一座真正具有旅游美学价值的城市；她不仅有热腾腾的现实，还有锦绣般的前程，还有一串串动人的历史，有经济，有文化，有人物，有景致……可想、可看、可思者，全凭此！

这个标准可不低，而苏州足可当之。

苏州的现实：经济排名江苏第一，GDP总量2018年全国第七（1.8万亿元），紧随四大直辖市和深圳、广州之后；为中国新一线城市，与重庆、南京、武汉、杭州并列。新一线城市的测评标准，包括经济总量、居民人均收入、世界500强企业落户数量、一线品牌密度等等，这些也决定一个城市未来发展的力度。全国近300个地级市，加上省会和直辖市，苏州无论现在和未来，都可居于前列做领跑者！

不过这只是基础，它能给城市在现实中带来大气和余裕，但苏州城市旅游的美学价值主要不在此。

我这次从上海到苏州，匆匆一天半的游程，从入住"拙政园别院酒店"的一刻起，无不感到她有一股子浓浓的味道。

与上海陆家嘴高楼林立、十数家著名银行和保险公司集聚相比，那种给人强烈震撼的现代气息不属于苏州；豫园和老城隍庙一带虽不乏历史的厚重感，但那现代大城市人口与商业集聚的规模、体量，苏州也与之不是一个路数。

苏州自己独特的味道，现在还是保留传统集镇风格与情调的部分，其中凝聚着深厚的历史与文化。

给人印象最深的是平江、山塘两条老街，比拙政园、留园、虎丘、寒山寺给我的印象还要深。

平江老街沿平江河而生，全长1公里半。苏州宋代称平江，现在平江老街的格局，与南宋时的《平江图》和明末《苏州府城水道总图》显示的基本一致，可知平江老街面貌历史之久远。或许正因为此，在现代高大上的城市建筑追求中，它显示的只是久远历史格局中的那种简朴，路是窄的，屋是矮的，河也不宽，船还是乌篷人力，就是原来或者现在许多地方平常人生中那种平常的样貌，毫无令人惊奇、震撼的夸张与伟大。"小桥流水，粉墙黛瓦"，是对她美好的形容，那是千百年农耕文明所打造出来的一种生活风貌与居住环境。简而不繁，平而不奇，身段很低而踏实安详，通过无数人在其中永无休止的操劳而呈现生生不息的活力！在现代，她确实是承载"慢生活"的典型环境；与之相对，确能引发对悠然而深长的人生意境的追思与遐想！

图 1　平江老街夜色

由于"拙政园别院酒店"与之紧邻，我得以在当天傍晚与次日清晨两度漫步平江老街。傍晚柔和的光线逐步让位于冥蒙的暮色，然后是华灯点亮。向晚的天空为宁静所笼罩，而老街却是更加热闹和生机盎然了，各种风味小吃店、糕点铺琳琅在眼，游人进进出出品尝比较，纱笼里灯光放出一片暖色，吴侬软语与南腔北调杂糅交织……说实话，这种平常人生的画面，真有点平凡得令人感动呢！我在上海城隍庙拍得辉煌的夜景，吃过 20 元一个尚需排队半小时才能买到的蟹黄大包，也获得了很好的体验，但却不是感动，没有要品咂一番味道的那种心情出现。

第二天一早提着相机跨过一座小桥再入平江老街，日色方动，是所谓摄影的"黄金半小时"时刻，柔嫩的阳光把少年一般的朝气洒在老街的小桥流水、粉墙黛瓦、高树篱花之上，一种灵醒与冲动明亮起来了。但那一时刻风还在沉睡，河道水面依然平静，天空的明亮与阳光下的建筑倒影在河水里，构成江南枕水城镇最美丽的画面，将江南小镇独特的风格意境显现得淋漓尽致！

在进入平江老街的小桥边，有一家"姑苏老镇小菜"餐馆。从拙政园出来，正是晚餐时分，为"老镇小菜"这个朴实中不失点染的名称吸引，进入其中落座。老板推荐"99元四菜一汤套餐"，一条一斤多的松子鱼，一盘韭黄炒蛋，一盘油麦菜，一钵五花肉焖花菜，一钵清淡的莼菜羹，价格极其平实却不失精致，分量适中，三人餐不剩不欠。外加28元一瓶"苏州桥牌"的"忆江南"小酒，颇有一点融入小镇日常生活的感觉。当地小吃对于游人的魅力，往往不只是充饥或美味，还是一种体验，让人感受当地文明生活的一种特别的气氛、方式和味道。这样的晚餐与平江老街的风格十分协和，把那种平淡中见醇至的风格牢牢种在人心里面了。

山塘老街同样是"人家尽枕河"，但风格却与平江老街不一样。平江宁静、安详、慢节奏，在悄然凝思里更见美好；而山塘热闹、繁盛、名头响，是商贾政要喜欢去的地方。

我这次游山塘是从虎丘乘车返回，步行穿街经过山塘桥、朝宗阁、码头、阊门那一段。这里房屋夹河而建，都是后门通水、前门临街，所以街不临河，与平江老街河两边一边是房屋、一边是道路的格局不同。河道比平江宽，建筑比平江密集整齐，一河的游船，一溜的红灯笼，满街的游人，其色彩趋炫，装饰讲究，既体现了古集镇的繁华，又是当今追求外在趣味心态的反映。所以，这里不像平江那样需要悄然凝思，而只需用眼睛一望，古镇的形象美人人皆可当下即得。

公元825年，白居易任苏州刺史，为了改善交通条件和城市面貌，亲率百姓疏浚、取直苏州西北的河道，泥土堆堤成路，市民因河筑居，山塘河与山塘街由此逐步形成并繁盛起来。山塘东起阊门、西至虎丘，长约7华里，故有"七里山塘"或"七里山塘到虎丘"之说。山塘街东段即阊门这一头，是商贾麇集、游人辐辏的地方，一般讲山塘街，实指此处。宋代因为放松了传统的坊市制度（即市场有严格的地点与时间限制），夜市、早市、草市了不为怪，商业开始繁荣，同时带动了手工业的兴盛。苏州逐渐成为江南重要城市。到明代，苏州已是一个以工

图 2　山塘街一景

商业取胜的突出代表。所以《苏州府志》说吴人"以商货为生",《古今图书集成》说苏州"居民大半工技"。山塘也就成为天南海北各地商人云集之地了,由此造成了山塘街的繁华。《红楼梦》开篇说:"姑苏有城曰阊门者,最是红尘中一二等富贵风流之地",山塘一带已成为小说家笔下"富贵风流"的典型了。民歌和评弹中又都有"上有天堂,下有苏杭。杭州有西湖,苏州有山塘。两处好地方,无限好风光。"所以乾隆六下江南五次到山塘,并于七十大寿时在北京万寿寺旁沿玉河以山塘为样本仿建苏州街,其中是有其硬道理的。

苏州宋明以后逐渐繁荣的硬道理,就是放松对商业的种种限制,鼓励民众以工商为取利谋生之业,为工商业提供比较大的发展空间。这其实是一次很大的思想解放和社会开放。因为中国秦汉以来的传统就是抑商、轻商的,"士、农、工、商",商为"四民"之末。如果说这在还必须为吃饱肚皮而用尽全力的时代,自有其道理,但生产能力提高到一定程度,死守农田、安土重迁,就不可能获得较大的发展了。商业带动人员、物质、财富、技术的流动与生长,整个社会就产生新的活力,出现惊人的创造力,"无商不富",奥妙不过如此。以前看宋朝的历史,感到它在军事上老打败仗,实在软弱窝囊,但只要有一二十年不打仗,哪怕还要输币求和,整个社会却一下子就显得很富裕,很是奇怪。后来才知道,这是宋代放松对商业的严苛限制,多方面鼓励商业发展的结果。

苏州的发展繁荣,并非一枝独秀,是其周边和整个江南的广阔腹地相互支持、一体相生的表现。比如《吴江县志》对盛泽、黎里、同里等的记载,即能清楚说明这一点。"盛泽镇……明初以村名,居民止五六十家。嘉靖间倍之,以绫绸为业。始称为市。迄今(乾隆时)居民百倍于昔,绫绸之聚,亦且百倍。四方大贾辇金至者无虚日。""黎里镇……明成化间为区邑,居民千百家,百货并集,无异城市。自隆庆迄今,货物贸易如明初,居民更二三倍焉。"

如此来看苏州,来看山塘老街,对它作为一个繁华的古集镇的意义,会理解得更深入一点吧。

山塘老街的游程到阊门结束。阊门雄伟美丽,但要给它拍一张正面照,却颇为不易。因为它现在仍然是交通通道,汽车、摩托车、电动车、人力车,川流不息,很难有机会站到马路上去拍它。在现代交通的环境下,它没有被拆掉,也是社会意识文明进步所赐了——多么巍峨的城墙、无数的门楼、牌坊,都被大无畏地拆掉了呢!

穿过阊门,已是下午四五点钟了,打车取行李,要奔湖州了。在苏州虽然不过一天半时间,但对这座城市的感觉,真有不少入心牵情之处。本文开头说"过后可思",其实就是在离开苏州的车上一直萦绕着我的感觉。

图3　拙政园一景

名城苏州,园林我不过看了拙政园与留园,城外只到了寒山寺与虎丘。就是江南古镇风貌,盛泽的弄堂、黎里的蛋石街,还不知何时可以前往呢。

五人墓也没有去成。

大学毕业实习是在汉口铁路中学,教的第一篇课文是明代张溥的《五人墓碑记》。五人墓在山塘西段,从虎丘出来去看看很顺路,但的士司机说他不熟悉,因时间紧没有坚持要他找。颜佩韦、杨念如、周文元、沈扬、马杰五义士为抗击魏忠贤阉党对苏州的残酷剥削镇压，维护周顺昌等东林党人，挺身投案，而被杀害。第二年崇祯即位，剿灭阉党，阉党巡抚毛一鹭为魏忠贤修建的"普惠生祠"被摧毁，五人获得平反，苏州市民利用其基址为五人立墓，复社领袖张溥所写的碑记成为历久传诵的名作。明代是中国封建专制统治残酷、腐朽甚至荒唐的一个朝代，到晚期宦官专权，党人结社，清流议政，成为很突出的社会现象，力量都相当大。东林党就是反对腐败与奸佞，议论朝政是非，敢于同魏阉势力作斗争的一支重要力量。据称顾宪成去官之前，与首辅王锡爵对话，王锡爵说："当今所最怪者，庙堂之是非，天下必欲反之。"顾宪成则回道："吾见天下之是非，庙堂必欲反之耳！"可惜的是，党社的力量，舆论的力量，都没有发展成推进政治制度建设的奠基石，没有发展成政治体制本身所包含的要素，而使批评的力量和舆论，永远被目为反派，以至于不见容！

名人故居太多，别的不说，仅是与文学艺术有关的如：

唐伯虎的桃花庵，是应该去的，"点秋香"其事之有无无需留意，宁王朱宸濠在他因事牵连下狱、被革除功名后，聘他入幕，但他感到其有异谋，即佯狂脱身，离开南昌，回乡以书画等谋生。"立锥莫笑贫无地，万里江山笔下生"，那一份明达与洒脱，值得凭吊。

沈德潜的故居，是应该去的。他的"格调说"诗论与《唐诗别裁集》等，我都曾用过一点功夫。更重要的是，他经历17次科考，67岁得中进士，随后受到喜欢写诗的乾隆皇帝赏识，称他为"朕之老诗友"、"江南大诗翁"，升他做内阁学士、吏部侍郎，卒赠太子太师，谥文悫。后来却因受徐述夔"一柱楼诗案"牵连，被夺官削谥，仆毁碑文，撤出乡贤祠。科举之道与文字狱是什么，沈德潜是生动的教材，很值得一看。

周瘦鹃的紫兰小筑，是应该去的，他是"鸳鸯蝴蝶派"的大师，1968年受辱于红卫兵后投井而死，这都是可以入史的。

俞樾的曲园，章太炎的章园，都是应该去的。俞樾是晚清国学大师，经史训诂、诗词戏曲，无一不精，书法也有名当世，现在寒山寺里张继《枫桥夜泊》石碑，就是江苏巡抚陈夔龙请他书写的。恁是这么一位硕学，20世纪初章太炎前往曲园探师，不意话不投机，两人都说出重话。俞樾说：我怎么有你这样大逆不道的弟子呢？章太炎居然回道：有你这样食古不化抱残守缺的先生，我也没有什么光彩！章太炎有"章疯子"之名，性情固然有些奇异，但想必也与那个时代有关吧。人们都说鲁迅不死将会怎样，其实这话可以用到好多人头上，比如章太炎。而且有性情孤耿又没死于那个时代的，比如刘文典，在反复批判后低了头，自认其臭，不过换来一个冷冷清清的追悼会！吴宓听到刘文典的死讯后在日记中写道："我辈殊恨死得太迟，并无陈寅恪兄高亢之气节与深默之智术以自全，其苦其辱乃不知其所极。"当天他写《我对教学工作之检查总结》："历陈宓痛悔之情，及学习改造之决心"，不死的答案大体如此吧！

曲园1982年经俞平伯、顾颉刚、叶圣陶等联名呼吁修复，章园则已为苏州市华侨办公室所用。但当时太炎先生在其中办"国学讲习所"，听课弟子多时有几百人，成为一时之盛，良可纪念；而且章园的成立，与其夫人汤国梨的眼力谋划大有关系！汤氏美貌出众，眸仁如漆，而明慧强毅，当初以"学问难得"嫁给"一贫二老三脾气古怪"的太炎先生，太炎先生反对袁氏称帝而被拘押两年，她一人照顾家中老小，独力支撑，种种往事逸闻，都值得凭迹追怀一番的。

还有那名人故居扎堆的"十全街"，彭家大宅，冯梦龙、叶圣陶、张大千、赵子云的故居，都在这条两公里的老街上。彭氏一门曾被称为苏州四大家族之首，在清代科考中获中不同功名的达185人之多，彭定求、彭启丰更是以祖孙状元扬名天下。或许你认为走戕伤人材的八股科考之路不值得称道，但彭定求还是《全唐诗》的主编。《全唐诗》有良好的依凭（初盛唐依季振宜《全唐诗》，中晚唐依胡震

图4　留园一景

亨《唐音统签》），而问题却不少（今可知漏收有数千首，重收、错收严重，诗人小传错误也多），但它是唐诗研究最基本的总集文献，现在国内外所有唐诗总集研究，都是在它的基础上再出发，说它是唐诗学的一座丰碑，是不过分的。

这样一一说来是一篇文章说不完的。苏州从吴王阖闾与伍子胥建城以来，历代名人辈出，王统照说："苏州向来是士大夫的出产地。"周作人说："南京、上海、杭州，均各有其价值与历史，唯欲求多有文化的空气与环境者，大约无过苏州了吧。"(《苦口甘口》)这虽是着意推崇，却也求之有实。

所以，苏州这个地方，是可以一游再游的。

（作者：李旭，五邑大学中文系教授）

山高哪碍野云飞

——从垦丁到池上

杨继龙

一、高雄

在高雄住了一日。西子湾，高雄港，还有位于港口边的中山大学校园，用脚步丈量了一遍。高雄称为台湾第一港，船舶往来，时闻鸣笛。巨大的浮船坞，乌云密布的背景下，显得特别威武雄壮。在风雨中过渡轮，上了旗津岛。惊涛拍岸。高雄还有个好处，有去澎湖岛的船班。登澎湖有两种方式可选，一是天上，一是海上。飞澎湖的航线一直由复兴航空公司承运——不久前，复兴航空宣布倒闭，岛内一片哗然，更有工会组织员工在总裁别墅前露宿十日抗议，最近澎湖县政府呼吁，希望有新的航空公司承担这条航线——大部分人更愿意乘船去澎湖。晚上十一点出发，船上睡一宿，早上六点左右到达。凡事但有因缘。不巧有台风来临，这个周末的船班取消了。从台南始伴行了两日的北京背包客王先生有急事要返京，再加上纸飞机青年旅馆只这一日有床位，再住就得搬行李换旅店。凡此种种，让我在高雄不想久留。纸飞机青旅是六张床位的房间。同室还有一位家在屏东的刘先生，三十岁出头，圆滚滚的身材，日月光公司的工程师。晚饭和同事小酌几杯，不便开车返家，便在此过夜。刘先生曾在成都、重庆的台湾公司工作数年，后娶了位重庆妹子以归。现在已经有两个孩子，重庆媳妇也入了台籍。彼此用半吊子四川话相谈甚欢，刘先生便热情授以游垦丁秘籍。

二、槟榔

由青旅联络四个人拼车去垦丁。司机姓张，江湖人称大头（名片上写的）。看不出岁数是四十多，还是五十多，或者六十多。同车有两位东北口音的年轻伴侣，已经预定了垦丁的海景房。男士脖子上有根很粗的金链子，闪闪发光——旅行戴着看上去这么沉重的链子，那断然是真有钱的主——另外一位是女士。这样我就只好坐副驾驶的位置了。

大头张是"红唇族"——这是对嚼槟榔者的称谓。"红唇族"的车大抵不会干净。扶手箱前放的是透明塑料袋，满满一袋槟榔和一只漱口用的水罐。一袋槟榔大约有十几只的样子。嚼食的槟榔，并非光溜溜的槟榔果实而已，它事先有一套复杂的加工秩序。取新鲜的槟榔叶，抹上槟榔灰，然后包裹槟榔果，这才是可以嚼食的槟榔成品。槟榔灰是由石灰制作出来的。据说槟榔酸性，石灰碱性，起中和作用。大头张解释说，槟榔性寒，单食受不了，槟榔叶加灰是热性，所以要同时食用。大头张这一路上，左手开车，右手一直在弄槟榔，嚼食从未中断。路上经过一处，车一停，即有女子送上一袋槟榔，大头张递出 100 元台币。

大头张颇有江湖素质，健谈。一张口，甚为震撼，牙齿稀少，色泽怪诞，满口红色槟榔汁，嘴角也一汪红色。先是打开槟榔叶，嚼食槟榔后，吐出残渣，再食抹了灰的槟榔叶，看上去这是嚼食槟榔的标准程序。这是我第一次也是唯一的一次与"红唇族"近距离相处的两三个小时，留下甚为恐怖的印象。据说台湾目前有"红唇族"140 余万人，多年前台湾当局即对槟榔产业持不鼓励不扶持亦不禁绝的态度。台北街区亦常见有正在手工抹灰包裹槟榔的女子，但在大街上从未遇见"红唇族"。小时候听到民歌《采槟榔》，"高高的树上结槟榔，谁先爬上谁先尝"，婉转撩人。今日一见，不尝也罢。

三、车城

台湾的天涯海角，三面环海的垦丁国家公园是我向往的地方。但我搭车的目的地并非垦丁，而是距垦丁尚有 10 公里路程的车城。车城是屏东县的一个乡，以四重溪温泉闻名，海洋生物博物馆就建在这里，是恒春半岛的门户。为何停留在车城而不直接到垦丁，这就是纸飞机青旅室友屏东刘先生面授的机宜。虽然车城离垦丁只有区区 10 公里，可住宿价格只相当于垦丁景区的数分之一，搭车去垦丁也就半个小时到 40 分钟车程，十分方便。这是台湾本地人最经济实惠的玩法。住哪里好呢？刘先生告诉我，车城有个闻名遐迩的土地公庙，叫车城福安宫，香火隆盛。为接待这些香客，福安宫专门建了香客中心，按床位为香客提供住宿。不巧的是，我去的那天是周六，香客爆满，香客中心已无床位。只得另觅住处。最终在巧芳面馆老板的引荐下,住进了尚未装修完毕的"车城在地人"背包客栈。

台湾岛东西两岸区别甚大。西岸是缓坡,东岸多峭壁。西岸多沙滩,东岸多礁石。兼具山海之美,无过垦丁。"垦丁"之名,传说是来自清政府曾派出壮丁屯垦此地。中央山脉到恒春半岛的海尽头,戛然而止,以一块巨石作为休止符,名曰"大石尖"。这块石头突兀、奇崛,让你想象地球两个板块剧烈冲撞,从海底隆起这个岛屿的情形。我来到大石尖的视野之下,已是午后,这里是客运大巴在垦丁的最后一个站点——小湾。小湾是个干净的小海湾,一是海滩本身干净,二是游人较少。岸边生意摊点也就少一些。灿烂的阳光照着海岸,举目远眺,就是无际的南海,这一片海域又有一个专门的称谓"巴士海峡"。背后就是"大石尖",昂首屹立。像是踞守,又像是山海相应的样子。

图1 小湾夕阳

在小湾海滩稍作停留,我即沿岸边公路往回走,享受着海滨日落的美景。大约两三公里的样子,就到了游人如织的南湾。南湾是个大海湾,沿着海湾,是繁华的街市,有各种饭店、民宿、浴场,唯建筑均不甚高耸。这个街市据说是先于垦丁设立国家公园(1984)即已存在。街道两边,来来往往都是穿着泳衣、拿着冲浪板的俏丽人群。穿梭于华灯之下,与海浪相应和,风景颇为妩媚。

"车城在地人"民宿与车城乡农会大楼一路之隔。房东姓曾,看样子是当地一位有头面的人物。比我年长两岁,育有三个孩子。他得知我第二天要去海洋生物博物馆，给我安排了较便宜的门票，询问我去的方式，认为步行太远，公车又不便，主动提出自己开车送我前往。这位曾先生用自己的宝马轿车把我送到海生馆，我在里面消磨了一天。我去的是个周日，见到很多带孩子来的家长，和位于台中的自然科学博物馆相似，真是亲子活动以及儿童教育的好去处。其展示的海底森林的场景，至今难忘。馆内还设有立体介绍台湾水生态及渔业资源的专馆。海生馆隶属于台湾教育主管部门，于2000年建成开放。位于车城后湾。面海而建，周围有大片尚未开发的土地。后湾的防波堤步道也建得很漂亮，一位年轻女子在步道的木质回廊下，面对大海，盘腿看书。一些孩子在海湾里游水。水面随意漂着几个小舢板。海平线的尽头就是大陆。海风，海水，都很透明、洁净，难免心旷神怡。

海生馆游客甚众，但多由旅行团专车载来，或家庭自驾车来。专线巴士似乎不多。有一条海景公路通往车城。五点多，我开始沿这条观景路步行回返，伴着海峡的落日，至七时许到达车城福安宫，也才四五公里而已。途中经过两座跨河大桥。落日余晖之下，尤为壮丽。有人在海边点灯作祈祷、祭祀类物事。海风，海浪，灯火，人影，颇为入画。路上车辆行人都不多。

天暗下来，福安宫早已是灯火通明，而且鼓乐喧天——原来有外地来的进香团，几位老者组成的乐队正在廊上演奏。我想起了小时候家乡的锣鼓班子。坐在乐队旁边的长凳上，默默地欣赏他们虔诚的演奏。这福安宫来头颇不寻常。首先，它是土地公庙，据说少有土地公的庙宇能达到三进六层这样高广华丽的；其次，年头长。建于明永历十六年，距今满算已经超过350年。中间还曾受过乾隆皇帝的褒封，被称为台湾最为神威显赫的土地公了。因此才有七层的香客大楼相配套。

早上曾先生请我品尝上好的高山茶，并为我联系好他的朋友在台东经营的桂秀爱尔莎民宿，以及去枋寮火车站的的士——也是四个人拼车的。车城背包客栈这一周开始装修，我答应为曾先生题写牌匾。

四、枋寮

西线纵贯铁路的终点站是枋寮。它同时是南回铁路的起点站。余光中有诗《车过枋寮》，诗里尽是甘蔗、西瓜、香蕉、牧神。只有一个印象：甜。在枋寮车站正对面的一条街道边吃了早餐，一对很友善的母女的流动早餐车，两份锅贴。

没有要甜乎乎的酱油膏,只要了一小碟醋,也许这样的食客不多吧?大概时间有点晚,只我一个顾客。

枋寮是屏东县的一个乡。这个乡可算有点来头。枋寮车站建于20世纪50年代,一个甲子过去了,整个车站还保持了当年的样子,洁净,有点陈旧,这本身是个奇迹。南回铁路从枋寮到台东,不过区区百公里,至1991年通车,整整修筑十一年才得以完成,更是个奇迹。其中穿过中央山脉的隧道长达8000余米,位列台湾第二(第一是2003年开通的北回线观音隧道10300余米)。在火车上的一个半小时,只能想象当年施工的艰辛,更多的是欣赏海岸美景——从西岸到东岸,真正面对太平洋了——后来在花莲太鲁阁,戴着头盔挂着登山杖步行20多公里,亲眼目睹那些施工遇难者的纪念碑,才真正领略了工程之巨之难,代价之沉重,当年军人为此做出过的牺牲。

五、池上

池上饭包久闻其名,但也仅限于知道它是快餐连锁店而已。真的到了池上,还是颇为震撼。

行李一放下就去池上,纯属偶然。爱尔莎民宿到火车站有一段距离,公车又不甚方便,结果就辜负了车城曾先生的美意。从谷歌地图搜到附近有"途中·台东"国际青旅,就找上门了。一个街区,房子多是独栋的,看得出临路好几栋做了民宿之用,但都没有什么大招牌。进去,里面一群二十出头的男男女女,背包客与工作人员不大分得清。办好住宿,工作人员——刚大学毕业不久的叫宇昕的屏东女孩子,即邀请下午一起去池上,以及晚上AA制在青旅一起煮咖喱饭。

去池上一行四人:宇昕,她的一位小同事——休学中的大学生,宇昕母亲,我。自台东火车站乘车北上,一个小时的样子,即抵达。池上乡是位于中央山脉与海岸山脉之间的一片盆地,盛产稻米。村落很干净,找到一家租车店,自行车新台币100元,一日内任骑,店老板嘱咐:如果丢了,不用找,回来退押金就好。询问原因,说池上只有两家车店,谁的车都认得,他们自己会找回来。

没有想过稻田能打理得如此整洁可人。人行道路均装了钢木结构的护栏,田埂水泥敷面,供水渠亦然。并留有农机具下田的坡道。十月金秋,正是水稻成熟季节,更有满目沉甸甸的厚重之美。两边山峦云雾缭绕,云雾徜徉之姿媚,绝少见到。时有强光自云缝射下来,形成摄影家所谓"耶稣光",宛如仙境。

还真有人把这里当成仙境了。2013年金城武在此地为长荣航空拍关于伯朗咖啡的广告片，片子重点在渲染人与自然的关系。广告片出笼之后，引来阵阵惊叹，观众开始打听，仙乡何处？于是循着金城武足迹来池上一探究竟的好事之徒接踵而至。池上乡干脆将广告中出现的那条干道命名为伯朗大道，而干道上金城武曾在其下休息喝茶的那棵树则命名为金城武树——一株平常的茄冬而今几乎誉满天下了。如今树已经被长荣航空认养，树下装置了一组铜雕作品：长凳，和一把搁在架子上的大茶壶，壶侧铭曰"奉茶"。

对池上的历史来说，这不过是个微不足道的小插曲。池上的真正名片是池上饭包。池上饭包已有七十余年。起始是李家在车站贩卖蕃薯饼给旅客，而后发展成米饭便当，并代有传人。如今池上饭包的池上总店名叫"悟饕"，树起很高大的一块牌子。2002年，池上乡建成了"池上饭包文化故事馆"。其价值核心源自创办人的一句朴实的话："饭包是做给外出人吃的，一定要用心做。"池上饭包文化故事馆，讲述的是个平常人的故事，是下层劳动者的故事，也没有揭示什么深刻的道理，但看到这句话老是有热泪盈眶的冲动。

21世纪以来，台湾致力于文化创意产业，其核心是"小区文化再造，小区环境再造，小区健康再造，发展地方文化馆"，池上乡算得上是个成功的典范。池上的一个口号是"农村再生"，它带给我们这样的思考：我们与自然的关系，应该塑造成什么样子？农村该走什么样的再生之路？

六、林先生

林先生是屏东人。原是台湾银行的职员，五十岁即办了退休，退休后爱做背包客。

认识林先生的过程也很有意思。一行四人在池上租了四辆单车，骑骑停停看看，已是汗流浃背，到一处木结构亭子，底下是当年村民洗衣处的遗迹，上层可供远眺，有宽大的环椅供人歇息。我们四人到的时候，林先生独自一人在亭子里。打了招呼，聊了几句。小憩之后，四人继续前行，与林先生匆匆别过。

顺着山边一路骑行，在一个三岔路口，不期而遇林先生，他从另一条路骑过来了！令人惊奇的是，我的双肩背包在他背上！刚才因为太热，在亭子里我解下了背包，到现在才发现我离开时没有带走背包，而我的所有证件，钱包都在里面！

有惊无险，内心特别感激林先生，要不是遇见他，我的麻烦可就大了。于是一路同行，一路攀谈。林先生对台湾风物知识渊博。他每年会来台东民宿、青旅小住几日，必来池上。知道我的来历之后，提出带我去一处民宿名曰"换鹅山房"的，女主人雅爱书法。果然这间山房以书会友，文房陈设一应俱全。时天色已暗下来，只尝了一杯男主人泡的台湾高山茗茶，留下"换鹅山房"四个字，另写"林荫清和"四字送林先生，并赠宇昕"碧苔芳晖"四字，即行告辞。林先生也同我们一道乘车回到台东，随到"途中·台东"小坐，方才自回居所。

一周后回到台北，才想起来忘记留下林先生电话，怅然若失。于是向宇昕打听，宇昕说她有林先生Line（Line相当于微信），可以联络。不久即接到林先生电话，说不日要来台北，可以小聚。果然，又过了一周，林先生约我去捷运西门站附近的"国军英雄馆"会面，这个馆离"总统府"很近，接待仅限于退役军人。林先生在军中服务多年，据他的老同事介绍，当年还是个神枪手呢。

林先生在台北逗留了数日，看样子主要是会会老朋友。他带我认识了他的一位老同事，在政府机关做事的卢先生。卢先生研究生毕业，学位论文做的是两岸安全方面的研究，自言工作上与大陆交流甚多。绘声绘色地向我和林先生介绍了台湾第一银行伦敦黑客案，乌克兰案犯在台湾让休假警察逮个正着，惊心动魄，台湾警界得意之作云云。林先生一直是那身简易行头：一个双肩包，一个随身水壶。林先生郑重在我的笔记本上写下了他的住址：屏东县林边乡。很想去他居住的永乐村看看，也许今年的金秋就可以实现了。

七、都兰

在史前文化博物馆消磨了大半天。台东市区人不多，博物馆偏远，人更少。好在头天从池上回来，共用咖喱饭之后，又和这帮年轻人经历了冒雨去山顶的星星部落看城市夜景，喝咖啡，深夜方归，算是结下了友谊，青旅的小郑主动提出开车送我到博物馆，节约了不少时间和精力。博物馆布局琐碎，迷宫一样，但内容充实。有详尽的台湾地质、人类历史文物和介绍，而台东地区散布着台湾最早的人类遗迹。卑南遗址保存了新石器时代先民的墓葬区与住宅区遗址。目前在台东的原住民主要有六个族群，被称为原住民的故乡。

毕业于新竹"清华大学"的小郑建议我去看看都兰。在我参观博物馆的时候，她已经将我的行李捎到了都兰，并为我订好了背包狗（Backpacker Dog）客栈。

图 2 台湾史前文化博物馆

在已经改为创意文化园区的都兰糖厂站下车，即是背包狗客栈。都兰村落背山面洋——一望无际的太平洋。历史上的都兰是阿美族部落。一条主街道，没有什么高楼，两边是一些铺位。客栈提供一张手绘地图，介绍村里有名的吃食，比如 Smile 的香椿抓饼，意式厨房的手作欧氏面包等等。品尝了香椿抓饼，是解冻重煎的那种，并不是现场制作的。意式面包店，只是寻访，不大的一间，干净精致，现作现卖，颇为抢手。300 台币一大只，一个人实在消灭不了。

都兰有史迹、文化工作团等可以参观访问，但我来此只为一睹都兰背倚海岸山脉的 180 度的太平洋景致，虽然到达颇晚，我的第一件事依然是去海边。两公里的路程，要穿过一段两边长满灌木无路灯的村路，看到的是黝暗的太平洋，雾气蒸腾的海岸山脉。

当年曾经背着沉重的相机，在徐闻外罗海边，凌晨 3 点起床去看雷州半岛的海上日出和渔归。而今，5 点起床只身去看都兰的海上日出。头天来过，道路很熟。都兰的美在于它的自然、原始，未被彻底开发的状态。都兰的海边是一片布满鹅卵石的滩涂，石上有很多冲上来的树木，不算脏乱，但也不是洁白的沙滩。我到达海边的时候，已经有两位女士坐在海滩的石头上。远远可以看见海里有一位男子，趴在冲浪板上，可惜浪太小，只能这么随波逐流地飘着。一会儿开来一辆房车，车顶绑着冲浪板，车主张望了片刻，大概觉得风浪不够大，无浪可冲，又开车走了。至 5 点 50 分，太阳才跳出海面，但海和天空中间只有一条细缝，透出太阳的信息,往上是厚厚的云。不过云层背后透出旭日也颇有意思。不一会儿现出强烈的"耶稣光"。背后山脉的层峦,云从一处倾泻下来,顺着山势,依偎着山林游走,很缠绵的模样。云离人那么近,离山那么近,以前看到的云觉得是虚无缥缈,而今感觉是个实体,是个身边的朋友。

图 3　都兰的太平洋日出

心中留下的是一个柔软的都兰。

(作者:杨继龙,东莞理工学院讲师)

湾区论丛

东莞松山湖文化创意产业发展报告

田根胜　吴寒柳　张斌华

随着经济、科技与文化的融合发展，人们在满足物质需求基础上开始追求审美体验和精神享受。因此，资源配置、制造业态、区域形态与城市品质更新一起成为城市转型发展的主旋律。近年来，松山湖作为高科技产业、高素质人才和创新文化的集聚地，初步形成规模化、园区化、集聚化特色，并开始构建起特色文化创意产业创新体系。

一、松山湖文化创意产业发展现状

近年来，松山湖依托东莞雄厚的制造业产业基础，实施科技与文化双轮驱动战略，以创新驱动园区文化创意产业发展，着力提升传统制造业核心竞争力。2018年工商登记新增101家文化相关企业，园区累计文化相关企业707家。其中规模以上企业13家，新三板挂牌企业2家，市级重点文化企业3家，重点文化园区2家，产业氛围逐步孕育，产业聚集日益突显。其发展重点主要集中在四大方面：一是重点发展原创动漫、网络游戏等文化内容项目，拓展文化创意产业新型发展业态；二是促进文化与科技融合，发展虚拟现实、互联网文化产业；三是促进文创设计与传统产业的融合，发展品牌授权产业、创意设计产业；四是大力引进文化领域中战略性新兴产业项目，丰富东莞文化创意产业发展领域。

经过几年的努力，松山湖文化创意产业形态日臻成熟，逐步培育了以数字技术为基础，以信息技术为开发手段，以设计服务与实体经济深度融合为方向的文化创意产业集群，具有自主知识产权的应用软件、动漫游戏和设计服务等呈现出经济规模持续增长、产业队伍不断壮大、科技人才优化组合、对外交流渠道拓

展、公共服务日臻完善的势头。其主要特征如下:

(一)以产业集聚区(平台)为载体,特色产业链逐步完善

松山湖根据高新区不同区域优势与特点进行布局和规划,初步形成特色明显、优势突出的创意产业功能区。2018年9月,根据《东莞松山湖文化创意产业园区(基地)认定与管理暂行办法》,生产力大厦、互联网产业园、大家艺术区、东莞市虚拟现实产业基地等四个载体经认定为"东莞松山湖文化创意产业园区(基地)"。另外,光大WE谷、中科创新广场、华南工业设计院以及武汉大学创新研究院、广东华南设计创新院、智高文化创意产业中心等载体的硬件建设已基本完成。

1. 互联网产业园

互联网产业园创建于2015年5月,位于东莞市松山湖工业西路14号,由广东网游网络科技有限公司负责运营管理。互联网产业园是在"互联网+"的国家战略和城市加速转型升级背景下,以互联网创业孵化、技术对接、资本助推、产业转化链条为核心的互联网产业孵化载体,园区拥有高层办公空间、企业独栋空间的多种物业形态,重点打造文化创意和互联网等新型战略型产业集群。于2016年获评为东莞市级文化产业园区(基地)。

图1 互联网产业园产业聚集等情况(2018年12月)

互联网产业园实际上已按照混合型文化创意产业园的模式在运行,但规模企业的数量上还有待发展,只有形成成熟的科技文化产业氛围,动漫、数字出版、游戏生产等新兴数字、创意行业才能得以进一步发展,互联网产业园才能从原本单一的科技产业园转化为成熟的文化创意产业园。

2. 东莞市虚拟现实产业基地

东莞市虚拟现实产业基地创建于2015年5月,位于东莞市松山湖北部工业区总部二路2号,由东莞市聚沛电子科技有限公司负责运营管理。基地主要发展虚拟现实主导的科技文化产业体系,通过展示体验、产业培训、科普教育、科技旅游的打造，使基地成为集科技文化产品体验、创作、交易及完善配套为一体的特色文化产业综合体，成为松山湖乃至东莞市重要的虚拟现实文化科技产业聚集基地。

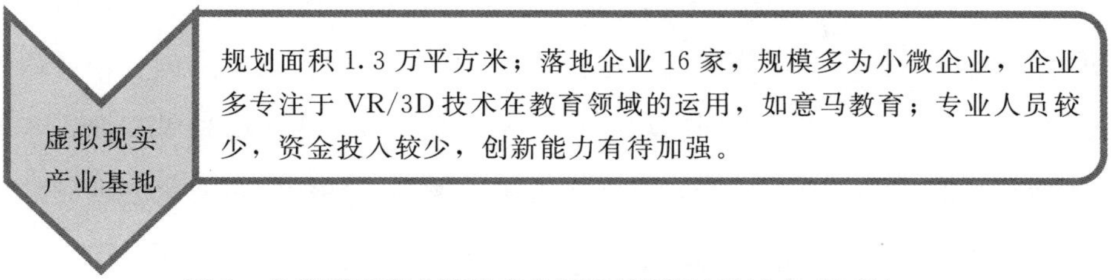

虚拟现实产业基地：规划面积1.3万平方米；落地企业16家，规模多为小微企业，企业多专注于VR/3D技术在教育领域的运用，如意马教育；专业人员较少，资金投入较少，创新能力有待加强。

图2　虚拟现实产业基地产业聚集等情况（2018年12月）

虚拟现实产业基地仍处在起步阶段，还未实现其在成立之初规划的特色文化产业综合体的目标。其主要原因在于虚拟现实产业中的内容生产还未得到实际的展开。掌握虚拟技术与虚拟技术运用到具体的产品设计之间还存在着较大的差距。只有在解决内容稀缺、技术成本过高等问题的前提下，再引入一定量的规模企业，虚拟现实产业基地才能作为一种独立产业型文化创意平台为松山湖园区提供强有力的数字经济支撑。

3. 大家艺术区

大家艺术区创建于2016年4月，位于东莞市松山湖高新技术开发区工业东路38号，由东莞市创意谷实业投资有限公司负责运营管理。园区以生产性文化创意产业为主，重点发展创意文化设计产业，是集合原创品牌、推广和营运于一体的上下游服务平台。于2016年分别获评为国家级众创空间、东莞市级文化产业园区（基地）。

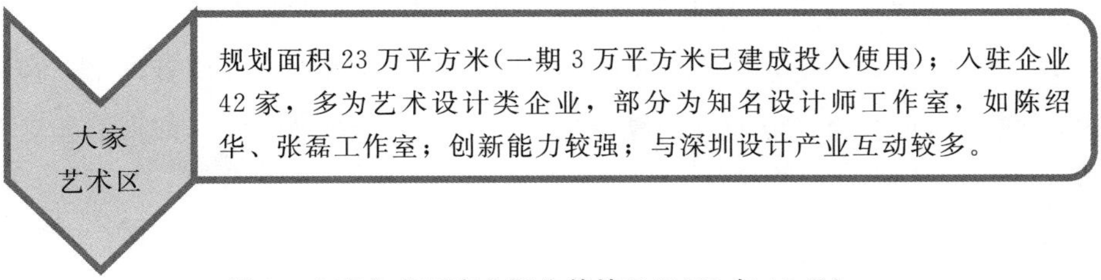

大家艺术区：规划面积23万平方米（一期3万平方米已建成投入使用）；入驻企业42家，多为艺术设计类企业，部分为知名设计师工作室，如陈绍华、张磊工作室；创新能力较强；与深圳设计产业互动较多。

图3　大家艺术区产业聚集等情况（2018年12月）

大家艺术区已有相当良好的基础发展为博物馆型的文化创意产业园区，当然这不仅需要大家艺术区继续引进具有艺术原创特点的企业、艺术主题类餐饮，引导他们共建展示性、体验型社区，另外还需要在原有的规划面积内持续营造主题性的艺术氛围,力争成为能引领园区生活、消费新方式并辐射周边城市的创意产业园区。

4. 生产力大厦

生产力大厦于 2005 年正式启用,位于东莞市松山湖创意公园内,由深圳大学城创意园投资管理有限公司负责运营管理,集文化创意及青年创客产品研发创作、流通、交易、展览、培训等功能于一体,并致力打造松山湖粤港澳青年文化创意创新创业中心平台,集聚港澳优秀人才及项目,是松山湖文化创意领域中重要的综合性载体。立足于"城市更新"和"文创产业"的结合,以"更新激活城市,文创点亮城市"为基本使命,在松山湖的文创园区运作模式方面,生产力大厦将自身定义为"文创生活的营造者"、"文创场景的供应商"以及"文化产业发展平台的搭建者",高度明确了其在文化产业发展以及城市文化空间建设过程中所扮演的角色。

面积 2.7 万平方米;入驻企业 96 家,如慧博艺术、宝石影业、智慧石等;与粤港澳人才、项目交流频繁,对本地文化带动能力高。规划面积 5.6 万平方米,现已投入使用建筑面积 2.5 万平方米;园区内有一定数量的规模企业,如爱瓦力科技、蓝图动漫等;专业人员多,资金投入大,创新能力强,文化产值高。

图 4 生产力大厦产业聚集等情况(2018 年 12 月)

生产力大厦迄今在幼儿培训、艺术教育、文化传媒以及粤港澳青年人才交流方面已经积累了相当多的经验。同时园区具有得天独厚的自然资源、文化资源和生活配套,不仅地处创意公园内,还毗邻松山湖图书馆、开明美术馆、万科城市生活中心。这些条件都使得生产力大厦可以依托强大的区域文化、商业运作能力,能比较顺利地实现从单纯的文化产业向承载着休闲生活、创意生产、文化旅游等功能的城市综合商业业态的复合过渡,由独立产业型园区向都市型园区升级过渡。

5. 华南设计创新院

华南设计创新院是东莞市人民政府与广东工业大学于 2013 年联合共建的公共科技服务平台,位于松山湖科技产业园区新竹路总部一号 13 号楼。是广东省新型研发机构,国家级培育孵化器。同时也是"国家发改委现代服务业产业积聚区"和"国家发改委动漫衍生品基地",是"广东省智能机器人研究院"的核心单位,也是广东省博士后创新实践基地和国家级培育孵化器。创新院重点聚焦工业设计、新媒体、先进制造、智能硬件、动漫衍生品设计、生产等领域。

6. 武汉大学东莞研究院

武汉大学东莞研究院是在东莞市人民政府与武汉大学签订的市校战略合作框架协议基础上成立的,其东莞市文化产业创新中心是由松山湖管委会与武汉大学广东研究院于2014年3月共同建立的旨在实现市校优质资源共享,推动东莞市现代制造业名城、创新创业宜居生态城市、珠三角新兴物流城市和国家历史文化名城建设,加快武汉大学建设世界一流、国际知名高水平大学进程的文化产业领域的合作创新平台。其中引进了基于测绘技术的博物馆馆建企业、校友合作开发的幼儿教育等企业。

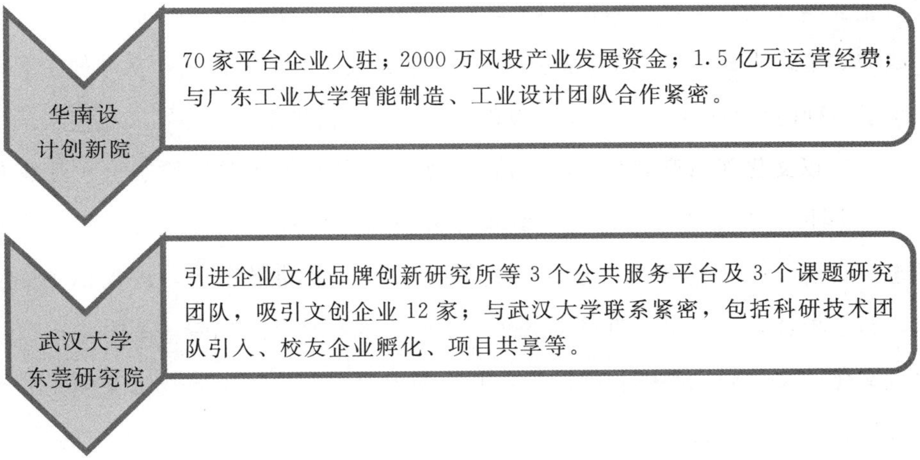

华南设计创新院	70家平台企业入驻;2000万风投产业发展资金;1.5亿元运营经费;与广东工业大学智能制造、工业设计团队合作紧密。
武汉大学东莞研究院	引进企业文化品牌创新研究所等3个公共服务平台及3个课题研究团队,吸引文创企业12家;与武汉大学联系紧密,包括科研技术团队引入、校友企业孵化、项目共享等。

图5 华南设计院与武汉大学东莞研究院产业聚集等情况(2018年12月)

华南设计创新院已具备向产业型园区发展的基本实力。这得益于来自广东工业大学的成熟的设计、智能制造团队,以及华南工业设计院的前期探索。只需要继续对接产业链上、下游企业,形成相对完整的产业链,华南设计创新院将能成为工业设计类的产业型园区。而武汉大学东莞研究院,虽然囿于办公面积太小,但其自身定位更多的是在东莞文化创意产业政策调研、校友企业孵化、城市品牌塑造上着力,尽管现今已入驻、孵化了一些文化创意产业企业,但其在本质上还是一个偏重城市品牌内容生产的文化创意产业研究机构。如何扩展发展渠道,是其转型、提升要面临的较大难题。

7. 其他

中科创新广场主要以吸引动漫、影视、在线教育与机器人互动类企业为主；互联网产业园主要是互联网＋文化创意产业，目前集聚企业约 30 家，也是松山湖（生态园）唯一的东莞市重点文化创意产业园区；华南工业设计院目前企业有包括尚锐电子商务有限公司在内的 20 家文化创意企业，主要还是聚焦在工业设计和创新媒体方面。武汉大学创新研究院智高文化创意产业中心投资 3.5 亿元，从事包括但不限于文化创意、动漫形象设计、幼儿教育、少儿连锁体验经营、品牌授权、渠道运营、媒体联盟及研产销于一体的衍生品业务。

总之，松山湖文创产业载体寄托产业链使得众多的机构与企业聚集起来形成集聚区，进而促进特色产业链逐步完善，同时形成了文化创意产业集群内企业之间、企业与相关机构之间的相互联系、相互作用，通过这些中小企业相互之间的正式或非正式的交流、沟通与接触，进一步形成有效的创新网络，从而使企业内部产生了一种内生的创新力，增加整体的竞争优势，促进产业迅速发展和扩大。

（二）以文化创意产业品牌项目建设为推手，不断提升产业附加值和竞争力

1. 园区重点发展动漫、网络游戏等文化内容项目，拓展文创产业新型发展业态。目前，园区拥有艾力达、天成等多家国家级动漫企业，规模以上企业 9 家，新三板挂牌企 2 家，市级重点文化企业 3 家，重点文化园区 2 家，一批具有地域文化的文化创意品牌相继产生，并逐渐形成影响力。东莞网络文化企业松山湖吸纳企业最多，共有 25 家，占比 34%。主要原因是与网络文化产业的集聚度、人才集聚度、文化投融资市场、产业扶持政策关联密切。

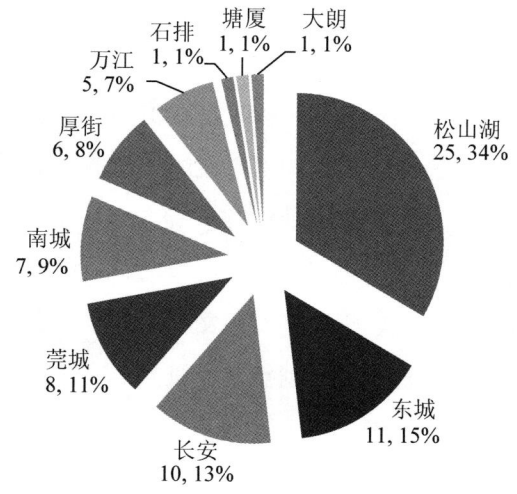

图 6　东莞网络文化企业区域分布图

园区网络文化产业主要包括在线音乐、网络游戏、网络广告、搜索引擎、在线出版等细分领域。其中雨林木风、一一五科技、酷乐、爱瓦力科技、东游、房掌柜等企业，主要集中在网址导航、云计算、网络文化、网络游戏、房地产等领域。

表1 东莞松山湖网络文化企业简要情况表

序号	公司名称	经营范围
1	广东雨林木风计算机科技有限公司	游戏（虚拟发行）
2	广东一一五科技有限公司	音乐娱乐产品、游戏
3	广东易凌科技股份有限公司	游戏（虚拟发行）
4	广东腾正计算机科技有限公司	音乐娱乐产品、游戏产品等
5	广东爱瓦力网络科技有限公司	游戏（虚拟发行）
6	东莞市米诺网络科技有限公司	游戏（虚拟发行）
7	东莞市黑洞信息科技有限公司	在线娱乐游戏
8	东莞市蓝信动漫科技有限公司	智慧动漫产品
9	东莞悠云数字技术有限公司	音乐娱乐产品、游戏产品等
10	东莞市上下传媒有限公司	音乐娱乐产品
11	广东医漫文化科技有限公司	动漫产品
12	广东酷乐网络有限公司	音乐娱乐产品、游戏产品等

2. 促进文化与科技融合，发展虚拟现实、互联网文化产业。2016年，中国传媒大学媒介音视频教育部重点实验室VR华南工程中心在东莞华南设计创新院落户，积极开展VR人才培训工作，将VR技术应用到东莞传统产业。互联网产业园作为以"互联网＋"为核心的服务平台，汇聚了子初文化咨询、奇思妙享装饰设计以及追影文化传播等一批优秀文创项目，共集聚了20多家文创企业。光大We谷不断加强在虚拟产业领域的建设，目前光大We谷——东莞虚拟现实产业基地已聚集了智度网络科技、未来现实和未来梦等5家VR企业，着力打造科技文化产业创新融合试验区，并组织一系列有关VR相关产业推介、交流活动，积极推动新兴产业发展。

3. 促进文创设计与传统产业的融合，发展品牌授权产业、创意设计产业。文创产业作为版权集中型产业，其繁荣发展离不开版权的有效开发、运用与保护。它是文创企业获取经营收益、占据市场的核心资源，版权资产的有效管理与运营能够提升文创企业的核心竞争力，促进文创产业与其他产业的深度融合，推动文化创意产业的健康、有序、可持续发展。目前，松山湖重点引进国内外动漫原创、文化艺术等知名品牌机构集聚，构建全国最重要的品牌授权中心，积极推动面向制造业的品牌授权业务，借助国内外知名品牌，开展品牌授权业，推动传统制造业转型发展。

2014年，松山湖成为广东省内首个"全国版权示范园区"。2016年以来，博泰创意服务中心积极搭建品牌授权、产品设计研发、市场推广及产品销售、咨询培训四大业务板块，其中东莞首创的品牌授权资助项目以及博泰创意服务中心打造的一站式品牌授权全产业链平台更是获得众多国际品牌及行业组织的关注与青睐。目前，东莞市版权协会有84家版权企业落户松山湖，其中园区本土企业占18家，2018年1—9月版权登记数量为2634件。松湖华科、国云科技、葫芦堡分别获得"东莞市版权示范单位"称号，艾力达"激战奇轮"系列被授予"东莞市优秀版权作品"荣誉。

（三）强化公共服务体系建设，文化科技和资本环境不断优化

园区积极谋划文化创意产业服务平台建设，提升产业发展层级。

一是技术服务平台。充分利用粤港澳大湾区区位优势，由松山湖博泰创意服务中心与港隽动力青年协会携手打造的"松山湖粤港澳青年文化交流服务中心"，落户在松山湖总部一号，依托松山湖博泰创意服务中心的全产业链平台优势与港隽动力青年协会的人才优势，围绕博泰创意服务中心平台推广两地青年交流、考察、实习、创新、创业以及企业对接等领域开展工作，致力增进交流考察、聚合资源、促进创新创业，为实现港澳青年创新创业、融入大湾区发展提供助力。

二是展示交易服务平台。依托从2009年开始的每年一届中国国际影视动漫版权保护和贸易博览会，以及网络和展销会、动漫节等充分展现园区创意产业风采，并从产品的标准、研制、认定、交易到服务逐渐形成完整的服务链。其中，松山湖创意公园占地约十万平方米，拥有生产力大厦、松山湖图书馆和学术交流中心三大载体以及周边绿地区域，是一个集公共文化、创意生活、产业集聚发展、生态健康活动等多项业态功能于一体的综合型文化创意主题园区。通过专业化的运营和资源整合，公园建设有开明美术馆、望野（松山湖）博物馆等文化场馆，打造了松山湖生活学院、松湖LIVE等文化品牌，文化活动日趋丰富，文创氛围日渐浓厚，已成为具有一定影响力和产业带动作用的文创园区。

三是教育培训平台。由松山湖生产力大厦和 HONG KONG OS 香港青年自助服务平台联合发起成立的集文化创意及青年创客产品研发创作、流通、交易、展览、培训等功能于一体的"松山湖粤港澳青年文化创意创新创业中心",以打造适合港青创业发展的生态为目标,致力于粤港澳三地青年创新创业孵化,培养松山湖乃至大湾区创业生态环境,促进区域转型升级、创新发展、文化融合与人才流动。东莞理工学院、东莞职业技术学院、广东医科大学、武汉大学东莞研究院等院校拥有一定的人才资源储备,为文创产业发展提供充足的人才输送。

四是企业孵化平台。依托高新区广东首个"粤港澳文化创意产业实验园区"、"粤港澳服务贸易自由化省级示范基地"、广东省内首个"全国版权示范园区"等为载体,加强数字创意成果研发、项目启动、企业孵化,逐步形成软件、动漫和设计等数字创意产业的专业孵化中心。加强培育动漫游戏自主开发型企业,夯实产业链上游企业,不断形成以动漫游戏为代表的数字创意产业的聚集和辐射效应。

五是政策支持体系平台。2018 年初,园区颁布实施《东莞松山湖文化产业发展专项资金管理暂行办法》及《东莞松山湖文化创意产业园区(基地)认定与管理暂行办法》,发挥文化产业专项资金杠杆作用,大力培育新型文化业态,推动文化产业集聚发展。到 2018 年 9 月,共有 9 家企业提交包括载体与平台奖励、企业运营奖励、投资奖励、贷款贴息、原创版权登记补贴和参展补贴等 27 项申请,资助金额为 1962 多万元。

二、松山湖文化创意产业发展态势分析(SWOT 分析)

(一)优势

东莞有悠久且成熟的制造业历史与基础。传统制造业升级的必经之路便是发展文化创意产业。松山湖文化创意产业经过多年发展,早已总结出丰富的产业发展经验。不同的文化创意产业园区几乎实现了全类型覆盖。同时松山湖有丰富的高校及科研资源,这为松山湖发展信息技术、智能制造、生物产业、新能源等提供了强有力的智力支撑,也是园区能顺利快速发展文化创意产业的知识基础。接下来,文化创意产业的升级离不开对内容的层层细分与深层探索。这需要传统制造业提供生产基地,也需要新兴产业提供技术支撑,更需要研究团队开拓创新思路。

(二)劣势

截至 2018 年底,东莞市开展的两次市级文化创意产业园、基地和重点文企业认定评选活动中,两次评选共入围24个重点企业,5个园区,7个基地。其中,松山湖入选2个园区(互联网产业园),4个重点企业(广东艾力达动漫文化娱乐有限公司、广东一一五科技有限公司、广东瓦力网络科技有限公司、东莞市东游网络工程有限公司),占比14%,显然与松山湖整体实力不相匹配。以同样是国家级的苏州高新园区相比,苏州市2017年度优秀新兴业态文创企业有13家优秀企业入选,其中9家来自苏州工业园区,占比达70%,而且这些企业积极探索与引领文创产业发展的新业态、新模式、新方法,逐渐成为园区转型发展的新动力。

文化和科技高端复合型人才缺乏直接导致企业用工成本居高不下。文化创意产业具有高内容属性、高不确定性、高资本风险、非标准化等行业特征,这意味着文创产业需要的管理者不仅要以产业高度理解行业与商业模式特殊性,更要具备战略性的跨界资源整合与管理能力,能通过资本运作、知识产权战略、组织优化提升企业效率与收益;并能谙熟用户研究、内容生产、推广销售、产业价值链延伸等底层运营逻辑,打造企业的核心竞争力。目前,在珠三角人才区域布局中,东莞对这类高端管理人才的吸引力排在广州、深圳之后。人才分布严重不均,一方面是城市品牌还未打响无法吸引到人才,另一方面是园区生活配套还未完备无法留住人才。除此之外,文化创意企业还需要大量了解相关技术和发展规律的中端专业人才。市场供给不足,企业只能投入大量的培训时间,大大降低了生产效率。中高端人才的严重不足,直接导致园区内企业用人成本增加,经营风险加大。

(三)机遇

东莞作为粤港澳大湾区主要核心城市之一,前拥深圳香港、背靠广州,被三大国际都市环绕,优越的核心位置为东莞奠定了良好的发展基础。建设粤港澳大湾区纳入国家战略,拓展了东莞的发展空间,在新一轮发展中,东莞将依托这一发展战略机遇打造粤港澳大湾区的国际制造中心,进一步强化城市的科技创新成果的转化功能、扩大开放合作的示范功能和现代优质生活的服务功能,形成与香港、广州、深圳更高水平协同联动发展的新格局。同时国家大力发展数字创意产业,松山湖在版权保护、原创动漫、互联网文化方面已取得一定的成果,虚拟技术也能在国家产业战略政策的驱动下获得较大的进展。

(四)挑战

尽管在粤港澳大湾区的规划中东莞已占得先机,但东莞的制造业还多是传统制造业，传统制造业如何与新型创意产业相结合，开拓出一条独特的创意制造的转型之路，这不仅需要科技的支撑，更需要松山湖文化创意产业提供有效的、切实可行的转型升级路径支撑。这意味着松山湖文化创意产业本身要经受住市场的检验，在内容生产上做进一步的细分与深挖，并引领市场向更高层次的文化消费转向，为传统制造业转型做好市场准备。此外，文化创意产业是高资本风险的行业。而园区内风险投资体系、信贷体系、保险与担保体系等多元化投融资体系还未完全建立。这无疑会限制文化创意企业的转型与发展。

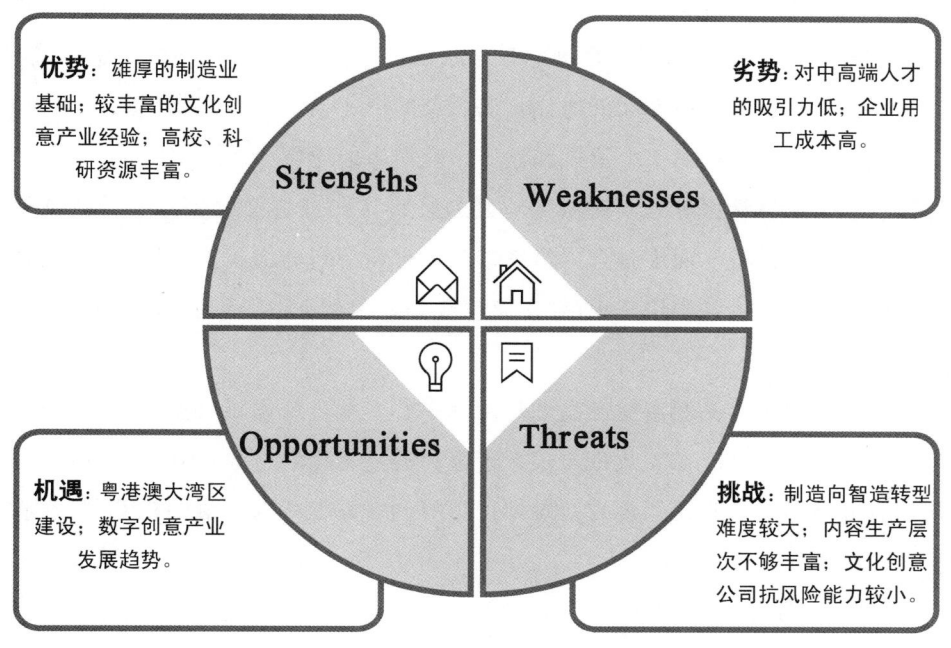

图7 松山湖文化创意产业发展SWOT分析

三、松山湖文化创意产业发展的模式选择与路径分析

文化创意产业的发展与其他产业相同，会呈现初创期、成长期、成熟期等发展的不同阶段，对此，政府应根据各类型文化创意产业所处阶段的不同，对其采取不同的产业规划、产业政策。园区内的文化创意产业有些已经正在走向成熟，如互联网产业园、华南设计创新院、智高动漫、葫芦堡等；有些还有待培育，如虚拟现实产业基地、武汉大学东莞研究院；有些需要引导进一步完善和转型，如大家艺术区和生产力大厦。但对这些文化创意产业园区、平台、企业来说，他们共同面对着园区配套、人才培育、体验空间营造有待加强的困境，需要政府在之

后的工作中进一步完善。其实,当下国内文化创意产业普遍陷入困顿迷茫期的一个关键在于按图索骥,功利心太强,而新时代经济和产业的发展自身越来越文化化。因此,转变思维方式,松山湖文化创意产业发展会有一片新天地,也可能达到殊途同归的功效。

(一)制造+设计:推进东莞"设计之都"建设

2014年,国务院《关于推进文化创意和设计服务与相关产业融合发展的若干意见》,就加快推进文化创意和设计服务与实体经济深度融合进行战略部署,要求创意设计为装备制造业、消费品业、建筑业、信息业、旅游业、体育产业和农业服务。创意设计是创意城市、创意产业、创意经济发展的先导性、引领的产业,是高知识性、高增值性和低能耗、低污染的产业。设计是文化创意产业的核心,创意设计服务将从源头上改进和涵养东莞城市的原创力。

推进创意和设计服务等高端服务业发展,将大大促进文化创意、科技创新、"互联网+"与实体经济深度融合,培育东莞城市经济新的增长点,提升产业竞争力与文化软实力,也是加快实现由"东莞制造"向"东莞创造"转变的内在要求。主要措施:

成立粤港澳大湾区制造业产品创意设计中心。整合跨领域行业资源,进行产业创新研发;提供政府相关政策与服务研究。透过文化素材盘点开发、制造业产品与创意设计、文化知识管理与新媒体行销等创新方案开发,协助东莞制造创新转型并开拓市场。

以韩国CHI年会为标杆,举办DGI城市品牌创新双年展。以东莞八大支柱产业为基础,对接世界知名行业协会,办理双年展会,演绎跨领域产品与服务的创新融合新趋势,树立东莞制造的品牌。

以硅谷AirBnB为标杆,为DGI打造"互联网+"平台。促进世界级产品与商模设计人才与东莞企业项目对接,通过设计提升东莞品牌内涵与产品竞争力。

构建城市人文科技双创教育平台。与美国西雅图华盛顿大学合作,完善HC-DE(Human-Centered Design & Engineering)社会培训方案,分别在中小学、技职、成人三个层面对接战略合作伙伴,推广文化创意设计方法,搭配RoseApple-ePi开源技术,全面铺垫人文科技的创意创新实践,向园区文创园及创客空间输送双创人才与方案。

(二)文化+科技:跨界培育引领型新兴业态

从互联网思维到"互联网+",以互联网为代表的高科技与文化的高度融合,打开了创意创新创造的新局面。传统企业用行业做竞争壁垒，但互联网与传统行业的深度渗透，重新构造企业的边界，软件与硬件的融合，娱乐和时尚元素的融入，移动互联网在重新划分新的行业势力范围。主要措施：

大力培养文化独角兽企业。文化独角兽企业属于高速成长性、全球购销、全球传播、跨国发展的企业，它集中体现文化＋科技的产业力量，是当下创新创意经济的领军产业。该类企业不仅是衡量地区文化创新能力的一把标尺，更代表着未来新经济的发展方向。

借助互联网与东莞制造实现全球购销与传播。制造业产品以创意为驱动力，体现在商品设计、生产与销售的各个环节，当互联网实现了"人人互联"与"万物互联"，商业活动的时空限制很大程度上获得优化，让全球间的交易行为成为现实，必须大力推动企业以国际化思路运营，实现跨国发展。

重点培育新业态和新企业。以"创新、创业、融合、提升"为主线，以城市资源要素禀赋为基础，重点支持直播/电竞、虚拟现实/增强现实（VR/AR）、新媒体、文漫影游、3D制造、光影体验、IP产业、在线教育和出版等产业领域。

（三）人才＋团队：塑造创意东莞的核心动力

对于任何一个城市而言，人是最重要的资源要素，尤其是年轻的一代，城市将会因为他们而与众不同。在互联网时代的背景下，以大学生为代表的青年一代是互联网的原住民，是新经济与新创意发展的主力军。一个城市未来要想竞争，其中，年轻人是极为重要的资源要素。把握年轻人，就是把握文化创意产业与互联网时代；把握文化产业与互联网时代，就是把握城市竞争与城市未来。

目前，具备艺术素养和掌握有关技艺的人员相对比较紧缺，文创产品的开发处境堪忧。要探索建立各类艺术名家工作室服务机制，吸引国内外文化名人和高端团队到园区从事文化活动，建立健全文艺人才培养资助、创作骨干津贴、重大文艺成果奖励等制度，积极营造文艺人才成长环境，鼓励有条件的高等院校开设文化创意类专业，培养一批具有相当影响力的文艺人才和专业骨干，并强化基层和民间文艺队伍建设，令园区成为文化创意人才荟萃之地。

着力建立人才培育与流通机制。建立企业参与的人才培养机制以及中高层次人才园区内流通机制。松山湖有丰富的高校、科研机构资源，企业应与高校积极合作，建立深度校企合作机制，参与到相关专业的应用型人才培养过程中。这一方面能减少企业的用工成本，另一方面也能使产学研紧密结合。此外，针对已有的中高层次人才，园区应形成良好的流通机制，真正将人才留在松山湖，留在东莞。

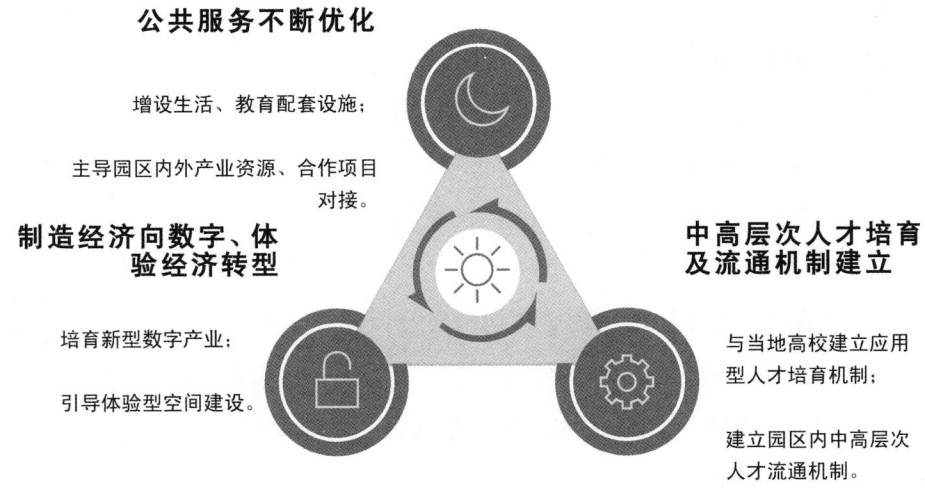

图8 松山湖文化创意产业发展改进措施及关系图

（四）艺术＋生活：数字与体验经济并进

人们在美学经济中生产和消费的不仅是产品的实用价值，更多的是对美学生活的体验价值，从而获得精神上的共鸣，重建起与哲学、历史、艺术、科技密切相关的情境图式，以唤起消费者们的心理认同和获得意欲。东莞有巨大的文化消费能力，又是粤港澳大湾区的后花园，应着力推动供给侧改革，大力发展以提高居民生活品质为主旨的大众化创意产业门类，释放文化消费能量，创设新的"生活方式"。

加大对创意产业园区体验性空间的建设力度，培育博物馆型和都市型文化创意产业园区，促使经济形态升级。文化创意产业始于内容生产，但并不终于内容生产。其着眼受众体验，但其最终目的是超越个体体验，引领未来城市发展。在当前发展阶段，文化创意产业园区应发挥自身作为多种综合行业类型的聚集优势，让受众在园区范围内能感受到一站式的多种体验，并能引导其进行相应的生产与消费活动。未来，园区的发展方向应该是园区、社区、街区三区融合联动。园区不仅要明确产业升级应走的数字创意道路，更要清晰地看到自身承载的城市发展责任，即引领东莞从制造名城发展为领先的创意城市。

（作者：田根胜，东莞理工学院文学与传媒学院教授；吴寒柳，东莞理工学院文学与传媒学院文化产业系主任；张斌华，东莞理工学院文学与传媒学院中文系主任）

深圳盐田区沙头角中英街语言景观及文化研究

张斌华　张　娜

一、引言

城市公共空间领域语言标牌上关于语言使用的研究称为"语言景观"研究,从尚国文、赵守辉(2014)在《外语教学与研究》期刊上发表的文章《语言景观研究的视角、理论与方法》得知,首次提出并使用"语言景观"这个概念的 Landry 和 Bourhis(1997),将语言景观定义为:"出现在公共路牌、广告牌、街名、地名、商铺招牌以及政府楼宇的公共标牌之上的语言共同构成某个属地、地区或城市群的语言景观。"现如今,在国内关于城市语言景观的研究是社会语言学中一个新兴的研究领域,同时语言景观也是城市景观的重要组成部分之一,是重要的人文地理表征。[①]

语言景观的调查与研究是通过对语言文字运用特点的调查与分析,探析语言背后所反映的问题。本文以深圳盐田区沙头角中英街为例,对其公共空间领域文字性标识进行了语言景观视角的研究,考察中英街作为深圳沙头角边境特别管理区公共空间领域语言文字的使用状况,探析语言背后所反映的社会文化及现象。

二、研究背景

深圳,我国重要的边境口岸城市,一个与香港隔着深圳河的经济特区,位于广东省的南部,是我国改革开放的窗口,现如今已经发展成为具有一定影响力的国际化都市。

盐田区沙头角镇,深圳与香港陆地相连面积最为广阔的地区。中英街,原名

---

① 尚国文、赵守辉:《语言景观研究的视角、理论与方法》,载《外语教学与研究》,2014年第2期。

"鹭鹚径",1898年清政府与英国签订《展拓香港界址专条》后划界的一个产物,现有面积0.17平方公里。辖区内中英街的主街位于区域的西南侧,长250米,宽约4米,主街以中心的"界碑石"为界,路的中间没有隔离带,街道两边的商铺相对而开,东侧属于深圳,西侧属于香港,各自按自己的法律法规进行管理。持沙头角边境特别管理区通行证进入中英街的游客群体以及居住在中英街社区深港两地的居民能够在主街的商铺购物。中英街位于联检部门(边防、海关)关口之外,法律理论依据上视其为关外地区,但是中英街仅仅只有主街的西侧归香港管辖,此外的大部分区域都归深圳市管辖,属于境内的范围,特殊的地理位置使得中英街成为特殊的"境内关外"的管理区域。[1]

作为特殊的"境内关外"的管理区域,在军事管理上面,国务院批复中英街地区为"沙头角边境特别管理区",实施严格边防管理制度;商贸发展方面,为了不断深化深圳与香港之间的合作,深圳市政府于2018年提出将中英街打造成粤港澳大湾区国际知名旅游消费平台,并使其成为粤港澳大湾区经济发展的闪亮名片和深港合作的典型范例。除此之外,中英街还具有独特的历史文化价值和民俗旅游休闲价值。2004年的时候,中英街"一街两制"入选"深圳八景"之一。2012年,中英街荣获"全国历史文化名街",此外还具有中国民间艺术之乡、国家级非物质文化遗产、省级爱国主义教育基地等荣誉。[2]

特殊的地理位置,复杂的历史原因,与众不同的经济生活和政治历程,让中英街的语言生活变得纷繁复杂、独具地域特色,同时它也是人口流动频繁、零售商业聚集的商业区,其语言景观的调查研究结果能充分地反映出深圳作为边境口岸城市独特的语言生活实态。

三、研究方法

2019年2月8日,笔者以中英街关口外的沙头角边境特别管理区通行证办证中心、中英街辖区内主街道为调查区域,通过影像记录、文字记录的方式,对上述区域内的语言标牌(包括商铺店名牌、商铺广告牌、指示牌、门牌、信息牌等)进行了拍照搜集,然后对图片进行标注和统计。对于商铺招牌语料图片以商铺的名称来命名,并在名称中加上一些标注信息。对于其他的语言标牌,直接在名称

---

[1] 黄健航:《"水客"走私犯罪问题研究——以深圳中英街为例》,兰州大学硕士学位论文,2018年。
[2] 同上。

中加上标注信息。标注的内容包括：标注标牌的属性（官方或非官方、单语或双语、深方或港方），语码种类（简化字、繁体字、繁简体、英文等）。

进行语料图片统计时，参照 Backhaus 关于语言景观的分析原则："每一个语言实体无论它的大小，在统计的时候都应算作是一个语言标牌"，把一个语言标牌算作一个统计的单位。① 此外，笔者对收集到的语言景观材料作了筛选，只对有效的语言景观材料进行统计和分析，本文中有效的语言景观材料界定为：含语码部分的语言景观的完整度大于80%，凡是完整度小于此比例都不算。进行语码统计的时候，若语码出现阿拉伯数字将不算作单独的一类。以此标准将单语语码分为5类，分别是：简化字单语语码，如"树发商场"；繁体字单语语码，如"鐘記"；繁简字并用，如"玲玲百货"；英文单语语码，如"clarks clarks clarks"；简化字和符号/图片的混用，如图1；繁简字和符号/图片的混用，如图2。

其次，将含有两种及两种以上语码的语言景观看作双语或多语景观，分类有：简化字和英文的混用，如"出关通道 禁止进入 Do Not Enter For Exports Channel"；繁简字和英文的混用，如"英皇香港國際免税店 YANGTZE HONG KONG RIVER INTERNATIONAL DUTY－FREE SHOPS"；繁简字、英文和符号/图片的混用，如图3。依照此分类的标准和原则计算，本次调查共收集到有效的语言景观样本274个，其中官方语言标牌131个，占47.8%；非官方语言标牌143个，占52.2%。

图1　简化字和符号/图片的混用样本

---

① 张媛媛、张斌华：《语言景观中的澳门多语状况》，载《语言文字应用》，2016年第1期。

图 2　繁简字和符号/图片的混用样本

图 3　繁简字、英文和符号/图片的混用样本

四、中英街语言景观现状

(一)中英街语言景观中的语言使用状况

1. 中英街语言景观中的语言数量及种类

本调查研究通过语言标牌上出现语言的数量来判断单语、双语/多语标识。只出现一种语言的文字性标识看作是单语标识,出现两种语言的文字性标识看作双语标识,出现三种或三种以上语言的文字性标识看作多语标识(Lai,2013),统计时便依据此标准进行单语、双/多语样本数的计算。①

分析数据发现,274 个有效的样本中,62.4%是单语样本,37.6%是双语样本,无多语样本。单语样本中,简化字的使用占据优势,具体表现为简化字和符号/图片的混用所占比例最高,依次为繁简字并用、简化字、繁简字和符号/图片的混用、繁体字和英文。中英街双语标识上的语言以繁简字、英文和符号/图片的混用为主,其中出现一个中英以外的语言样本,由于样本数仅有一个,便没有

---

① 转引张媛媛、张斌华:《语言景观中的澳门多语状况》,载《语言文字应用》,2016 年第 1 期。

单独列项而是将其归纳入繁简字、英文和符号/图片的混用中。

表1 中英街语言景观中单语、双/多语样本数

标识类型	数量	百分比
单语标识	171	62.4%
双语标识	103	37.6%
多语标识	0	0%
总计	274	100%

图4 韩国首尔站化妆品专卖店语言样本

语言景观具有信息功能和象征功能①。中英街语言景观的信息功能主要体现在该地区语言文字使用上存在"两字四语"的情况，两字为简化字与繁体字，四语为英语、粤语、普通话、客家方言。语言文字的使用上以简化字为主，其次为繁简字并用；象征功能体现在简化字占主导地位，语言族群以内地游客、居民为主，次要语言族群为国外游客、中英双语的香港居民，他们促使语言标牌出现了国际通用语言英语。②

2. 中英街语言景观中的语言种类

图表数据显示，中英街单/双语样本标牌语言组合类型中比例高的有繁简字、英文和符号/图片的混用，简化字和符号/图片的混用，分别为25.2%、23.7%，其次是繁简字并用、简化字。此外，笔者在中英街标牌语言使用的分析中，创新性地列出了简化字和符号/图片的混用，繁简字和符号/图片的混用，繁简字、英文和符号/图片的混用等标牌语言组合类型。通过对以上标牌语言组合类型样本的具体分析发现，标牌中所使用的符号与图片在语言景观中不仅有助于语言文字

---

① 尚国文、赵守辉：《语言景观研究的视角、理论与方法》，载《外语教学与研究》，2014年第2期。
② 邓骁菲：《豫园商城和上海老街语言景观对比分析》，载《现代语文》（语文研究版），2015年第10期。

的直观性表达，其次符号、图片本身也是一种无声的语言，我们可以通过具有标识性的图片/符号挖掘出地区深层的政治取向、经济导向与文化内涵。

表2 中英街单语样本标牌语言组合类型

标牌语言组合分类	数量	比例
简体字	39	14.2%
繁体字	1	0.4%
英文	1	0.4%
繁简字并用	52	19%
简体字和符号/图片的混用	65	23.7%
繁简字和符号/图片的混用	13	4.7%
总计	171	62.4%

表3 中英街双语样本标牌语言组合类型

标牌语言组合分类	数量	比例
简体字和英文的混用	15	5.5%
繁简字和英文的混用	19	6.9%
繁简字、英文和符号/图片的混用	69	25.2%
总计	103	37.6%

其次，中英街单语、多/双语样本标牌语言组合类型的分析结果呈现出简化字与繁体字相互融合的趋势。究其原因，一方面与中英街商业区性质有较大的关系，中英街所接待的游客群体大多来自内地，内地通行简化字，在繁体字的辨认上有一定的困难，促使商家选择繁简体并用，另一方面，从中英街语言景观中繁简体并用比例大这个方面看，居住在中英街的香港居民对内地文字政策逐步产生民族认同，这将对促进深港之间深入合作交流产生一定的积极作用。

(二)中英街语言景观对比分析

1. 官方与非官方语言景观对比

Ben-Rafael(2004)的研究框架中，将语言景观所研究的标牌分为两类：一是政府和公共标识。二是私人和商业标识。政府和公共标识包括政府通知公告、交通街道标识、公共事务通知等。私人和商业标识包括民间告示、商业广告、商铺标牌等。① 依据此分类标准对中英街语言景观样本分析后发现,中英街官方和非官方语言景观在单语样本、双语样本的语言使用上具有以下特征:(1)官方语言景观样本中关于简化字和符号/图片混用的样本数最多,占45%;其次简化字样本,占21.3%;繁简字、英文和符号/图片混用的样本数占23%。(2)非官方语言景观样本中繁简字的样本数最多,占34.2%,其次为繁简字、英文和符号/图片的混用。(3)官方与非官方语言景观样本在简化字和英文的混用,繁简字、英文和符号/图片的混用的样本数量上接近,反映中英街地区呈现中英双语并存的语言生态。

表4 官方与非官方语言景观样本的对比

样本类型	语言类型									总计
	单语样本						双语样本			
	简体字	繁体字	繁简字	简体字和符号/图片	繁简字和符号/图片	英文	简体字和英文	繁简字和英文	繁简字、英文和符号/图片	
官方	28	0	3	59	1	0	8	2	30	131
比例(%)	21.3	0	2.3	45	0.8	0	6.1	1.5	23	100
非官方	11	1	49	6	12	1	7	17	39	143
比例(%)	7.7	0.7	34.2	4.1	8.4	0.7	4.9	12	27.3	100
总计	39	1	52	65	13	1	15	19	69	274
比例(%)	14.2	0.4	19	23.7	4.7	0.4	5.5	6.9	25.2	100

2. 中英街深方与港方语言景观对比

(1)深港双方语言景观样本数量的对比分析

通过深港双方语言景观样本的对比分析后发现,深方在语言文字方面始终贯彻落实现代汉语规范化工作,全民使用简化字,因此在深方语言景观样本中,简化字和符号/图片的混用,繁简字、英文和符号/图片的混用,以及简化字等样本数比重较大。而港方繁简字,繁简字、英文和符号/图片的混用等样本数量较大,体现了深方简化字的使用潜移默化地影响着港方语言文字的使用。见表5。

---

① 转引张媛媛、张斌华:《语言景观中的澳门多语状况》,载《语言文字应用》,2016年第1期。

表5 深方与港方语言景观样本的对比

样本类型	语言类型									总计
	单语样本						双语样本			
	简体字	繁体字	繁简字	简体字和符号/图片	繁简字和符号/图片	英文	简体字和英文	繁简字和英文	繁简字、英文和符号/图片	
深方	28	0	16	61	5	0	11	3	47	171
比例(%)	16.4	0	9.4	35.7	2.9	0	6.4	1.7	27.5	100
港方	11	1	36	4	8	1	4	16	22	103
比例(%)	10.7	1	35	3.9	7.7	1	3.9	15.5	21.3	100
总计	39	1	52	65	13	1	15	19	69	274
比例(%)	14.2	0.4	19	23.7	4.7	0.4	5.5	6.9	25.2	100

(2)深港双方语言景观的微观分析

深港双方商铺类型、规模的比较。经笔者实地调查发现，商铺的类型的比较上，深方的商铺百货免税店居多，约占六成，如：亚洲(国际)免税店、全港汇、卓悦、百汇坊、华港商店等，多为大型连锁百货免税店；其次为皮具服饰店、化妆品店和药店等，而港方的商铺以销售皮具服饰店居多，约占四成；其次是百货免税店、化妆品店、药房和珠宝首饰店等。商铺规模的比较上，深方商铺的规模较大，多为两层，数量相对较少，装修上较为豪华(见图5)，而港方商铺规模小，多为一层，数量相对较多，装修较为简陋(见图6)。两侧店铺的类型、规模的鲜明对比，与深港双方两种不同的经营模式有着较大的关系。20世纪80年代，深方中英街所属的商铺中，国有企业和集体企业居多；1998年，国有企业逐步开始改制，出现股份制企业和外资企业，大部分国企的商铺转让给了沙头角商业外贸有限公司；其后又出现个人承包制、租赁制，但比例较小。直至现在，沙头角商业外贸有限公司在中英街商业方面仍占有重要的地位。而港方中英街的商铺产权均为私有制，在发展的前期大多为家庭或家族式经营，进入21世纪后则多出租给内地人们经营，多以租赁制为主。①

深港双方商铺店名的异同。经调查发现，中英街深港双方商铺具有各自的特

---

① 周雯婷、刘云刚、吴寅姗：《一国两制下的深港跨境生活空间形成——以中英街地区为例》，载《地理研究》，2018年第11期。

色,港方一侧的商铺名称与深方相比,命名方式更多样,深方一侧商铺名称与港方相比,标牌设置更具国际化,具体表现为中英双语的比例高,约为五成。深港双方商铺店名语言文字组合中也存在一些相同之处,如繁简字和图片/符号混用的比例最高,其次为繁简字并用,再次为简化字。

深方一侧的商铺多以专名＋商场/商店、专名＋百货、专名＋店等来命名。如以专名＋商场/商店命名的树发商场、新兴商场、裕兴商店、华港商店等商铺;以专名＋百货命名的新佳名百货、美雅百货、优购百货等商铺;以专名＋店命名的亚洲(国际)免税店、中英街中西药专门店等。

港方一侧的商铺多以专名＋商行/商店、专名＋百货、专名＋店、专名＋化妆品、专名＋行、专名＋馆等来命名。如以专名＋商行/商店的香港华泰商行、嘉兴商行、香港金港汇商店、香港鹏发商店等商铺;以专名＋百货命名的华丰隆百货、联兴百货、玲玲百货等商铺;以专名＋店命名的英皇香港国际免税店、

图5 深方中英街的商铺

图6 港方中英街的商铺

HK香港国际免税店、摩登器材专门店等商铺；以专名＋化妆品命名的才记化妆品、花木兰化妆品、美力化妆品等商铺；以专名＋行命名的香港新辉药行、环球西药行、香港钟表行等商铺；以专名＋馆来命名的韩妆馆、美妆馆等商铺。

五、中英街语言景观所反映的社会文化及现象

(一)"一街两制"文化

中英街上的界碑、古榕树、海关旧址、回归广场、深港双方的商业和管理等的场景，从多个方面体现了中英街独有的"一街两制"文化。如商业方面，深港双方的商铺在建筑、招牌、商品种类上，都有自己的特色，如深方建筑较新，多为两层楼，而港方建筑则较为低矮；深方招牌较整齐，多采用简体字和图片/符号混用，港方招牌较为混乱，多为繁简字并用。①

(二)"水客"走私现象

中英街语言景观调查研究中，深方在关口内外置放了《防商业欺诈攻略》、《购买香烟须知》、《警方提示》等语言标牌提醒游客购物需注意的相关事项，这也反映出中英街"水客"走私现象较为严重。"水客"一词源自"水货"，"水货"一词是因早期走私的人多通过水路来走私货物而得名，现代关于"水货"的概念则是通过非正当途径进口的货物的统称。走私货物者，被称作"水货客"或"水客"，而今"水客"的概念特指利用深圳与香港、珠海与澳门便利的通关条件，频繁偷带应税商品入境，或受走私团伙雇用从中赚取"带工费"，或自行售卖赚取商品差价的特殊群体。中英街屡禁不止的"水客"现象，与其独特的"境内关外"的地理位置有着莫大的关系。中英街与香港特别行政区接壤，辖区内以主街中心的"界碑石"为界，中间没有隔离带，由此形成"一条街道，两种制度"的特殊格局，特殊格局使得中英街辖区内商品价格显著低于辖区之外。[2]

(三)独具特色的鱼灯文化

深圳沙头角是以客家族群为主的聚居地。沙头角镇沙栏吓村吴氏客家人保留着丰富多彩，且具有百年历史和艺术价值的非物质文化遗产——沙头角鱼灯舞。"鱼灯舞"是吴氏客家人他们在下海划船捕捞过程中，将原乡的"鲤鱼灯舞"加工改编，创造出的滨海游艺民俗之一，因客家方言中"鱼""吴"谐音，得名"鱼灯舞"。

---

① 陈南江：《中英街旅游开发的问题与对策》，载《世界地理研究》，2005年第1期。

鱼灯舞不仅是广东省客家民俗文化之一，现在也是国家级非物质文化遗产之一。实地调查以及语言景观分析过程中，通过路牌信息、雕塑语言景观等得知中英街地区的人们对鱼灯文化的重视，政府规划了鱼灯舞广场，修建了鱼灯舞民俗博物馆，还会定期举办鱼灯舞民俗活动，通过种种的方式传承鱼灯文化。

六、讨论

(一)中英街语言景观的信息功能和象征功能

语言景观两大主要功能：信息功能和符号功能[①]。中英街语言景观中，简化字和符号/图片的混用以及繁简字、英文和符号/图片混用的比例最高，可见语言标牌的设立者注重发挥语言标牌的信息功能，重视实现语言标牌的实用价值。其次，中英街语言标牌中简化字的使用在深港双方都较为凸显，说明了国家推行规范汉字的成效显著。本次调查研究结果进一步肯定了语言景观的信息及符号功能，也反映了中英街作为特殊的"境内关外"的管理区域语言生态的真实状况。

(二)关于中英街语言规划的建议

语言的社会职能有"工具职能"和"文化职能"两大范畴。[②] 中英街独特的"一街两制"文化，让其语言生活呈现"两字四语"的状况，简化字与繁体字两字并存，英语、粤语、普通话、客家方言四语共存。

对此，笔者建议政府在制定语言政策或进行语言规划时，侧重于对语言文化职能的规划，理念上可以考虑以下几点：首先，坚持语言平等的观念。学会尊重中华各族人民的语言文字，珍重各民族的方言，同时以平常心对待外国的语言文字。联系中英街实际情况，做到尊重深港双方的语言文字，珍重中英街地区特色的粤方言、客家方言，在语言文字使用上建议推行繁简字并用。其次，研究与开发中英街的语言资源。贮存着中华民族历史和文化智慧的地区方言是一种语言资源。国家大力推行语言文字规范化工作难免会对地区方言有所影响，使得地区方言处在一个相对弱势的地位，由此研究如何以科学的方式开发利用中英街地区特色的客家方言、粤方言便显得尤为重要。若能做到科学地开发利用语言资源，便可保存好中华民族的"文化基因"，最大限度地获取"语言红利"。最后，理性地规划中英街语言的功能。全面而深入地研究中英街各种语言的发育状态，分析研究

[①] 转引尚国文、赵守辉：《语言景观研究的视角、理论与方法》，载《外语教学与研究》，2014年第2期。
[②] 李宇明：《语言的文化职能的规划》，载《民族翻译》，2014年第3期。

各种语言能够在社会的哪些方面发挥其作用,接着在语言平等理念的基础上,根据语言的发育状态,进行语言功能的规划,使其更加合理有序地在语言生活中发挥其应当发挥的作用。①

七、结语

本论文主要通过采集资料和数据统计等方法,对深圳盐田区沙头角中英街语言景观进行调查和分析。从统计结果来看,中英街出现了复杂多样的语言景观现象,同时展现了一些具有地区特色的语言景观。

通过中英街单、双语样本分析发现,中英街语言景观中呈现出简化字使用占据优势的现象,具体表现为简化字和符号/图片的混用所占比例最高,依次是繁简字并用,简化字、繁简字和符号/图片的混用,繁体字,英文。中英街双语标识上的语言以繁简字、英文和符号/图片的混用为主。

其次通过中英街官方与非官方以及深港双方语言景观样本的比较和分析发现,官方与非官方语言样本在语言的使用上具有三大特征,并反映了中英街地区呈现中英双语并存的语言生态,而深港双方语言景观的对比分析展现出深港各自的特色以及共同之处。

语言景观,作为社会语言学研究的新领域新热点,可以考察现实环境中语言使用的规律和特点,探求语言景观背后所蕴含的深层次的政治取向、经济导向和文化内涵。② 本文从中英街公共领域语言文字使用现状进行了调查和分析,反映了中英街"一街两制"文化、"水客"现象以及鱼灯文化,为深圳盐田区沙头角中英街语言景观的发展提供数据支持,同时讨论中英街语言景观中所体现的信息功能和工具功能,并提出一些关于中英街语言规划的建议,如坚持语言的平等,研究开发中英街的语言资源,重视对中英街地区特色方言的保护,理性规划中英街语言的功能等。

(作者:张斌华,语言学博士,东莞理工学院文学与传媒学院中文系主任;张娜,东莞理工学院文学与传媒学院中文系2015级学生)

---

① 李宇明:《语言的文化职能的规划》,载《民族翻译》,2014年第3期。
② 邓骁菲:《豫园商城和上海老街语言景观对比分析》,载《现代语文(语文研究版)》,2015年第10期。

近现代的人文东莞：一张地图
——闲读《近现代东莞学人群体研究》

袁敦卫

大约在六七年前，我还在中山大学攻读博士学位的时候，每周三一大早都要坐学校的早班车到位于从化的南方学院给文学系的学生上课。同车的有一位中大退休的老教授，叫孙稚雏，是我国20世纪八九十年代著名的古文字学家、书法家，受南方学院邀请给文学系上书法课。他那时已经七十岁了，精神不错，但视力很不好，上下车都需要人引导。我就顺理成章地给他当了一年的临时"眼睛"。

课余时间，有时在教师宿舍，有时在餐厅，有时在班车上，孙老先生就给我讲中大的掌故，从鲁迅到傅斯年，从王力到容庚，从陈寅恪到商承祚，如数家珍，妙趣横生……可惜我那时一门心思都在学位论文上，没有及时把那些乱珠碎玉般的逸闻趣事记录下来，至今引为人生一大憾事。譬如他谈到与容老以"容商"并称于世的商承祚（1902—1991，字锡永，广东番禺人，著名的古文字学家、金石篆刻家）出身岭南望族（父亲商衍鎏是封建时代最后一位探花郎），每次出门都倒背双手，徐迈方步，众多门人弟子前呼后拥，俨然学界的"带头大哥"。

作为容庚（1894—1983）先生的入室弟子，孙老先生跟我谈论最多的自然是容老的生平和学问，尤其是他的风骨。譬如"文革"后期，一名造反派头目来找容庚，让他认清革命形势，旗帜鲜明地批判孔子。容庚回答说："我宁可跳珠江，也不批判孔子。"

我几年前来到东莞，来到容老生长于斯的这片热土，有时竟然忍不住感慨像容老这样的学界巨擘，至今还像闪烁不定的晨星，时隐时现于历史的天空，好像一不小心就要被时代的喧嚣抑或是岁月的黑洞吞没。年轻的东莞，确实需要一批穿着长袍马褂的老人时不时现身来提醒一下，哪怕声音小一点，也无妨。

正因如此，我才觉得田根胜教授积十年之功潜心于《东莞近现代学人群体研究》(中华书局,2014年9月版,以下简称《群体研究》),实在是完成了一件让东莞深深蒙福的工作。一本《群体研究》,就好比一张近现代人文东莞的鲜活地图。无论你是"老莞人"还是"新莞人",老年人或"新青年",只要你生活在东莞并且对这座城市还抱存想象,那么,借助这张图,你很快就能确定自己的历史方位,并且静心聆听这块土地上曾经孕育出的那些不凡的灵魂。这些灵魂就像历史的路标,看上去似乎有些枯槁黯淡,但正是他们以其特殊的方式,指引着我们的心灵归向。在某种程度上,这本书也弥补了我的人生缺憾,使我略略减少一点对当年懵懂无知的自责。

《群体研究》将东莞学人群体的文化活动纳入近现代岭南乃至中国的历史进程中,一方面剖析了东莞学人的群体特征,如幼承家学、长得名师,贾而好儒、丹心侠骨,上下求索、睁眼向洋,另一方面则聚焦于北京、广州、香港这些东莞学人主要的活动区域,展开细致的史料梳理和理论观照,有分有合,史论并举,突出呈现了东莞学人群体的"独特贡献"和"审美追求"。

我之所以评价这是一张人文东莞的活地图,是因为这本书将东莞许多零散的历史信息和文化密码"串"在了一起,使我们很快就能找到人文东莞的历史端口和时光隧道。譬如我因孙稚雏先生间接认识了容老先生,而容老先生一门文星,弟弟容肇祖(1897—1994)是著名的哲学家、民俗学家,妹妹容媛(1899—1989)是金石考古学家;而容庚的四舅乃是卓然成名的书画、篆刻家邓尔雅(1883—1954),邓尔雅之父邓蓉镜(约1831—1900)曾任国史馆纂修官,著有《知止堂随笔》、《东莞志稿》等;容庚的叔父容祖椿(1872—1944),曾经受教于长期客居可园的居廉(1828—1904)门下,以擅画山水花鸟闻名……循着这样的线索,近现代东莞的诸多学人就像一张网上的节点或是一张地图上的山川,栩栩如生地浮现在我们眼前。

更重要的是,作为一个区域性的知识群体,东莞学人的生活或成长环境多有交集,他们互相提携,彼此砥砺,或可佐证东莞学人确已形成了一定的群体意识。这一点在《群体研究》中已有着重分析。譬如20世纪20—40年代,位于京城的东莞会馆汇聚了大批的东莞学人,莞籍藏书家伦明(1875—1944,字哲如)于1902年入读京师大学堂,此后在东莞会馆一住就是三十多年。他充分利用京城作为图书流通中心的优越地位,专事藏书,成为一代"书中巨富"。为鼓励后学,他还主动为张伯桢(1877—1946,字子干)、张仲锐(1909—1968,字次溪)父子,容庚容肇祖兄弟等众多莞籍学人"提供资料及帮助,交流学问相互促进"。譬如容肇祖整理校订明代思想家何心隐(1517—1579)的《爨桐集》时,尚未见过该书的真本(该书真本因遭火灾存世无几,长期以来只有手抄本流传),幸得伦明雪中送炭,借给他一本明代刻本,后来容氏又从湖北觅得该书的另一种刻本,才得以历史性地完成该书的校订并顺利出版(再版时改名为《何心隐集》),奠定了他在哲学研究界的地位。

田教授在《群体研究》中将近现代东莞学人群体的构成分为父子型(如张应兰与张敬修、张端与张其淦、伦常与伦明)、姻亲型(如张荫麟与伦明、邓尔雅与容氏兄弟)、乡谊型(如伦明、张仲锐与容氏兄弟)、学缘型(如张其淦与陈伯陶)、业缘与趣缘型(如伦明与莫伯骥)共五种。从另一个角度看,这种群体构成无非是两种:血缘型与非血缘型,而且紧紧维系非血缘型群体关系的,主要还是乡谊以及比乡谊更为接近真相的"地域认同意识"。

在我看来,正是会馆这种古老的维系乡谊的社团组织和社交场所实实在在地培养和强化了东莞学人的地域认同意识,正如会馆的普遍功能在于"以敦亲睦之谊,以叙桑梓之乐,虽异地宛若同乡"(见王日根:《中国会馆史》,东方出版中心,2018年版,第27—28页)。据《群体研究》及其他资料介绍,京师的东莞会馆原有三处:最早的一处在西城区珠巢街(1965年改为"珠朝街");一处为"老馆",位于西城区烂漫胡同127—131号(旧时门牌为49号),据称是东莞抗清英雄张家玉的故居,由邓尔雅之父邓蓉镜于1875年出银925两购得并改建为会馆;一处为"新馆",位于西城区上斜街路南56号(旧时门牌为54号),由东莞探花郎陈伯陶于1910年出银五千多两购得,分期改建为"东莞新馆",于1918年最后完工。如今由于北京旧城区改造,东莞会馆除"老馆"改为民居外,其他两处已难觅当年踪迹。

据我国会馆史学者吕作燮先生统计,有清一代,各地方在京建立的会馆共445所,而且"纯属同乡会馆,只要是同乡旅京人士,均可到会馆聚会和居住",而每到三年一次的科举考试时,这些会馆都必须接待同乡士子住宿,因此会馆是多用途的(吕作燮:《明清时期的会馆并非工商业行会》)。1912年5月,鲁迅应当时的民国教育总长蔡元培之邀赴京任职,就住在宣武门外半截胡同的绍兴会馆藤花馆。1920年,毛泽东领导"驱张运动"时率请愿团赴京,就曾在位于烂漫胡同99号的湖南会馆召集会议。同样,伦明、容庚兄弟、张柏桢父子等人的学术成长与东莞会馆显然有着割不断的联系。

田教授在《群体研究》中对于京城的东莞会馆有所着墨,并且介绍了东莞学人以会馆为根据地,"切磋学问之事屡见不鲜"。1935年,伦明与容庚、张仲锐合作编辑并捐资影印《东莞袁崇焕督辽饯别图诗》(明末广东画家赵焞夫作图,陈子壮等二十人题诗),上有古文字学家罗振玉于1921年鉴定该件为真迹之后所题之跋。其实,早在珠巢街时的东莞会馆,"莞人就祭祀袁崇焕",而陈伯陶在营建东莞新馆时,也曾在会馆后院设立敬贤堂奉祀先贤。可见当时的东莞学人不但有意向性地加强带有群体特征的学术和思想交流,具有鲜明的群体文化意识,而且还通过祭祀前辈乡贤等方式,进一步强化了这种地方认同感和自豪感。

实际上,以会馆这种独特的社会组织为线索,我们还可以将东莞学人群体的研究延伸到海外,延伸到17、18世纪。譬如由林远辉、张应龙编制的《新加坡马来西亚华侨地缘性会馆简表(1801—1900)》显示,在十八世纪的一百年间,新马地区设立的华侨地缘性会馆至少有88处,其中5处就是由原籍"广东东莞暨宝安"(宝安原属东莞)的华侨设立(吴华:《新加坡华族会馆志》及《马来西亚华族会馆史略》)。在这些海外会馆中,是否也有东莞学人的身影呢?东莞学人的海外分布又是怎样的呢?他们给岭南乃至中国文化带来过什么样的影响?这或许也是一些值得深入探究的问题。

(作者:袁敦卫,东莞市委党校文化与社会教研部教授)

附录

《城市文化评论》第10—14卷目录汇编

《城市文化评论》第10卷目录

城市文化问题

曾　军/马克思文化生产理论视野下的城市文化基本矛盾

陶原珂/都市的时间感

倪文尖/"谁的城市文化？何种矛盾？"

域外视角

薛莉清/槟城华人社群文化的型塑——以极乐寺为例

城市空间研究

许　峰/从私园到公园——清末民初的上海园林

朱　军/现代都市亚文化的情感地理特征——以亭子间文化为例

城市形象构建

杨　子/剧场转型与城市文化重建：以上海为例

徐　翔/网络媒介与城市文化认同构建

张艳红/城市品格的个性与塑造

城市发展

刘金祥/可持续发展理念视角下的我国城市化

左　婷　王志章/城市酒店文化软实力提升的路径构建

姚朝文/广东文化创意产业前沿布局战略构想

影像城市

严前海　熊思敏/电影的结局：城市风向——以同性爱题材为例的图谱

张　吕/当代中国电视剧中的城市叙事与文化想象

卢　冶/都市魔幻与"先锋的过时"——伍迪·艾伦的城市电影故事

文学书写中的城市

陶国山/文学中的城市经验

范　雪/《海上花列传》的上海故事：情感与都市经济

严纪华/台北人与台北书写：以白先勇《永远的尹雪艳》为例

耿　波/旧上海租界道路上日常生活营造与文学风景

袁敦卫/东莞的读法和写法——从冉正万《进城》说起

叶归真/文化书写困境与陷阱——从香港"第三空间"到澳门"中西文化交汇之地"

民俗田野

陈　丹/民间信仰发展演变的影响因子——以潮汕城隍信仰为例

尧鑫　黄凤琼/东莞塘厦盘古信仰调查与研究

论点摘编

《城市文化评论》第11卷目录

新观察

汤姆·科恩 著/黄珊 译/电子城及其发展背景

曾　军/中国各地自贸区申请的"竞争性开放"态势及其问题

韦萨·意林-佩肯棱、卡洛琳娜·毗斯巴、伊纳里·赫勒 著/黄珊 译/水生态与城市发展河流生态系统在城市规划中的意义

田根胜/岭南东莞水乡的特色发展与意义

孙自铎　储昭斌/试析区划调整后的城中湖巢湖水环境的治理与保护

城市书写

朱　军/在场与超越在场：当代都市书写的视域转向

徐　洪/春风作伴好进城——对路遥笔下五种"进城""乡下人"幸福感的考察

郭学军/缺失·想象·浮桥——试论十七年时期的中国城市电影

胡　波/文学视域下的中山

20世纪50年代的城市改造

主持人的话

王雯丽/歌颂式喜剧与社会主义理想的交织——以《今天我休息》中的城市想象为例

林非凡/从"节约"看新中国建筑的现代转型——论20世纪50年代建筑美学论争

李则萱/"什么是青年的幸福"——以1954年《中国青年》杂志发起的幸福观大讨论为中心

吕亚南/"新国画"的诞生：20世纪50年代山水画改造运动

陈明黎/身体投射中的新中国——20世纪50年代年代青年身体健康问题分析

张口天/工人新村与社会主义文化改造：以《上海的早晨》为中心

文化生产研究

维奇·迈耶列奥·C.罗斯重返社会——生产的文化和社会理论研究

约翰·L.苏利文/膝的好莱坞：文化生产中的权力、地位和经济与社会网络的主导作用

劳拉·格伦德斯塔夫/自助式名人：真人秀中的日常生产与生产日常

历史与民俗

王　彬/北京名人故居的困境、现状与建言

李大伟/上海俚语中的学问

蔡　青/海南军坡节研究焦勇勤

城市随笔

黄忠顺/移居东莞随笔二则

论点摘编

编者的话

《城市文化评论》第12卷目录

国外城市研究

[英]史蒂夫·派尔著/孙民乐译/探察城市生活魅像的方法

[英]史蒂夫·派尔著/孙民乐译/ 幽灵之城

孙民乐/为城市驱魔招魂

城市形象片

王柯月/中国城市形象片巡礼

[韩]南宫旼/韩国城市形象片一瞥

城市万象

朱　军/畸变的"地方"：新媒介文化与空间危机

张文联/弹幕族、弹幕文化与言语社区

吴妍姝/都市女性的当代书写

黄永健/互联网＋下的文化产业新业态探索——以"手枪诗自媒体平台建设"为例

黄忠顺/东莞街头观察与随想

城市书写

颜水生/论新时期作家的城市叙事类型及意义

影像表达

杨林玉/异托邦——贾樟柯电影中的县城空间

李冰雁/对倒：电影《花样年华》的香港镜像

黄秀冰　严前海/文本变异：《赎罪》《洛丽塔》《耻》的"罪态"分析

城市与历史

［新加坡］黄丽玲/天福宫与早期新加坡华人的文化认同

朴　婕/复调的地标——长春地质宫故事

张承良/区域发展的地域文化推动——以莞香文化建设为例

岭南东莞水乡文化

张　法/文化美学与东莞水乡境界

袁敦卫/世界典型水城体系视野中的东莞水乡

许燕转/东莞水乡空间与柔性心理

詹发民/岭南水乡文化与莞商伦理

田根胜/水乡考察札记

《城市文化评论》第13卷目录

珠三角透视

柳冬妩/珠三角新型城镇化的文学想象

黄永健/深圳人文城市精神积淀：深圳十大观念

吴寒柳/东莞水乡与诗意栖居

江　丹　彭云峰/珠三角城镇景观设计与城镇品质

长三角观察

赵婷婷/宣言时代：透过上海双年展探寻城市定位，1996－2012

刘　慧/上海市非物质文化遗产生产性保护现状的调查报告

嘉兴市文物局/嘉兴：城市有机更新中的历史文化遗产保护

《北京折叠》专题

曾　军/《北京折叠》的善治寓言和郝景芳的乌托邦想象

刘慧慧/为什么折叠城市运行了五十年？——论《北京折叠》中的维稳机制

许　秀/北京折叠——具象的现实

彭庆禹/未完成的折叠

尹　倩/《北京折叠》——现代性分配艺术的批判

何霜紫/英语世界里的中国科幻——论《北京折叠》的译文评介与海外接受

城市与公共文化

苏长鸿/都市背景下非遗产业化传承群体的困境研究

张斌华/民间资本参与东莞新篮球中心运营与管理研究

许燕转/南海大沥社区公共文化服务的供给模式

鄢玉菲/民间文学资源的传承与创新——以"老鼠嫁女"故事为个案

影像文化

严前海/盖茨比形象的电影接受史分析

《城市文化评论》第14卷目录

《深圳新文学大系》专题

编者按

李　杨/《"新都市文学"卷》导言："冲突"与"融合"："代际"视域中的"新都市文学"

李　杨/《"打工文学"卷》导言："打工"如何"文学"？"文学"怎样"打工"——"打工文学"的知识谱系学

孙民乐/《"底层文学"卷》导言："底层文学"："底层"的想象、呈现与构造

孙民乐/《"非虚构写作"卷》导言："非虚构写作"：从"特区报告"到"城市写真"

电视纪录片《一本书一座城》专题

编者按

李　晗/制片人手记：文学与城市

洪家春/"有趣的学问"：主观纪录片和城市文化

卢　冶/《一本书一座城》文案编辑手记

影像文化

王　晖/《城市梦想》里的农民工群像

吴寒柳/自然性的改造、留存与再发现——科幻电影城市景观中自然意象的建构

严前海/黑暗华尔兹

数据说话

黄忠顺/阅读遴选视域之中外文学及相关问题——对2017年大学图书借阅榜的一种解读

黄　珊/东莞哲学社会科学状态量化分析报告（2006—2016）